JN202398

# 「プロレス」という文化

## 興行・メディア・社会現象

岡村正史 著

ミネルヴァ書房

# はしがき

「知の巨人」といわれる立花隆に次のような言葉がある。

「私はプロレスというのは、品性と知性と感性が同時に低レベルにある人だけが熱中できる低劣なゲームだと思っている。そういう世界で何が起きようと、私には全く関係ない」。

これは、第二二回大宅壮一ノンフィクション賞の選評の一部であり、一九九一年の『文藝春秋』五月号に掲載された。この年、井田真木子『プロレス少女伝説』が家田荘子『私を抱いてそしてキスして』と同時受賞を果たした。井田真木子の作品については、五人の選考委員のうち、立花だけが反対をしたのである。

立花の反対理由はシンプルなものであった。立花は井田の「完成度、表現力、構成力」をすべて評価している。「井田真木子の書き手としての能力を高く評価することにやぶさかではない」。にもかかわらず、なぜ受賞に反対したのか。

「ノンフィクションの評価は、もっぱら作品の出来不出来によってなされてはならない」のであり、「ノンフィクションにおいては、「何を」書いたかが、「いかに」書いたかより以前に大切なのである」。つまり、テーマが悪すぎるのだ。プロレスのような「どうでもいいこと」を描いたこと自体が間違いなのである。「「プロレス少女」はどうでもいいことを巧みに書いた典型のような作品」なのである。

プロレスの全面否定のような立花発言に、プロレスファンとしては多くの反論があったに違いない。山本隆司（ターザン山本）（当時『週刊プロレス』編集長）は、「どう見ても立花氏の選評は、感情がむき出しになった文章」と一刀両断した。また、「プロレスの味方」を自称する村松友視は、「立花氏が世の中には〝重要なこと〟と〝どうでもいいこと〟が存在すると断定し、その差別を自分のモノサシで気軽に決めていることにおどろいた」と違和感を隠さなかった。当の井田真木子は「私は立花さんの熱心で忠実な読者ですから、必ず反対なさると思っていました」と冷静に受け止めていた（いずれも、『週刊読売』一九九一年六月一六日号より）。

正直に言って、プロレス文化研究会を二〇年運営してきた実感として、全面的には是認することはできないものの、当たっている部分があるという声が少なくないような気がするのだ。

「プロレスはどうでもいいこと」。多数派にとっては、まったくその通りだろう。世の中からプロレスが消滅したとしても、困る人は少ないだろう。「品性と知性と感性が同時に低レベル」の部分がいちばん問題になるが、たとえば、前述の村松友視はどうだろうか。

村松の『私、プロレスの味方です』をはじめとする一連の著作は一般にはアントニオ猪木のプロレスを称揚した内容で知られているが、それは一面的な評価にすぎない。むしろ、村松が抱いた屈託にこそ注目すべきではないだろうか。「学生運動とそれに呼応する知的な空気が躍動している真っ只中で、ロックンロールやプロレスに神経を向けていた自分に対するうしろめたさが、現在の私の中にも残っているのかもしれない」（『力道山がいた』）。

村松とて自らの知性とプロレス愛好の相克に悩んだ。それくらい、プロレス会場の反知性的ムードには強烈なものがある。日常生活で纏っている知性や品性の衣を、会場では投げ捨てたほうが楽しめることは受け合えるだろう。感性のみがやや微妙な気がしているが。

立花は『週刊文春』の記者に採用されながら、プロ野球担当になったのが嫌で退職したという経歴を持っている。プロスポーツ全般が好きではないのかもしれない。ましてやプロレスは、という感じなのか。脳死、インターネット、宇宙、戦争など人類にとって普遍的なテーマを追求する立花にとって、普遍の対極にあるようなテーマがプロレスなのだろう。

プロレスが知性も品性もかなぐり捨てた方が楽しめるゲームであることを認めるにはやぶさかではない。また、私はプロレスへの愛好を他人に押し付けることはない。

しかし、と私はファンだからこそ考えるのかもしれない。プロレスには本当に普遍的なテーマはないのか、と。プロレスでものを考えるということはありえないのか。品性も感性も知性も動員したプロレス的思考の可能性は存在しないのか。

私にとってプロレスとは不思議な世界、ワンダーランドである。その不思議さにずっと惹かれてきた。「どうでもいいこと」にこだわるプロレス文化研究会を二〇年もやってこられたのは、その不思議さに源泉があるような気がする。

こういった問題意識に本書は貫かれている。

もっとも、最近は若い層を中心にプロレス自体を知らない人が増えていると聞く。総合格闘技と混同している人もいるかもしれない。ここで、簡単にルールをおさらいしておこう。

本書でいうプロレスとは、二〇フィート四方（約六・五メートル四方）のリング――三本のロープで囲まれ、四フィート内（約一・三メートル）の長さを有するタッチロープを持つ――上で行われる試合を指している。勝負が決まるのは、フォール（相手の両肩をキャンバスにつけてレフェリーが三カウントを数えたとき）、ギブアップ、リングアウト（相手をロープ外に出して、相手が二〇もしくは一〇カウント内にリング内に戻れなかったとき）、レフェリー・ストップ、ドクター・ストップ（レフェリーあるいはリング・ドクターが試合続行不可能と判断したとき）、試合放棄、などである。反則行為には、ナックルパンチ、トー・キック、一本、二本の指への攻撃、噛みつき、かきむしり、急所への攻撃、髪の毛をつかむ行為、タイツをつかむ行為、凶器の使用、締め技で首を完全に締める行為、目を突く、口を裂く、鼻の穴に指を突っ込む、試合に関係のない者の加勢、などがある。反則を犯したとき、レフェリーはカウントを開始し、五カウントを数えても反則が続く場合は反則負けを宣言することができる。

つまり、五カウント以内の反則行為は、それだけで反則負けになるような反則行為では事実上ない。今日の新日本プロレスにおいては急所攻撃と第三者の加勢、一部の凶器攻撃にその可能性が残されているが、急所攻撃はレフェリーの死角で行われ、第三者が加勢するときは、たいていレフェリーは「失神」しているし、机、椅子による攻撃についてレフェリーはまずは黙認している。また最近は、第三者がフォール・カウントをしているレフェリーの足を引っ張ってリング外に落してカウントを阻止することすら流行している。一言でいえば、ルールはあるものの、ルールは無化されており、かと言って暗黙の了解にもとづく裏のルールは厳然と存在しており、「殺人ゲーム」にはならないように深刻な怪我が起こらないように、工夫されており、その点がワンダーランドである所以なのである。もちろん、ときおり不幸なアクシデントは起こりうるが。

立花隆はファンを「品性と知性と感性が同時に低レベルにある人」と表現したけれども、唐突かもしれないが、まずは、二〇世紀最高の知性の一人であるフランスの哲学者、ロラン・バルトがプロレスについてどう語ったのかからワンダーランドに踏み入っていこう。

（本書では、原則として敬称を省略した）

# 「プロレス」という文化——興行・メディア・社会現象　目次

目　次

## 第3章　日本プロレス史の断章……121

## 第4章　プロレス文化研究会の言説……205

## 主な日本のプロレス団体系図（男子）

1950's

日本プロレス
1953創立
（力道山
遠藤幸吉）
（東富士）
（吉村道明）

旧全日本プロレス
1954創立
（山口利夫）
1957

国際プロレス団
1954創立
（木村政彦）
1956

1960's

（豊登）
（ジャイアント馬場）
（キム・イル＝大木金太郎）

東京プロレス
1966創立
（豊登、アントニオ猪木）
1967

（猪木）
（坂口征二）

国際プロレス
1967創立
（ヒロ・マツダ）
（ビル・ロビンソン）
（グレート草津
サンダー杉山）
（ストロング小林
ラッシャー木村
マイティ井上
アニマル浜口）
1981

1970's

新日本プロレス
1972創立
（猪木）
（坂口）
（小林）
（上田馬之助）
（藤波辰巳）
（初代タイガーマスク＝佐山聡）
（長州力）

1973

全日本プロレス
1972創立
（馬場）
（杉山）
（ジャンボ鶴田）
（大木）
（ザ・デストロイヤー）
（天龍源一郎）

旧UWF

ジャパンプロレス
業務提携

1980's

1984創立（佐山、前田日明）
1984創立（長州、浜口、谷津嘉章）
（輪島大士）
新生UWF
（マサ斎藤） 1987
（谷津）
FMW 1989創立（大仁田厚）
1988創立（前田）

90's前半

リングス　UWFインター　藤原組
SWS 1990創立（天龍）
（三沢光晴）（川田利明）
ユニバーサルプロレス 1990創立（グラン浜田）〈ルチャ・リブレ路線〉
（武藤敬司）（橋本真也）（蝶野正洋）
1992
NOW　WAR 1992創立（天龍）
91（前田）　91（高田延彦）　91（藤原喜明）
1992創立（ジョージ高野）
みちのくプロレス 1992創立（グレート・サスケ）〈地域密着型〉
〈格闘技志向〉
パンクラス 93
（佐々木健介）（上田）
武輝道場

90's後半

（船木誠勝）（鈴木みのる）
大日本プロレス 1995創立〈デスマッチ路線〉
1994創立（北尾光司）
（小橋建太）
1996
1995
闘龍門 97創立（ウルティモ・ドラゴン）
DDT 1997
高田道場 98
〈ルチャ・リブレ路線〉
（小川直也）
2000
（高山善廣）
大阪プロレス 1999創立（スペル・デルフィン）（地域密着型）

00's

（高田）（選手派遣のみ）
ZERO-ONE 01（橋本）
WJ 02（長州）（佐々木）
NOAH 00創立（三沢）（小橋）（百田光雄）（秋山準）
（武藤）
2002
（高木三四郎）〈文化系プロレス〉
（永田裕志） ZERO-ONE MAX 05（大谷晋二郎）
ハッスル 04〜（高田総統）（坂田亘）（HG）〈エンタテインメント路線〉
07（小川）
無我ワールド 06（藤波）
リキプロ 04（長州）
DRAGON GATE 04創立（CIMA）
IGF（棚橋弘至）（中邑真輔）
健介オフィス 07（佐々木）
ドラディション 08（藤波）
沖縄プロレス 08〜

10's

（オカダ・カズチカ）（内藤哲也）（ケニー・オメガ）
ZERO1 2009
ダイヤモンドリング 2015
WRESTLE-1 2013
（曙）（秋山）
琉球ドラゴンプロレス 2015 2013
道頓堀プロレス 2013

（注）　プロレス団体は地域プロレスも含め多数存在するため、すべての団体を網羅することはできない。

## 主な日本のプロレス団体系図（女子）

1948〜　諸団体

1950's

全日本女子プロレス連盟　1955

1960's

日本女子プロレス　1967
（小畑千代）

全日本女子プロレス　1968創立

1972

1970's

国際プロレス女子部　1974
（小畑千代）

1976

（マッハ文朱）
（ビューティペア＝ジャッキー佐藤、マキ上田）

（ジャガー横田）
（ミミ萩原）

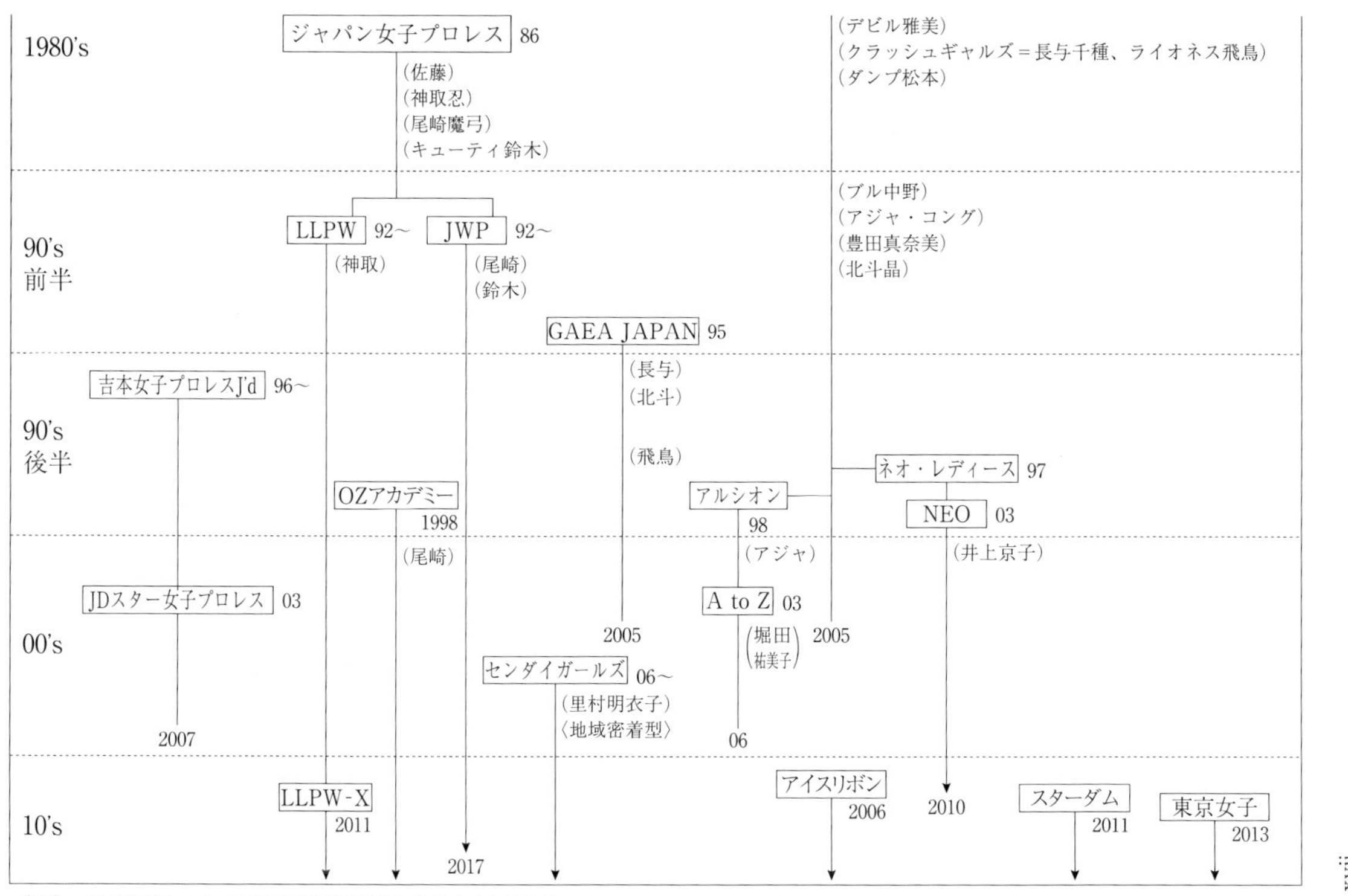


(注)　男子同様、すべての団体を網羅することはできない。

# 第1章　ロラン・バルトとフランス・プロレス衰亡史

## 1　ロラン・バルト「レッスルする世界／プロレスする世界」をめぐって

**プロレス愛好家ロラン・バルト**

フランスの哲学者・批評家のロラン・バルトが一九五七年に出版した*Mythologies*（ミトロジ）を日本で初めて翻訳したのは篠沢秀夫で、一九六七年に現代思潮社から『神話作用』という題名で出版された。あくまで抄訳であった。完訳は二〇〇五年に下澤和義の翻訳でみすず書房より『現代社会の神話』として出版された。

この本の全体像を示すことは本書のテーマを大きく離れ、著者の力量を超えるものであるので、割愛したい。ただ、ここでいう「神話」とは社会的な「神話」であって、端的に言って、ブルジョワ社会のイデオロギー批判なのである。と言っても、政治的な意図はなく、あくまで大衆文化の言葉づかい――「自然らしさ」を押しつけてくるもの――に対する批判なのだ。バルトは語っている。「わたしは、あたりまえのことが飾り立てられて示されているときの、そこに隠されていると思われるイデオロギーの濫用を捉えなおしてみたかった」（下澤訳）。

「神話」とは自然らしさをよそおった社会現象なのである。

このエッセイ集の巻頭を飾るのが'Le monde où l'on catche'（ル・モンド・ウ・ロン・キャッチュ）である。篠沢訳では「レッッスルする世界」、下澤訳では「プロレスする世界」となっている。

バルトはプロレス愛好家であった。自身が三人称を用いてこう書いている。「彼は、驚きながら、大好物として、このスポーツ風の人工物を眺めていた」（ロラン・バルト『彼自身によるロラン・バルト』）。

哲学者がなぜプロレスのファンになったのか。あるバルト研究者は次のように記している。「レスリングがバルトを惹きつける理由はいろいろある。それは、まず、ブルジョワ階級の娯楽というよりも、むしろ大衆の娯楽である。それは物語的展開よりも場面を好み、意味作用に富む劇場的な身振りを次々にくりだす。苦痛や怒りやピンチの記号ばかりでなく、結果においても、鉄面皮なほどに人為的である。だから、あらかじめ試合の決着が決まっていることを知っても誰も驚かない」（ジョナサン・カラー『ロラン・バルト』）。

バルトは、一見スポーツのように見える「人工物」、人為的な世界を好みとしたのである。

フランス語で、プロレスはcatch（キャッチ）という。語源は英語で、キャッチレスリングに由来する。篠沢訳ではcatchが一カ所を除いてすべて「レスリング」と訳されている。たとえば、こんな具合だ。「レスリングは下劣なスポーツだと信じている人達がいる」。対する下澤訳ではすべて「プロレス」と訳されている。「プロレスは下劣なスポーツだと思い込んでいる者たちもいる」というように。

そこで、気になるのは篠沢が「プロレス」と訳した唯一の箇所である。

篠沢訳は「もちろん、苦労して正規のスポーツの見せかけで行われる偽のプロレスが存在する。それには何の興味もない」（傍線部岡村）となっている。

参考までに、下澤訳は「もちろん、苦労して正規のスポーツのふりをした、役に立たない見せかけだけの、偽りのプロレスもある。それにはなんの興味も湧かない」（傍線部岡村）である。

篠沢はこの部分だけを「プロレス」と訳したために、バルトは「レスリング」の愛好家であって「プロレス」は嫌いだったと誤解している文章に出会った記憶がある。そうではなく、バルトは好きなプロレスと嫌いなプロレスがあるとプロレスの好みを表明しているにすぎないのだ。篠沢自身はおそらくプロレスファンではなく、プロレスのことをよく理解していなかったのかもしれない。また、一九六七年の時点では、知識人がプロレスファンであることを表明するのは珍しく、かなり羞恥を伴った行為だったろう。少なくとも、日本においては。だから、フランス最高の知性がプロレスを好んでいることに戸惑いを覚え、抑制的に書こうとしたのかもしれない。

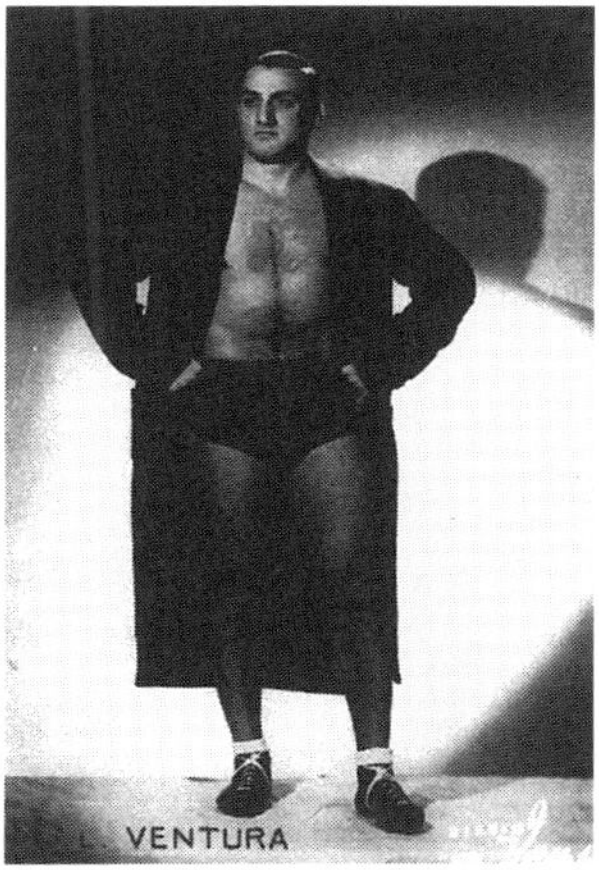

余談になるが、かつてリノ・ヴァンチュラというフランスの俳優がいた。イタリアからの移民で、三〇代で映画デビューし、「現金に手を出すな」「死刑台のエレベーター」「モンパルナスの灯」「冒険者たち」などに出演した。映画マニアなら絶対知っている俳優だ。ウィキペディアを確認すると、映画俳優になるまでさまざまな職業を転々としたが、「そのうちにレスリングをはじめ、一九五〇年にはヨーロッパチャンピオンにまでなった」と書いている。これだけを見る

リノ・ヴァンチュラ
（“Catch L'Age d'Or 1920-1975”より）

と、アマチュアレスリングの話に思えないだろうか。彼はグレコローマンスタイルのレスリングに秀でていたが、それを生かしてプロレスラーになり、中量級のヨーロッパチャンピオンにまでなったのである。怪我で引退した後は数年間興行師をやっている。「レスリング」は完全な間違いではないが、ここは「プロレス」と明記してもらいたいものである。また、一部には、ヴァンチュラが俳優になる前の職業を「ボクサー」と書いている文章もあるが、それは完全な間違いである。

一九三三年生まれのフランス文学者である篠沢は catch を「プロレス」と翻訳するのに逡巡を覚え、「レスリング」で通したのではないかと私は考えている。ただ、「偽の」とネガティブな形容詞がつく箇所だけ安心して「プロレス」と訳したのではないだろうか。一方で、一九六〇年生まれの下澤が二〇〇五年に catch をすべて「プロレス」と訳すことに躊躇はなかったろう。

**B級プロレスを愛したバルト**

それでは、バルトが愛好したプロレスとはいかなるものだったのか。彼自身の言葉に耳を傾けよう。「プロレスはスポーツではなく、スペクタクルなのだ」、「真のプロレスは、不当にもアマチュアのプロレスと呼ばれ、二流のホールで開催されている」（いずれも下澤訳）。ここで言う「アマチュア」とは「愛好家」の意味である。

つまり、一九五〇年代のフランスにおいて二種類のプロレス、「真のプロレス」と「偽のプロレス」が存在したということになる。あるいは、一つの興行の中で「真のプロレス」と「偽のプロレス」が併存している可能性はないのか。いずれにせよ、バルトが嫌悪したのはよりスポーツライクなプロレスだったはずだ。

それでは、バルトが嫌った「偽のプロレス」はどのようなものだったのか。

ルー・テーズは、彼の自伝 ***"Hooker"***（フッカー）によると、ディック・ハットンに敗れてＮＷＡ世界王座を失った（一九五七年一一月一四日）後、約五カ月に及ぶヨーロッパ遠征を行っている。イギリスからフランスに渡り、ダラ・シン、アンドレ・ドラップ、フランク・ヴァロワ、フェリックス・ミケらと戦った。流智美が翻訳した『ルー・テーズ自伝』ではこの箇所はカットされているが、原文に以下の記述があるので、あえて拙訳を記しておこう。

I had some very lucrative dates-in Paris, for instance, at the 10,000-seat Palais d'Sport, we had numerous sellouts — and was making a couple of thousand dollars a week, but I could also see the business was really going nowhere.

「私はたいへんもうかる日々を送っていた。たとえば、パリでは一万人収容のパレ・デ・スポールでソールドアウトを何度も経験した。一週間数千ドルを稼いでいたが、このビジネスが必ずしもうまくいっていないことも理解できていた。」（拙訳）

「一万人収容のパレ・デ・スポール」とある。ここに言う「パレ・デ・スポール」はル・ヴェルディブという会場の別名である。現在のパレ・デ・スポールは一九六〇年創設であり、一万人も収容できない（四六〇〇人まで）。テーズが遠征した当時存在したのはル・ヴェルディブであり、この会場は「グルネルのパレ・デ・スポール」の別名で呼ばれていた。

そして、このような大会場で行われたプロレス興行こそ、バルトのいう「偽のプロレス」ではなかったか。「真のプロレス」が行われたのは「二流のホール」エリゼ・モンマルトルであり、収容人数はせいぜい一三〇〇人程度だ。なお、エリゼ・モンマルトルは現在コンサート会場として使用されており、かつてプロレスが行われていた時代は、キャパシティはもっと小さかったと思われる。というのも、著者が一九八二年に実際観戦したときはステージの前にリングを設営し、四方ではなく、三方から見るという形をとっていたからである。平たく言えば、バルトはB級プロレス好みだったと思う。

ちなみにバルトは、一九六六年五月、一九六七年三月、一二月と三度来日している。計三カ月滞在し、後にユニークな日本文化論である『表徴の帝国』(『記号の国』)を著している。篠沢訳の出版もこの来日と連動していたのだろう。しかしながら、『表徴の帝国』に、当時人気絶頂だったグループサウンズは登場しても、日本のプロレスに関する記述はない。バルトが来日した頃はジャイアント馬場の全盛期で、毎週金曜日八時に放送される黄金番組であったにもかかわらず、バルトが見たかどうかは定かではない。馬場のプロレスは「二流のホール」で行われることのない、「偽のプロレス」に属するものだったのだろう。

一九八二年のエリゼ・モンマルトル

「プロレスする世界」の中身についても若干触れておこう。

バルトは、観客はプロレスとボクシングをよく区別しているという。ボクシングは「卓越性の証明に基づいたジャンセニスム的スポーツ」で、「観客の目の前で築かれてゆく歴史」であり、「結果に対して賭けをすることが可能」である。これに対して、観客がプロレスに期待するのは「或る種の情熱の瞬間的イメージ」であり、「試合がこの後いかなる合理的帰結を迎えるか」について観客は関心を持つことがない。プロレスは「複数のスペクタクルの総和」なのである。

ボクシングはスポーツで、プロレスはスペクタクルである。しかるに、どちらもルールは存在する。だが、ルールの意味が違う。ボクシングにおいてルールは踏み越えてはならない限度を表しているのに対して、プロレスのルールは破られるために存在している。プロレスで重要なのは「正義」という「道徳的概念」であり、「仕返しという発想は、プロレスにとって本質的なものであり、群衆の言う「やつを痛めつけてくれ」は何よりも「仕返しをしてやれ」を意味している」。「群衆は、裏切り者にふさわしい罰のためにルールが破られるのを見て喜ぶのである」。

ところが、ルールに関して読者が混乱するような記述があるのだ。ルールを守る試合の存在を指摘している箇所である。

「プロレスの試合でルールが守られるのは、だいたい五回につき一回だけであることが解るだろう」。これはいわゆるベビーフェース（善玉）同士の試合を指すと考えられる。バルトはベビーフェース対ヒール（悪玉）の試合を前提にプロレス論を展開しているが、一つの興行の中では例外的な試合が組み込まれている。私が実際に見た興行も小人、女子を含め五試合であったが、最初の三試合の流れは以下の通りであった。

第一試合：弱いベビーフェースがこずるいヒールの反則に、なんらなすすべないまま反則勝ち。

第二試合：反則がいっさいなく、過剰に礼儀が守られるベビーフェース同士の試合。時間切れ引き分け。

第三試合：ヒール一人（巨漢の日本人）対ベビーフェース二人（小柄なフランス人）のハンディキャップマッチ。このヒールは元国際プロレス（国プロ）のヤス・フジイ（藤井康行）。「世界チャンピオン」

と称して登場し、観客の嘲笑を買っていた。ヤス・フジイは一人を簡単にやっつけ、あっという間にシングルマッチと化すものの観客の大声援を受けたベビーフェースが逆転の勝利を摑み、観客は大熱狂した。

私は別の予定があったために、残念ながら、小人、女子の試合を見ることなく会場を後にしたが、多くの観客も急ぐように出ていった。つまり、第三試合が事実上のメインイベントのような扱いだったと思う。

さて、バルトは何と言っているか。

「〈悪〉はプロレスの自然な風土であるため、ルールを守っているような試合は、とりわけ例外的な価値を持つことになる。利用者はそれに驚き、スポーツの伝統において、時代錯誤のいくぶん感傷的な返礼のように、それに敬意を表する（「妙にフェアプレイをするじゃないか、あいつらときたら」）。観客たちは不意に、世界の普遍的な善意を前にして感動を覚える。だが、すぐにレスラーたちが悪しき感情の大狂宴に立ち返らなければ、恐らく観客たちは退屈と無関心で死にそうになるだろう」（下澤訳）。

第二試合はまさに「妙にフェアプレイをするじゃないか、あいつらときたら」と言いたくなりそうな試合であった。相手の技が決まるたびに、技をかけられた方が握手を求めるようなフェアプレーぶりで、かつてのビル・ロビンソンの試合ぶりを想起させた。フランスでは試合中にレスラーの技に満足した観客がチップをリングアナウンサーに預け、そのたびにリングアナが「ムッシュ〇〇より××選手に△△フラン」と発表していた。しかし、どこまでもフェアな攻防が二〇分以上も続くと、「これ、本当に決まるのかな」という気になってくるものである。「退屈と無関心で死にそうに」なってくる。案の定、決定的な場面は訪れることなく、時間切れ引き分けに終わった。

そこで、第三試合は「悪しき感情の大狂宴」と化し、大いに盛り上がって「メインイベント」は幕を閉じたのである。ちなみに、私は唯一の東洋人の観客としてたいへん居心地が悪かった。試合中に刺すような視線を何度も感じた。エリゼ・モンマルトルの片隅にはバーがあり、試合中に飲んでいる連中も少なくない。労働者階級のうっぷん晴らしの場という雰囲気だ。目の前には憎き日本人ヒール。観客に東洋人がたった一人混じっている。暴力を振るわれることこそなかったが、身体を縮めて見物していた。

### 村松友視のロラン・バルト観

ところで、村松友視は『私、プロレスの味方です』をロラン・バルトの刺激を受けて書いたことを告白している。

「プロレスそのものよりも、プロレスの意味するところのものを探ろうとした点では、「レッスルする世界」の示唆に導かれて本書を書き上げたともいえる」。

「プロレスそのものよりも、プロレスの意味するところのもの」。つまり、村松は『私、プロレスの味方です』が単にプロレスをテーマにした本に留まらないことを示唆している。現に、プロレスなどいっさい見ない伊丹十三は『当然、プロレスの味方です』文庫版の解説をプロレスの話題をいっさい出さずに「ものの見方」の本として評価し、記述したのであった。
しかし、その一方で、村松には「プロレスそのもの」へのこだわりが強くあるためにバルトに批判を加えるのだ。

「プロレスという、世間からマヤカシと思われている世界こそ、マヤカシの一切ない世界だ…このようにファンファーレを鳴らされると、ちょっと首をひねりたくなる」。

「バルトが言うところの〈プロレス〉なるものが、あまりにも古い型でありすぎる」。

「われわれはいまプロレスの最先進国たるニッポンに息をしている」。

八〇年代の日本のプロレスは最先端で、バルトが叙述した五〇年代のフランスのプロレスはあまりにも旧態依然としているという批判である。村松には、日本のプロレス、とりわけ新日本プロレス、猪木のプロレスが最先端という意識があったと思われるが、これは言わばA級のプロレスで、一方で、いつの時代にもB級のプロレスは存在し、バルトの好みは明らかにそちらにあったわけで、これはまともにかみ合わない議論ではないだろうか。村松は新日本に比較して国際プロレスへの関心は高くなかったと思われる節があるが、A級好みが反映しているのかもしれない。

村松はまたバルトのような知的プロレス論に警戒感すら示している。

「ロラン・バルト風の知的な評価がプロレスを取り巻き始めたら、プロレスはまたその評価をも裏切ってゆかねばなるまい」。

村松は『私、プロレスの味方です』の冒頭で、「インテリのプロレス好き」とは一線を画す旨を記述しており、たしかにプロレスをほとんど見ていないくせに高く評価するような論調は気持ち悪いものがあるけれども、村松の本自体が自らの知性とプロレス愛好のジレンマに悩んでいた人々を精神的に解放したとの評価は根強く、その意味で本当に（B級）プロレスを愛好していたロラン・バルトを断ち切ることはできない。

坪内祐三は、長年村松のバルトに対する距離の取り方を気にしてきた。村松がバルトに敬意を払いながらも、そのプロレス観は甘すぎると批判していた点が引っかかっていたのだ。それが『現代社会の神話』の出版で少し心が晴れたという。

「今回の新訳で初めて訳出された「ミュージック・ホールにて」という一文を読んで、その疑問が少し解けた。バルトはビリー・グレアムをミュージック・ホールの催眠術師と批判していたが、ミュージック・ホールそのものは大好きだった。なぜなら、そこでは、「身振りというものを、持続という甘ったるい果肉から外に引き出して、その最上級の、決定的な状態において示し」てくれるからだ。

これはまさに彼のプロレス観と重なるものではないか。要するに彼はプロレスを演劇（持続）的なものとしてではなく見世物（瞬間）的なものとしてとらえていた。つまり彼は本当にプロレスが好きだったのだ」（『四百字十一枚』）。

篠沢訳の「レッスルする世界」では、バルトが本当にプロレスファンだったかどうかが見えにくい。下澤訳の「プロレスする世界」はその点をより浮き彫りにしたと思う。バルトはプロレスを知的に評価する以前に本当に愛好家であり、そのことを知的に表現したにすぎないのだ。

結局のところ、バルトはプロレスの基本形を抽出し分析している。その意味で、プロレス論としての普遍的価値を有していると考えられる。また、プロレスについての知的評価は現実のプロレスと両立することも示している。

最後に、「レッスルする世界」（一九六七年）と「プロレスする世界」（二〇〇五年）の間に、何があったのか、考えてみたい。

篠沢が翻訳した一九六七年、プロレスはまだ大衆的人気を誇っていた。しかし、村松はまだ登場しておらず、プロレスについての書物は『東京スポーツ』をはじめとするスポーツ紙の記者など「プロレス村」の人間、業界人に限定されていた。知識人が大っぴらにプロレスについて語るということは考えにくい時代だった。篠沢はcatchに「プロレス」ではなく、「レスリング」という訳語を当てたのである。下澤が翻訳した二〇〇五年、プロレスの人気はドン底だった。しかし、四半世紀前にすでに「日本のプロレスや格闘技をめぐる豊かな言説の原点」（長谷正人「ポピュラー文化の神話学」『ポピュラー文化』世界思想社、二〇〇九年）である村松友視が出現していた。書店には、業界人だけではなく、さまざまな立場、視点からのプロレスに関する書物が並んでいる。下澤は躊躇なくcatchを「プロレス」と翻訳した。

この間、「文化」としてのプロレスが浸透したといえるのだろうか。

## 2　知られざるフランス・プロレス史

### 『プロレス　その黄金時代　一九二〇～一九七五年』

ロラン・バルトの「プロレスする世界」の背景を理解するためには、フランスのプロレスの流れを押さえることが肝要である。といっても、日本でまとまった形でフランスのプロレスについて紹介した書物はない。そこで、クリスチャン＝ルイ・エクリモンという人物が二〇一六年に出版した“Catch L'Age d'Or 1920-1975”（キャッチ　ラージュ・ドル）という書物を参考に、フランス・プロレス史を整理していきたい。

『プロレス　その黄金時代　一九二〇～一九七五年』とでも翻訳できそうなこの書物には「フランス・プロレスの叙事詩およびリングの〝ミケランジェロ〟」というサブタイトルがついている。著者のエクリモンは作家、作詞家で、シャンソン、ポップ・カルチャー、歴史、スポーツに関する著作を多数出版しており、小説も数編書いている。本書は文化論的なプロレス書と言っていいだろう。

扉にはロラン・バルトの「プロレスする世界」より、以下の文が載せられている。

**『プロレス　その黄金時代　1920～1975年』**
写真左端はランジュ・ブラン。
（“Catch L'Age d'Or 1920-1975” より）

「プロレスの愛好者から見れば、裏切られた格闘者の復讐に燃える怒りほど美しいものはない。彼が情熱とともに突進していく相手は、（幸福な敵ではなく）背信行為の痛烈なイメージである」。

バルトへのリスペクトで始まるこの本は、フランスのプロレス草創期から全盛期、衰退期、そして絶滅期を各時期の主要レスラーのプロフィールを軸に展開している。言って見れば、「レスラーで分かるフランス・プロレス史」なのだ。

第二次世界大戦前が草創期に当たるが、戦後に関しては歴代大統領を基準にいくつかの時代に分類している。

オリオール（任一九四七～五四）、コティ（任一九五四～五九）…上昇期
ド＝ゴール（任一九五九～六九）、ポンピドゥ（任一九六九～七四）…全盛期
ジスカール・デスタン（任一九七四～八一）…衰退期
ミッテラン（任一九八一～九五）…絶滅期

ミッテランの時代にフランスのプロレスは死んだ、とある。私が一九八二年にエリゼ・モンマルトルで見たのは「瀕死のプロレス」だったということになる。著者は明確には書いていないが、後述する最後のスター、ル・プチ・プランスは今世紀初頭まで奮戦したものの、九〇年代前半にはフランス伝統のキャッチは死んだも同然となったのである。

さて、フランスのプロレスの起点はいつか。それは一九三〇年代である。ラウル・パオリ、シャルル・リグロ、アンリ・ドグラヌの三名がフランス・プロレス連盟を結成したのが一九三三年のことだった。いずれも実績のあるアスリートだった。パオリは一二歳にして、一九〇〇年のパリ・オリンピックでボートの選手として銅メダルを獲得した。また、ボクシングのフランス王者であり、ラグビーの国際試合でも活躍、グレコローマンスタイルのレスリングでも鳴らした。

リグロとドグラヌは日本流に言えばパオリより「一回り以上」年下の同世代である。リグロは元来重量挙げの選手で、一九二四年のパリ・オリンピックにて八二・五キロ級で金メダルを獲得している。数々の世界記録を樹立した後、一九三二年にプロに転向し、サーカスのストロングマン、俳優、歌手となった。また、プロレスラーとしては「世界最強の男」の名をほしいままにし、さらにレーサーとしてル・マンに出場している。第二次大戦中には、ナチの将校を殴った廉で収監されている。

ドグラヌは、日本では英語風にヘンリー・デグレーンの発音でマニアに知られている。彼も一九二四年のオリンピックでグレコローマン・レスリングの重量級のゴールド・メダリストである。その後、プロに転向してアメリカでも活躍し、一九三一年には世界チャンピオンになっている。

## フランス版ゴールド・ダスト・トリオ

著者のエクリモンは、この三人を「フランス版ゴールド・ダスト・トリオ」と称している。ゴールド・ダスト・トリオとは、一九二〇年代のアメリカにおいてプロレス界を牛耳った三人、エド・ストラングラー・ルイス、そのマネージャーのビリー・サンドー、ジョー・トゥーツ・モントを指す。ルイスは稀代の名レスラーで、後にルー・テーズのマネージャーを務めた。簡単に言えば、現在のプロレスの原型をこの三人が構築したのだ。アメリカで発明・改良された「プロレス」は、一〇年遅れでフランスに上陸したことになる。

草創期のパリのプロレス会場としては、ル・ヴェルディブ、サル・ヴァグラム、エリゼ・モンマルトルの三会場が挙げられる。初めて興行が開催されたのは、ル・ヴェルディブで一九三三年九月二五日にドグラヌやリグロらが出場している。第二次世界大戦が勃発した一九三九年までの六年間にパオリのプロモートのもと八五回の興行が行われ、平均一万人を動員した。サル・ヴァグラムでは一九三四年から、エリゼ・モンマルトルでは一九三六年から興行が開始された。重要なのは、この三会場に格付けがあったということだ。

ル・ヴェルディブは前述のようにルー・テーズが出場したことから分かるように、最も格式の高い会場で、トップどころが出場した。収容人員もいちばん多かった。これに次ぐのがサル・ヴァグラムで、トップどころの出場もたびたびあった。これに対してエリゼ・モンマルトルは、二線級の出場がほとんどであった。しかし、外国人の出場が多いのが特徴で、アメリカのディック・シカットのような一線級も出場した。繰り返しになるが、バルトが愛した「本物のプロレス」はエリゼ・モンマルトルで行われていたB級プロレスなのである。ル・ヴェルディブやサル・ヴァグラムにおけるA級プロレスはバルトに言わせれば「偽のプロレス」なのである。

ちなみに、エクリモンの書物には多くのレスラーの名前が登場するが、バルトのエッセイに登場するレスラーたち…トーヴァン、レニエール、アルマン・マゾー、オルサノ、クズチェンコ、イエルパジャン、ガスパルディ、ジョー・ヴィニョーラ、ノリエールは誰一人見当たらない。バルトが愛してやまなかったレスラーたちはプロレス史の裏街道をひっそりと生きていた人たちなのだろう。
また、この本には多くの貴重なポスターが掲載されているが、エリゼ・モンマルトルはわずか一枚に留まっている。つまりは、『プロレス　その黄金時代　一九二〇～一九七五年』はメインストリームの歴史を中心に描いているのである。

### 女子プロレスの原点、ガーター獲り

とは言え、この本はフランスのプロレスの周辺領域への目配せも忘れていない。ときどき挿入されるコラム欄で取り上げられているのは、モリス・ティィレ（後のフレンチ・エンジェル）、エル・サント、タッグマッチ、ローラー・ゲーム、女子プロレスである。なお、小人プロレスに関してはコラムこそないが、四頁にわたって代表的なレスラーの写真とポスターが掲載されている。

モリス・ティィレに関しては簡潔な記述があるだけだ。彼は本来感受性の豊かな人間で、詩作に夢中になる文学少年で将来は俳優を目指していた。ところが、一七歳の時に末端肥大症になり、トゥーロンのラグビークラブ所属の選手を経てプロレスラーとなった。斎藤文彦『プロレス入門』によると、身長は一七二センチであったが、体重は一二七キロ、頭と手足が異様に大きいという風貌だった。一九三九年にアメリカに移住し、フレンチ・エンジェル（フランスの天使）というリングネームで一九五〇年代まで活躍した。本書では三枚の大写真が載っているが、いずれも女性と並んでにこやかな表情を浮かべているティィレである。なお、彼は二〇〇一年のアメリカのアニメ映画「シュレック」のモデルと言われている。

エル・サントは、フランスとはあまり関係がないが、メキシコの伝説的レスラー、俳優で、一九三〇年代から一九八〇年代まで活躍した。デビュー当時は悪役（ルード）であったが、後に善玉（テクニコ）

に転身し、映画やコミックの世界でもヒーローであり続けた。「サントとブルー・デモン対ドラキュラと狼男」など三枚の映画ポスターが添えられている。

ガーター獲り
（“Catch L'Age d'Or 1925-1975” より）

ローラー・ゲームはフランス語では「ローラー・キャッチ」と言うらしい。つまり、「ローラー・プロレス」である。アメリカ発祥のゲームである。日本では、一九六〇年代末から七〇年代前半にかけて東京12チャンネル（テレビ東京）で放映され、静かなブームとなった。フランスでは第二次大戦前から試合は行われていたようだし、一九四七年の女性選手をフィーチャーした写真が使用されているが、書きぶりからみて、あまり人気は出なかったようだ。

女子プロレスに関しては八頁が割かれているものの、大半は写真かポスターである。フランスの女子プロレス史が系統的に説明されているわけではない。ただ、一九五〇年の「ガーター獲り」の試合展開が示されている連続写真は風俗史的にも貴重だろう。『女子プロレス　終わらない夢——全日本女子プロレス元会長　松永高司』という本の中で、「日本の女子プロレス第一号」である猪狩定子が証言している。「日本の女子プロレスの最初は、あたしのいちばん上のパン兄さん（＝パン猪狩氏）がフランスで見た「ガーター獲り」なんですよ」。

パン猪狩といえば、東京コミックショウ（「レッドスネーク！カモーン！」のギャグで有名）で一世を風靡したショパン猪狩の兄である。戦前から戦中にかけて、芸能人を表の顔に特務機関の仕事で海外を回っていた猪狩はフランスのナイトクラブで「ガーター獲り」を見物し、感銘を受けたという。戦後、パン猪狩は「パン・スポーツショー」で全国を巡業し始めるが、そのメインに音楽を流すなどアレンジを加えた「ガーター獲り」を披露した。猪狩定子が一七歳の時だったというから一九四八年あたりか。女性の太ももにつけたガーターをお互いに取り合うこの「競技」は、定子いわくエロチックな要素も笑いもなかったという。「なにしろガーターを獲ろうとすると、自然と闘いになっちゃう」「ガーター獲りでは笑いを取ろうとは思わなかったね」。

たしかに、マジな戦いにはなったのだろうが、写真の印象では女性同士がそういう行いをやること自体に観客はエロチックな期待を抱いていたことだろう。戦後すぐでは、なおさらそうだったのではないだろうか。

脇道が長くなった。メインストリームに話を戻そう。

## 官報でプロレス除外を発表

先ほど、この本は「レスラーで分かるフランス・プロレス史」だと書いた。時期ごとに、詳しいプロフィールが掲載されたレスラーを列記してみよう。

草創期…ラウル・パオリ、アンリ・ドグラヌ、シャルル・リグロ、ダン・コロフ
上昇期…リノ・ヴァンチュラ、ロジェ・ドラポルト
全盛期…ロベール・デュラントン、ジャック・ド・ラサルテス、ランジュ・ブラン、ル・ブロ・ド・ベテューヌ、アンドレ・ル・ジェアン（アンドレ・ザ・ジャイアント）、

衰退期…ムッシュ・モンレアル、ル・プチ・プランス
シェリ・ビビ、ベン・シュムル

草創期についてはおおむね前述した。ダン・コロフはフランス版ゴールド・ダスト・トリオが擁立した初代チャンピオンで、ブルガリア出身の選手である。現在でもブルガリアには、「ダン・コロフ国際大会」というレスリング・トーナメントが実在する。

戦後の選手でまず目を引くのが、映画俳優として有名だったリノ・ヴァンチュラである。詳細は前述した通りである。

ロジェ・ドラポルトは、日本のプロレス・マスコミでは「ロジャー・デラポルト」という英語風の発音で紹介されていた。レスラーとして来日した経験はないが、一九七一年にＩＷＡ会長として来日し、国際プロレスのリングで挨拶をしている。フランスの代表的なプロモーターとしてとくに国際プロレスのマニアの間では知られているが、実は、戦後フランスを代表するヒールのプロレスラーの一人である。フランスでは日本より一足早く一九五二年からテレビのプロレス中継が始まり、五〇年代後半にはタッグマッチがブームとなる。ドラポルトは国際プロレスに来日したことがあるアンドレ・ボレーとのタッグで人気を博し、「テレビのナンバーワン・スター」ともてはやされた。

と同時に、彼はプロレスに関して一家言をもっており、やや自嘲的ではあろうが、「下劣な芸術」と称していた。ロラン・バルトには、「下劣なスポーツ」という表現が出てくる。多分にこの表現を意識したものだったのかもしれない。

一九五四年一月二二日のフランスの官報はプロレスをスポーツから除外した。レスリングの中でスポーツとして認められるのはグレコローマン、フリースタイル、ブルターニュ・レスリングだけであり、プロレスはスポーツのイベントとして認められることはできず、教育大臣が認可することはないと明記したのである。歴代の自民党副総裁がコミッショナーを務めた日本プロレスの時代とはずいぶんな違いである。戦前からフランスでは、プロレスサイドが警視庁にあらかじめ試合結果を提出しているというあらぬ噂が存在していた。プロレス側はもちろんこの噂を全面否定した。「警視庁はプロレスのスポーツとしての正当性をまったく問題にしていない。彼らは会場でもめ事や喧嘩が起こらないことだけを望んでいる」と。しかし、プロレスに対する疑惑は消えることなく、戦後の官報に繋がったのであろう。

ロラン・バルトは、官報が発表された年から月刊誌『レットル・ヌーヴェル』への連載「今月の小さな神話」を開始し、この連載が三年後『現代社会の神話』の第一部となったのである。しかも、連載第一回は同誌一一月号に掲載された「プロレスする世界」であった。すなわち、バルトの「プロレスはスポーツではなく、スペクタクルなのだ」という表現は、政府の官報をおおいに意識したものだったと考えられる。

## パリ五月革命とエリゼ・モンマルトル

バルトの「下劣なスポーツ」という言葉を意識したのか、ドラポルトは実際にプロレスを行う立場から「下劣な芸術」という表現を好んだ。彼にはまたこんな言葉もある。「プロレスの試合の中には、七五％のスポーツと二五％のスペクタクルがなければならない。その逆はない」。

ドラポルトは一九六〇年からエリゼ・モンマルトルの運営に携わった。これは八五年まで続いた。日本では、一九六九年五月に同所で国際プロレスの豊登（とよのぼり）、ストロング小林組がモンスター・ロシモフ（アンドレ・ザ・ジャイアント）、イワン・ストロゴフ組とＩＷＡ世界タッグ王座決定戦を行って勝利したことがマニアにはいちばん有名なエピソードだろう。

国プロのマイティ井上は七〇年八月からヨーロッパに遠征した。『実録・国際プロレス』によると、最初は「ムッシュ・シリー」のオフィスに属していたが、パリでアンドレ・ザ・ジャイアントにたまたま会ったときに「ここで仕事をしているのか？　どこでやってるんだ？」と聞かれ、「ムッシュ・シリーのところだ」と答えたら、アンドレが「そこは良くないから、ムッシュ・ドラポルトのところに来いよ」と誘われ、移籍したという。

当時、パリのプロレス会場は戦前に比べて増加しており、ドラポルトはエリゼ・モンマルトル以外にパレ・デ・スポールのプロモーターを兼ねていた。ムッシュ・シリーとはエチエンヌ・シリーのことで、ムチュアリテという会場のプロモーターだった。他には、アレックス・ゴールドスタインがシルク・ディヴェール、モリス・デュランがサル・ヴァグラムを運営していた。六〇年代には、プロレスラーの数は三〇〇人に達しており、まさに全盛期だったと言える。

ドラポルトは義侠心の強い人物だったようで、「ちょっといい話」がある。一九六八年パリ五月革命のときに、フランスを代表する劇団、ルノー＝バロー劇団は学生たちに国立劇場であるオデオン座の占拠を許したかどで政府から劇場を追われ、発表する場を奪われて困っていた。ルノー＝バロー劇団といえば、映画「天井桟敷の人々」で名高いジャン＝ルイ・バローと妻マドレーヌ・ルノーが結成した一流の劇団である。そこで、助け舟を出したのがドラポルトである。ルノー＝バロー劇団はその年の暮れから翌春までエリゼ・モンマルトルで興行を行い、劇団を存続することができたのである。私は七〇年代に大阪でルノー＝バロー劇団を鑑賞したことがあるが、間違いなく格調高い演劇である。「二流のホール」で「真のプロレス」、すなわちB級のプロレスが行われるエリゼ・モンマルトルでルノー＝バロー劇団が上演されたとき、ロラン・バルトはどのような思いを持ったのであろうか。

## 3　衰退に向かうフランス・マット界

### 力道山が嫌ったアクロバットのようなプロレス

さきほど、ドラポルトの「七五％はスポーツ、二五％はスペクタクル」という発言を紹介したが、この発言は実は有力プロモーター、アレックス・ゴールドスタインを批判する中で飛び出したものである。

ゴールドスタインはなかなかのアイデアマンで、五〇年代後半のタッグマッチ・ブームを仕掛けたのは彼だった。また、戦前から続く大男がのっそり動くようなプロレスに観客が飽きていると見るや、スピーディーな飛び技を多用したアクロバチックなプロレスへと方向を転換したのも彼だった。

力道山は一九五六年に世界一周の旅に出かけ、ヨーロッパに立ち寄ってプロレスを視察したが、自伝にこんな言葉を残している。「ヨーロッパではプロレスリングは盛んだが、つまるところは田舎相撲のようなもので、アクロバットのように、とんだりはねたりするだけで、本格的な技もなければ迫力もない。それでいて観衆が大勢集まるのが私には本当のところわからない」。

力道山が嫌ったアクロバットのようなプロレスがさらに加速したのが、一九五九年にデビューした覆面レスラー、ランジュ・ブランの登場であった。またしても、ゴールドスタインの仕掛けであり、これをきっかけにさまざまなマスクマンが登場した。この風潮を嫌ったドラポルトは「七五%はスポーツ」と言った後、「今や観衆はレスラーではなく、マスクだけを見ている」と嘆いたのだ。それまでゴールドスタインのプロモートに入っていたドラポルトとパートナーであるアンドレ・ボレーはゴールドスタインと訣別し、エリゼ・モンマルトルのプロモーター業とレスラー業をも兼ねる道を歩み始めたのだ。

ランジュ・ブランは「白い天使」という意味のベビーフェース（善玉）である。フランスではすでに覆面レスラーがゴールドスタインによって続々と登場していた。ロム・マスケ、ザラク、ル・ブロ・ド・ベテューヌ、ラ・ベト・ユメンヌ。いずれも、ヒール（悪役）である。なかでも、インパクトがあったのは「ヒールの中のヒール」と呼ばれたル・ブロ・ド・ベテューヌで「ベテューヌの死刑執行人」という意味である。これらヒールのマスクマンと闘うべく颯爽と登場したのがランジュ・ブランだった。

ド＝ゴール大統領のボディーガードで、アラン・ドロンの運転手でもあったという触れ込みのランジュ・ブランは一九五九年一月にシルク・ディヴェールという会場でデビューを飾った。モーツァルトのレクイエムの調べに乗って、白いマスクに銀色の絹のマントに身を包んだ彼がおごそかに登場すると、観客は一様に沈黙したという。それはまるで聖なるものを見つめるような視線だったという。アンドレ・ザ・ジャイアントと並んでフランスの最も偉大なプロレスラーと呼ばれ、「フランスのエル・サント」と言われる所以である。彼はまた元医学生だったという触れ込みで、解剖学に通じていたと言われていて、得意技は頬骨攻撃だった。相手の頬骨あたりを両拳でグリグリすると、相手は失神してしまうという光景をＹｏｕＴｕｂｅで確認することができる。もちろん、ドロップキックなど空中技も得意で、九六キロの身体でリングを駆け回った。

彼は大人気を博し、ゴールドスタインのドル箱ならぬフラン箱となった。ところが、一九六一年頃になると、彼のニセモノが各地に登場し、同時刻に複数のランジュ・ブランが試合を行うという事態が発生してしまう。世に言う「ランジュ・ブラン・スキャンダル」である。本家のランジュ・ブランは正統性を主張するためにマスクを脱いで『テレ・マガジン』誌の表紙で素顔をさらした。その後は、素顔でもランジュ・ブランのリングネームで通し、一九六三年のムチュアリテのポスターを見ると、素顔のランジュ・ブランとしてメインイベントに登場している。

ただ、「ランジュ・ブラン・スキャンダル」はフランスのテレビの黄金時代に発生したために、興行サイドとテレビ側の信頼関係をぎくしゃくさせる事態をも惹起したのである。フランスの家庭におけるテレビの存在感は日本ほど高くない。お茶の間にデンと存在するのではなく、テレビ用の隠し戸棚という家具が存在するほどだ。とは言え、プロレスはテレビの人気番組であり、その影響力は無視できなかった。しかも、当時はＲＴＦ、フランス国営放送が唯一の放送局であり、いわばＮＨＫがプロレスの放送をやっていたのである。

興行サイドはプロレス人気の高まりから来る驕りか、放送にいろいろと注文をつけ、ついにはＲＴＦの幹部を激怒させて、一九六一年末にはいったんプロレスはテレビの画面から姿を消してしまうに至った。

興行サイドもテレビ側の強硬姿勢にさすがに困惑した。有力プロモーターのモリス・デュランは、テレビサイドの姿勢に一定の理解を示しながら、こう発言した。「過度の暴力性やホモセクシュアルを売りにするレスラーなどは子供の教育上よろしくないことは理解できる。週に一回のテレビ放送はたしかに多すぎて、特に地方のプロモーターを困らせている。私は月に一回の放送がベストと考えている」。一九六二年の『テレ・マガジン』誌は「プロレスは果たしてスポーツか、スペクタクルか」「プロレスは禁止すべきか」などと煽ったが、やがてプロレスはテレビの画面に復帰するに至ったのである。

「メグレ警視シリーズ」で有名な作家、ジョルジュ・シムノンは六〇年代半ばのプロレスの隆盛をこう描写している。「夜の八時から十一時頃までは、みんながテレビを観にくるので、バーはいっぱいになるんだそうです。ゆうべはプロレスをやっていて、それで満員だったそうで」(『メグレと賭博師の死』一九六六年、邦訳は一九七九年、矢野浩三郎訳)。

## ミル・マスカラスの陰で

プロレスの全盛期を飾ったレスラーのうち、来日経験があるのはロベール・デュラントン、ジャック・ド・ラサルテス、アンドレ・ル・ジェアン(アンドレ・ザ・ジャイアント)の三名である。ただし、アンドレ以外は大半の人にとっては思い浮かべることすら困難であろう。そこで、未来日の二人、シェリ・ビビ、ベン・シュムルとあわせて、ここでごく簡単に紹介しておく。

ロベール・デュラントンは、マイティ井上が「その当時デュラントンというのがトップだったかな」と述懐しているように、七〇年代の初め頃トップ・レスラーだった。日本には、七一年ボビー・デュラントンの名前で日本プロレスに参加しているが、「千の顔を持つ男」ミル・マスカラスの初来日と同時だったために、まったく目立つことなく終わってしまった。ボディビルの世界でトップだった肉体を強調するセクシー派のレスラーで、欧米では女性の人気を集めていたようだが、執事にかしづかれて登場するという演出は日本では許されなかった。

ジャック・ド・ラサルテスは、一九七〇年、国際プロレスに参加しているが、当時「まだ見ぬ強豪」の代表格だったエドワード・カーペンティアと同時だったために、これまたあまり目立たなかった。ただし、少年を中心としたファンの幻想を大いに膨らませていたカーペンティアのサマーソルト・キックという技はとんでもない技と思われていたがコーナーにつめた相手の胸をポンと叩いた後にトンボを切るだけのシロモノであることが露見し、カーペンティアへの失望が広がった。「和製カーペンティア」と呼ばれていた寺西勇は本家カーペンティアから学ぶものがあったかと問われ、「全然なかったねえ(笑)」と後に振り返るほどだった。そのような中で、地味ながらも実力者ぶりを発揮していたラサルテスの姿に、この長身のスイスの貴族は「カーペンティアより強い」という印象は残した。七八年にアントニオ猪木がヨーロッパに遠征したおり、ラサルテスは猪木と五度も対戦したが、猪木に勝利したローラン・ボックに話題をさらわれてしまい、ここでも目立つことはなかった。

ちなみにフランスといえば、すぐにカーペンティアを思い浮かべるマニアもいると思うので付言しておくと、私が参考にした本では、フランスの主要レスラーとしてフィーチャーされていない。前名のエディ・ヴィクツをポスターに見つけることができ、フランスのマットに上がっていたことは間違いない。元来ポーランドやロシア系の移民で、カーペンティアのリングネームは一九一〇~二〇年代に活躍したボクサー、ジョルジュ・カルパンティエに由来している。カナダが主戦場だったので、フランスのレスラー扱いされていないのだろう。

フランスのリストに戻ろう。未来日のシェリ・ビビは、『オペラ座の怪人』『黄色い部屋の秘密』で知られる作家ガストン・ルルーの生み出したキャラクターをリングネームにしているが、残念ながらシェリ・ビビ・シリーズは未翻訳のためにまったくピンとこない。つくづく、日本と縁のない人だ。

同じく、未来日のベン・シュムルは専門誌『ゴング』一九七二年八月号のグラビア「ミシェル・ビゼーのヨーロッパ通信」に紹介されていた。タッグ屋として鳴らし、『プロレス　その黄金時代』のポスターにも同じ写真が載っている。シュムルには直接関係ないが、このミシェル・ビゼーなる人物、スペインのバルセロナがバレンシア地方にある（実際はカタルーニャ地方）と誤記していたり、エリゼ・モンマルトルを取材しながら収容人員を明らかに知らなかったり、どうも実在性は疑わしい。さもなくば、実在している人物の名を借りて日本のライターが書いたのかもしれない。

ところで、国際プロレスの鶴見五郎は一九七三年にフランスに遠征しているが、当時のフランス・マット界に関して、こう証言している。「俺がいたころ、フランスはプロレス人気が落ちていたんですよ。それでメキシコと同じように小さい選手が多くてね。もう七〇キロぐらいの人間とか出ていて、ビックリしました。サーカスみたいなというか…今みたいな飛んだり跳ねたりするプロレスでしたね」。

ゴールドスタインのアクロバット路線が行き着くところまで行ったのだろうか。

### 大巨人アンドレ・ザ・ジャイアント

この路線とはまったく対照的に見えるアンドレ・ザ・ジャイアントことアンドレ・ロシモフがプロレス・デビューしたのは一九六四年、一八歳のときだった。ブルガリア系の血を引く彼は全盛期には身長二メートル二四センチ、体重二三〇キロの巨体を誇った。木こりの彼を関係者が発見したというのは真っ赤な嘘で、パリの家具運送会社に勤務していたところをスカウトされたのである。デビュー前には、『ゴドーを待ちながら』などを代表作に持ち、ノーベル文学賞を受賞した世界的な劇作家・小説家のサミュエル・ベケットが近所に住んでいて、巨体ゆえにバス（小型バスか？）に乗れない少年ロシモフを小学校まで自動車（大型か？）で送っていたというエピソードがある。ロシモフの父がベケットの小屋を作ったことが取り持つ縁である。

デビュー当時はジェアン・フェレと名乗っていたが、日本ではジェアンが「巨人」の意味であることは知られておらず、音が似たジャン・フェレとも名乗っていたので、よけいにジェアンがかすんでしまった。デビュー当時のポスターには、二メートル一四センチ、体重一七一キロと書かれている。

七〇年二月に、モンスター・ロシモフのリングネームで国際プロレスに初来日を果たしている。来日以前では、六六年にフランス・プロレス最後のスターとなるル・プチ・プランスのテレビ・マッチでのデビュー戦の相手を務めているのが注目されるが、この試合に関しては後述したい。

国際プロレスにやって来たときに、同じく来日したＡＷＡ世界王者のバーン・ガニアの目にとまり、七一年九月に北アメリカに進出して、ＡＷＡ地区を転戦し、七三年にはアンドレ・ザ・ジャイアントと改名してＷＷＷＦ（現ＷＷＥ）と契約を結んで、世界的なレスラーとなった。日本では、国際、新日本、全日本に登場した。国際時代には、カール・ゴッチ、ビル・ロビンソン、ストロング小林、新日本時代には、アントニオ猪木、キラー・カーン、スタン・ハンセン、前田日明（まえだあきら）らと印象に残る試合を繰り広げたが、ヒールのイメージだった。明らかに体重が増えすぎてコンディションが悪くなってからは全日本プロレスに登場して、ジャイアント馬場とのタッグでベビーフェースに回った。九三年一月、父親の葬儀に出席するためにフランスに帰国したが、パリのホテルで急死した。死因は急性心不全、四六歳だった。異例なことに、『朝日新聞』夕刊文化欄には、夢枕獏が追悼文を記した。文化欄にプロレスラーを追悼する文章が載ったのは前代未聞である。間違いなく、記憶に残るレスラーだった。夢枕は、東京の深夜のホテルでアンドレを目撃したエピソードと、アンドレ対前田日明が不穏な試合になってしまい、前田の株が上がったことを書き、アンドレは究極の「やられ役」だったと見なしていた。

アメリカが主戦場ではあったが、その前のフランスでの活動期間は、七年ということになる。一九七一年三月のポスターでは、無差別級世界王者を名乗り、ジャン・ピエール・バスタンなる一メートル九六センチ、一六一キロの選手の挑戦を受けている。他の選手は一〇〇キロを超える選手がわずか一人で、おおむね八〇～九〇キロ台。中には七五キロのレスラーもいて、鶴見五郎の話がうなずける。これはある意味パワーよりもスピードや身体能力が重視される現在の日本マットとも通じる傾向かもしれない。鶴見の話が符合するのは、だいたいそのあたりからフランスのプロレスは衰退期に入っていったからである。

**最後のスターは「星の王子さま」**

衰退期の一番手、ムッシュ・モンレアルは英訳すれば、ミスター・モントリオールである。と言っても、カナダではなく、フランス出身である。パワー、柔軟性、テクニックを兼ね備えた優秀なレスラーとされ、五〇代になっても活躍したが、残念ながら、マット界はとっくの昔に全盛期を過ぎていたのである。

そして、「一九三〇年代以来のフランスにおけるプロレスの最後の皇帝」ル・プチ・プランスの登場である。と煽っておいて、いきなり脱力させるかもしれないが、ル・プチ・プランスとは、サン＝テグジュペリの小説『星の王子さま』のことである。プロレスのイメージとあまりにもかけ離れているだろう。

本名ダニエル・デュバイユは一九四三年生まれで、五九年にデビューした「白い天使」ランジュ・ブランに魅せられた世代である。アンドレよりは少し年上だが、彼と同じチームでプロレスの練習に励み、六六年にアルベリック・デリクールのリングネームでデビューを果たした。金のユリをあしらった赤いマントに身を包んだ彼は身長一メートル五九センチ、体重五四キロというありえないような小柄なレスラーだった。同年にテレビ初登場と相成ったときの相手はアンドレ・ザ・ジャイアントだった！　アンドレは足かせをはめられて闘う一種のハンディキャップマッチのようだったが、レスラーというよりは空中曲芸師として動き回り、アンドレの息を切らせることを楽しんだという。その様子を見ていたテレビの解説者はル・プチ・プランス、「星の王子さま」と名付け、以後、それが彼の名前となったのである。彼は衰退期のプロレスを支えて小さな身体で二〇〇一年まで試合を行った。満身創痍になりながらも、どんな所でも試合をこなした。催し会場、テントの中、スーパーマーケットの駐車場、プールの中、野外、ベルギー、スイス、イギリス、スペイン、アフリカ…二〇〇五年、彼はプロレス興行の基礎を築くために飛んだタイで客死した。

ル・プチ・プランス
（"Catch L'Age d'Or 1920-1975"より）

それにしても、フランス・プロレスの最後を飾るスターが一メートル五九センチ、五四キロとは何かあまりにも悲しい気がする。大型レスラーはアンドレをはじめとしてどんどん海外に流出していった結果と思われるが、ランジュ・ブランに憧れた世代がアクロバチックな方向をつきつめた結果がこれだったのかという気がしてならない。私が一九八二年にエリゼ・モンマルトルで見た、ヤス・フジイが相手をした小男たちはフランスではけっして珍しくない存在だったのである。

## WWEが席巻したフランス・マット界

ところで、二〇〇八年八月にパリで発行されたフリー・ペーパー『ア・ヌ』にフランスのプロレスの現状を知るうえで興味深い記事が掲載されていた。

「〝ロード・オブ・ザ・リング〟の帰還」という記事で、この「リング」は指輪とプロレスのリングをかけているシャレである。つまり、「プロレスラーが戻って来るぞ」というニュアンスだろう。おおむねこんな内容である。

「プロレスは五〇年代から六〇年代にかけてはフランスではもっとも人気のあるスポーツの一つだった。ランジュ・ブランとル・ブロ・ド・ベテューヌの抗争をはじめとして、ロベール・デュラントン、シェリー・ビビ、リノ・ヴァンチュラらが大衆の熱狂を獲得してきた。ところが、七〇年代末には何もかもなくなってしまった！　スターたちはいなくなり、会場は閉鎖され、テレビではカナル・プリュスで細々と放送されるだけになり、その放映もやがてなくなってしまった。スターたちは女に囲まれ、ドラッグ漬けで、まるでロックスターのような生活をしていたから消えてしまったのだ。

ところが、一三年の不在の後、二〇〇七年にアメリカのWWEのスターたちがカナル・プリュス・スポーツやTNTチャンネルに登場するようになった。これが人気を博し、フランスのプロレス熱は復活してきた。ICWAのようなフランスの団体も結成され、活動している。」

この記事に感じる熱気を理解する上で参考になるのが、二〇一三年に制作され、日本では翌年に公開された「ママはレスリング・クィーン」（ジャン＝マルク・ルドニツキ監督）という映画である。

あらすじはこうだ。北フランスの田舎町で、シングルマザーのローズは服役中離れて暮らしていた息子と久々に対面するものの、彼は心を開こうとしない。息子が大のＷＷＥファンであることを知ったローズは、彼との関係を立て直すためにプロレスラーになることを思いつき、元プロレスラーの男性のジムを訪ね、トレーニングを開始する。スーパーマーケットのレジの同僚をも巻き込み、プロレスチームを結成し、ついには興行を打つに至る、というストーリーである。同僚の一人を演じたのはハリウッドにも進出した大女優のナタリー・バイで、日本でいえば桃井かおりか松坂慶子クラスが身体を張ってプロレスを演じていたのだ。

この映画を見て印象的だったのは、子供たちのためのバレエ教室とプロレスのリングが同じビルの隣り合った部屋にあったということだ。だから、レスラーを目指す彼女たちの入場シーンの練習にバレエ教室を抜け出した女の子が付き合って、ダメ出しを出すという場面があった。つまり、女の子たちにもＷＷＥが浸透しているということがさりげなく表現されているのだ。

また、主人公の女性が息子の心をついに開いたシーンでは、子供たちが庭でプロレスごっこをやっているのを見た主人公が見るに見かねてＷＷＥ風のエルボードロップを息子に伝授し、息子が母親の前で初めて笑顔を見せるという演出だった。このエルボードロップは、見ている人には凄いダメージを感じさせる技にみえて、実は倒れている相手には当たっていないという技で、いわば「安全なプロレスごっこ」であり、児童の発育面？も配慮されているのだ。

フランスのプロレスが今やWWEを意味することを認識させる作品であった。

ところで、フリーペーパーの記事にあった一〇〇%フランスの団体ICWAは「プロレスファンであることに誇りを持て！」をスローガンにすでに二〇〇二年に創立されていたが、先ほどの記事が書かれた〇八年からアメリカのNWAと提携し、カナル・プリュスなどで放映され、北フランスのベテューヌでプロレス学校も運営し、いっとき隆盛を誇ったようである。しかし、二〇一五年に存亡の危機に陥り、プロレス学校も閉鎖され、規模を縮小して活動している。

WWEとは異なるフランスの伝統的プロレス文化を再構築する活動は厳しい歩みを余儀なくされているようだ。

また、過度に小型化が進んだフランスのプロレス衰亡史は、大型選手のパワーというよりは、中・小型選手のスピード、身体能力を重視する現在の日本のマット界にとって他山の石とすべきことなのかもしれない。

# 第2章　力道山研究という鉱脈

## 1　私的「力道山」史

### 『力道山と日本人』前後

「なぜ力道山のことをやらないのですか？」

このような問いかけを現代風俗研究会のある会員から投げかけられたのは二〇〇一年の春頃だったろうか。同研究会のワークショップ活動であるプロレス文化研究会を始めて、すでに三年近くが経過しようとしていた。例会は一〇回に近づいていた。「プロレス文化研究会」と名乗りながら、力道山を取り上げていない。たしかに、不自然ではあった。画竜点睛を欠く、とも言えるかもしれない。

あえて言い訳をするならば、この研究会に集うメンバーの大半が力道山を知らない世代であったことが大きい。また、世話役は揃いも揃って力道山には間に合ってはいるが、晩年しか知らないということもあった。

しかし、その一方で、力道山は押さえておかなければという気持ちも片隅にはあったのは事実である。力道山が日本のプロレスの基盤を創ったのは紛れもない事実であり、戦後史、大衆文化史の文脈でも重要人物であることは間違いない。いずれ真面目に研究しなければならない対象だという認識は私の中で少しずつ広がっていった。現に、この年の九月下旬に大阪大学大学院人間科学研究科の社会人入試があり、私は力道山を研究テーマに設定して受験しようとしていた。

一〇月中旬に阪大から合格通知が届いたが、それ以前から力道山の年表を準備していた私は、プロ文研のメンバーと基礎知識を共有すべく、その年表をもとにした座談会を力道山に関する映像資料と合わせて二回敢行した（座談の相手は井上章一氏、川村卓氏）。

この二回の研究会の勢いに任せて、力道山についての研究書の企画を青弓社に打診したところ、二〇〇二年春には企画が通り、秋には出版の運びとなったのである。想定外のとんとん拍子であった。

この本のタイトルは『力道山と日本人』と決定し、八名によるアンソロジーとなった。

執筆者、出版社との連絡調整、打ち合わせ会の設定と多忙を極めた。この間大学院の授業も始まり、もちろん本業の高校教師は今まで通り続けているから何しろ慌ただしい日々であり、この時期の無理がたたったのか、秋口には右膝の裏に違和感を覚え、やがて鈍い痛みとなって私を苛ませ、北風が吹く頃には松葉杖での歩行を余儀なくされた。この痛みの原因は結局最後まで分からず、「リウマチ疑い」という診断であったが、辛抱強くリハビリに通うことによって次第に消えていった。

『力道山と日本人』は一〇月に出版され、これまた想定外のことに、現代風俗研究会よりその年の橋本峰雄賞を受賞することとなった。一二月に表彰式があったが、私は松葉杖で身体を支えて登場し、表彰状を渡す会長（女性）から「その杖で殴らんといて下さいよ」と言われた。

余談になるが、私はこの当時、いや、その後もかなり長い間現風研会員の多くからプロレス関係者と思われていたようだ。プロレスの本を書いているというと、極端な場合プロレスラーと見なされるケースがあったし、そこまで行かなくともプロレス関係者と思われるケースが多い。「プロレスを研究している」とはなかなか思ってくれないのだ。いずれにせよ、プロレスに「関係している」者は暴力的なイメージで捉えられることが多いと思う。

二〇〇三年に入ると、私は本業を一年休職して、修士論文の作成に集中することを決断した。いわゆる無給休職である。兵庫県の場合、休職して兵庫教育大学大学院に入学するのであれば「派遣」という形をとって、給料の六、七割は保障される。しかし、兵庫県と大阪大学にはそんな関係性はない。四月からまる一年給料なしの日々がスタートした。

この時期の思い出といえば、年末に読売映像という制作会社から、ＮＨＫＢＳハイビジョンで力道山を取り上げた番組「昭和のヒーロー・力道山（仮）」を制作するので、プロレス文化研究会を撮影・取材させてほしいという依頼が舞い込んだことだ。第一七回のプロ文研は一一月に開催していたので、次回は順当なら三月、早くて二月が相場であったが、制作会社の都合で一月中に撮影したいとのことだった。そこで、二〇〇四年一月二五日に第一八回を設定した。午前中は自宅で私の執筆風景を撮影し、午後から京都に移動して研究会の様子を撮影することになった。当日、撮影は順調に進み、研究会後は『力道山と日本人』執筆者の一部へのインタビュー撮影も実施された。

三月に私は大学院を修了した。修士論文は「力道山と日本のプロレス受容」である。私は博士課程への進学を希望していたが、大阪大学は社会人の場合、修士課程において実績のある者のみに受験を限定する方針に転換したとのことで、多くの人が断念を余儀なくされたようだ。幸い、私の場合少なからぬ著作と橋本峰雄賞受賞という実績があったので受験資格に問題はなかった。ただし、社会人は修士課程を修了してから博士課程までは一年間空白期間を空けるというルールがあるようで、この年の秋に受験して、来年度に入学することになる。そこで四月に職場に復帰を果たし、秋の受験をひたすら待つということになった。

六月に入って、読売映像から番組が完成したとの通知があった。ただ、ＮＨＫと試写を繰り返した結果、「力道山物語」といった内容になり、現在の視点で力道山を語る場面は全面カットとなり、プロ文研のシーンはボツになったという残念な知らせであった。この番組は七月に、ハイビジョン特集「〈昭和のヒーローたち〉力道山　比類なきリングの輝き」としてオンエアされたが、何か空しい気持ちで眺めていた。素材映像はもらったので、結局はプロに無料でプロモーションビデオを撮ってもらったという形になったのだ。

二〇〇五年四月に博士課程に進学した。修士課程に比べると単位取得は困難ではないし、本業との両立は十分可能である。もちろん、年間数回の研究発表の機会があり、それとは別に学会での発表もあったので、研究は継続していかなければならなかった。

### 力道山バブル

二〇〇八年にミネルヴァ書房から『力道山——人生は体当たり、ぶつかるだけだ』を出版した。ミネルヴァから執筆依頼があった時期ははっきり覚えていない。『力道山』の原稿のベースとなった「力道山からプロレスへ」をブログ「ジャーナリスト・ネット」に連載を開始したのは二〇〇六年二月だから、それより前だったのか。だいたい「ジャーナリスト・ネット」への掲載が偶然の産物のようなもので、この年の一月に大阪の森ノ宮でノンフィクション作家の佐野眞一の講演会があり、その打ち上げに参加して初対面の「ジャーナリスト・ネット」の人々に力道山の話をして面白がられ、翌週から連載が始まったのである。ということは、それ以前にやはり出版の打診があったのか。

あの本は「ミネルヴァ日本評伝選」の一冊であり、歴史学の大家を監修委員に据える格式の高いシリーズであり、ケンブリッジ大学など海外の大学図書館にも納品されている。とくに監修委員の一人である日本中世史の泰斗、上横手雅敬からはかなり評価されたようである。同氏は新聞紙上において、監修委員である芳賀徹との「ミネルヴァ日本評伝選創刊六周年記念対談」を行っているが、以下の発言がある。「『力道山』もおもしろかった！　プロレスというものはよくわからないけれど、野球や相撲のような市民権を持っていない。人に聞いたって本当のことを話してくれない。それをいちいち剝がしてびしっと書いてる。（中略）私たちの書き方は、文献を見て、分析し、矛盾を追及していく。それしか方法を知らないけれど、こんな歴史の書き方があるのかと感心したんですよ」（『朝日新聞』二〇〇九年九月二〇日）。過分のお褒めの言葉ではあるが、このシリーズの幅の広さを特徴づける異色の一冊にはなったのだと思う。

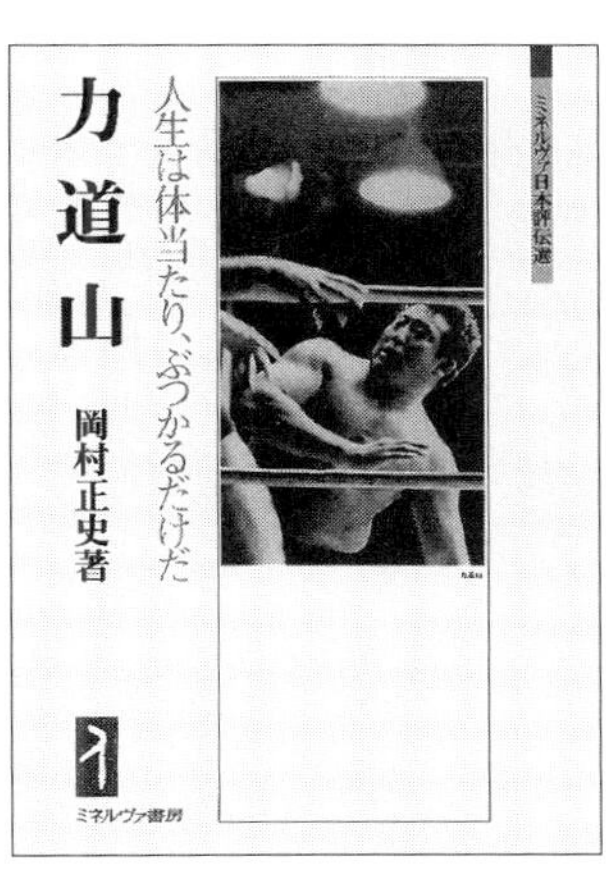

『力道山』（ミネルヴァ書房）

マスメディアにおいても、『朝日』『日経』『神戸』『週刊新潮』などで書評が掲載された。ただ、書店においては、歴史の棚に置かれることはあまりないようで、プロレスのコーナーに置かれている。書店の判断としては、地味な人文科学の書籍というよりも「プロレス本」として扱うということなのだろう。ただ、社会科教師の手になる研究書としては業界の評価は受けたようで、二〇〇九年春に、兵庫県高等学校教育研究会社会部会平成二〇年度研友会賞を受賞した。

二〇〇九年から翌年にかけては、まるで「力道山バブル」のような状況が続き、東京の私立大学の国語の入試問題に使われたり、プロ文研の親会である現代風俗研究会の二〇〇九年年間テーマに「プロレスが残した風俗」が選ばれ、その年報として翌年に『現代風俗　プロレス文化――歴史・表現・エロス・地域・周縁』が出版されたり、といった塩梅だった。その総決算が二〇一〇年三月の博士課程修了、すなわち博士論文「力道山のライフ・ヒストリーにおけるプロレス受容に関する考察」が無事パスしたことにあった。この博士論文は数年後東京の古書店が三〇〇〇円で売りに出していることをインターネットで突き止めたが、誰か買った人がいたのだろうか。第一どうやって流出したのか。私が古書市場に出していないことだけはたしかなのだが。

二〇一〇年代に入ってから、小林正幸の『力道山をめぐる体験』が出版された。著者は拙著を忠実な資料主義に加えて、「プロレス的な虚実の境界を判断するプロレス的感性によって資料を読み解いていく方法論がある」と評価している。今のところ、拙著に関する最も詳細な解説が加えられている書物だと思う。

さて、二〇一二年以降は、プロレス界というよりは新日本プロレスが長い低迷をようやく抜け出して、活況を呈し始めた。背景としては、九〇年代からの「格闘技ブーム」が当初はプロレスの権威を失墜させたけれども、かえってプロレスの本質をはっきりさせ、「格闘技」としてではなく、「エンタテインメント」として再評価されていることがあると思う。また、レスラーがSNSなどで発信し、ファンとの新たな結び付きを獲得していることもあるだろう。ただ、その恩恵は新日本プロレスのみが独占しており、他の団体で健闘しているところも二、三あるものの、格差は広がる一方である。新日本プロレスにしても、営業利益はピークだった九〇年代に迫ってきているが、一般メディアへの露出によるイメージアップなど数字化できない部分も少なくない。

それでは、力道山に関しては何か変化はあったのだろうか。

ベースボール・マガジン社からは『日本プロレス全史』が二回出ている。一九九五年版と二〇一四年版である。この書物は七〇〇頁以上に及ぶ大著であるが、幕末から今日に至るまでのプロレス史を網羅している資料性が高い本である。九五年版では、一九五四〜六三年の「力道山時代」に全体の八・二％の頁が割かれていたのに対して、一四年版では一五・四％と倍近くになっている。これは、一四年版では一年に一二頁を費やすという方針に転換した体裁上の影響が大きいとはいえ、この二冊の間に、力道山についての言説が飛躍的に増えたこととも無関係ではないと思われる。力道山を扱った書籍は少なくないし、ときおり、テレビのドキュメンタリー番組が作られもする。九四年に始まるアントニオ猪木の北朝鮮訪問によって力道山が朝鮮半島出身であることを想起させる機会も増えていることだろう。

ところが、一四年版では、九五年版にあった力道山の出自に関する記述がいっさい見当たらない。力道山について写真や資料を借りて出版する場合に、出自については触れてはならないという条件が付くことがあるとは聞いているが、一四年版はそういうケースに該当するのだろうか。力道山が生まれたとき、朝鮮半島は日本の植民地であり、戦後「外国人」となったが、プロレスラーになる前に日本国籍を取得している。その意味では「日本のヒーロー」である。ただ、出生地は現在北朝鮮領となっている。そのことが影を落としていると考えなくもないが、たとえ韓国領であったとしても、結果は同じであったのかもしれない。

### 「力道山対木村政彦戦」の放送に関して

さて、『力道山——人生は体当たり、ぶつかるだけだ』が世に出てから一〇年が経過した。

記述には正確を期したつもりであるが、誤りもいくつか指摘されている。そこで、この場を借りて、訂正をしておきたい。

「第四章　木村政彦戦」の中で力道山対木村政彦の試合開始が想定されていた八時台から大幅に遅れて九時一九分に始まったために、テレビ放送に映らなかったと書いた。しかし、これは明らかに間違いであった。「放送されなかった」という最大の根拠は『毎日新聞』一九五四年一二月三一日に掲載された「記者ノートから」という記事である。そこにはこう書かれてあった。

「二十二日夜蔵前国技館で行われたプロ・レス日本選手権試合の開始時間が遅れたため、肝心の力道山対木村戦が、実況放送できなかったと、放送局側と興行者の間で契約違反、損害賠償論まで飛びだし冷戦状態を続けていた。」「民間放送局にとってああしたカードは〝ドル箱〟であり、とくに木村選手の郷里の九州は力コブをいれていたのに、予定の放送時間（八時―九時）が前座試合で終わったため一文の収入もあげられずメチャクチャになったのだからいきり立ったのもよくわかる。」

この記述を私は、力道山対木村はテレビ放送の枠に収まらなかったと読んでしまった。それが事実誤認であった。

二二日当日の放送予定は、テレビがＮＨＫ（第二）七時三〇分〜九時一〇分、日本テレビ七時三〇分より（放送終了時間は明記されていないがＮＨＫとほぼ同じと考えられる）。提供は塩野義製薬である。ラジオがＮＨＫ（第二）八時―九時、ニッポン放送八時―九時となっていた。

当時のＮＨＫテレビは東京、大阪、名古屋のみが開局しており、九州はまだテレビ放送がなかった。全国のテレビ受像台数はせいぜい五万台である。したがって、前記の記事は当時まだメディアの主流だったラジオに関する話題で、しかも「民間放送局」とあるところからニッポン放送が各地のラジオ局とのネットで流した放送についての話だったと推察できる。

ところで、『読売新聞』二四日夕刊に「鳩山さんと力道山」というコラムが掲載されており、「力道山と木村のプロ・レスリングの試合をテレビで見た」とある。また、『読売』（大阪）二五日には「プロ・レスはスポーツか」と題する大阪市の理髪師の投書が寄せられており、商店の一台のラジオにたいへんな人だかりができて、力道山対木村の試合に聴き入った様子が描かれている。ちなみに、関西ではテレビは一九五六年の大阪テレビ放送（現朝日放送）開局以降普及したと考えられるので、この時点では街頭はラジオ聴取が中心だったのである。まとめると、テレビ、ラジオとも力道山対木村を放送したのである。しかも、予定の放送時間を延長して実況したということである。『読売』（大阪）二九日夕刊には「プロレスリングの実況をニッポン―ＡＢＣのネットで放送した…自信のあった倉田アナも時間延長などでつかれたのか〝首がぬけました〟などと聴取者をおどかす」とある。倉田アナはニッポン放送の実況担当者である。

総合すれば、テレビもラジオもキー局は放送時間を延長して実況したけれども、九州ではそのような措置は取られなかったということではなかろうか。関西では、読売テレビはまだ開局していなかったが、日本テレビは東京に中央放送局を据え、大阪など主要都市に放送局を設置して放送したようである。ただし、関西の一般紙のラテ欄で日本テレビを確認することはできない。現在にたとえれば、CSのすべてのチャンネルが一般紙に載っていないのと同じような扱いか。NHKが時間延長したかどうかは定かではない。当日のNHKの放送予定は九時一〇分から「短編」となっていて調整番組っぽいが、そのあとに「一九五四年十大ニュース」が控えているからおいそれとは時間延長しなかったような気がする。

増田俊也の『木村政彦はなぜ力道山を殺さなかったか』には「テレビ放送枠に入らなかったのはひとつだけで、一局はメーンも生放送していた」と書いているが、NHKか日本テレビか詳らかにしていない。おそらく、日本テレビの可能性が高いのではないだろうか（関西でも、金持ちの知人の家で、この試合を見たという人の証言を得ることができた）。

なお、力道山対木村の記録映画が早くも二九日より松竹系で公開されているから、映像に関してはこちらで確認した人が多いのではないだろうか。かつて、兵庫県阪神シニアカレッジで力道山に関して講義した折、質疑応答の時間に、「講師（つまり筆者）は力道山対木村を昭和二九年と言われたが、私の記憶では昭和三〇年だったはず」と主張される方がいた。昭和三〇年になって記録映画でこの一戦を見られた記憶に基づいての発言だったと推察している。

近年、力道山についてのドキュメンタリー番組がときどき見られると書いたが、中には力道山の死亡年を堂々と間違えるような番組もある。スタッフの調査不足と言えばそれまでだが、ごく基本的な事柄についての知識の共有もできていないと痛感する。大衆文化の分野では、当事者の記憶に基づいて知識が構成される場合が多いと思う。自戒を込めて、注意したいものである。

追記になってしまうが、『力道山』第六章で取り上げた「一流ではなかった大同山」という項では、鈴木琢磨『金正日と高英姫』の記述に基づいて、「木村と対戦した大同山は、金正日の四番目の妻で二〇〇四年に死亡したとされる高英姫の父親である」と書いた。しかし、その後デイリーNKジャパンの高英起の研究によって、完全に人違いであることが分かり、鈴木も二〇一一年に自説を撤回した。なお、大同山こと高太文は一九六一年に家族とともに北朝鮮に渡り、柔道指導者として同国の柔道の発展に貢献したようである。

## 2　リアルタイム世代は力道山をどう見たのか

### 力道山死去で半分がプロレス離れ

前項で、シニアカレッジでの講義のことについて触れた。二〇〇二年一〇月二四日と二〇〇三年五月一五日の二回にわたって、兵庫県阪神シニアカレッジの受講生を対象に「力道山と日本人」と題した講義を行った。その機会を利用して、「力道山に関するアンケート」を実施し、一八三名の回答を得た。回答者はもちろん高齢者（六二歳以上）である。

狙いとしては、力道山および彼が紹介したプロレスはリアルタイムで観た人にとってどのように受け止められたのか、また、プロレスの成功の要因として一般に言われている「敗戦コンプレックス」説は本当に妥当なのか、また、それ以外の要素はないのか。このようなことを探るために、力道山の死後四〇年というタイミングでアンケートを実施した（巻末資料参照）。あれから一五年の歳月が流れたが、年々力道山の記憶が薄れていく一方、メディアで力道山を取り上げることは少なくないという状況のもとで、リアルタイムで力道山を見ることができた方々の声に耳を傾けることは依然重要であると考える。また、こういう調査は年を経るにつれて困難になっていくことは言うまでもないだろう。このアンケートに関しては、部分的にはいくつかの媒体ですでに紹介しているが、完全な形で紹介するのは本書が初めてである。力道山研究の一助となれば、幸いである。

回答者の性別は男性一一三名（六一・七％）、女性四七名（二五・七％）、無回答二三名（一二・六％）となっており、男性が過半数を占めている。生年は一九三一～三五年が七八名（四二・六％）で最も多く、次いで一九三六～四〇年が六六名（三六・一％）となっており、力道山ブームに一四～二三歳で遭遇した人が大半を占めている。最高齢層は一九一七～二一年の四名（二・二％）である。

「力道山の生前プロレスをよく見ましたか」という質問に対しては、「よく見ていた」七四名（四〇・七％）、「ときどき見ていた」七六名（四一・八％）の合計で八割を超えている。「まったく見たことがない」は九名（四・九％）にすぎず、ほとんどの人が一度以上はプロレスを見たことがあることが分かる。ただ、女性が見ていた頻度は男性に比べて低く、男性の三分の二にとどまっている。

プロレスを見たことがある人を対象に「どういう手段でプロレスを見ましたか」という質問（複数回答可）に対しては、「自宅のテレビ」一一八名、「街頭テレビ」五九名、「近所の家のテレビ」四四名、「映画館（ニュース映画）」三二名、「試合会場」三名の順であり、やはりテレビの力が大きいと言える。

なお、当時ラジオによる中継もあったが、選択肢には入れなかった。当時のメディア状況を考えると、ラジオを入れてもよかった、とこれは現在の反省である。

次に、テレビの購入時期を聞いた。

最も多かった回答が「昭和三四年」三〇名であり、次いで「昭和三〇年」二四名、「昭和三五年」二二名、「昭和三三年」二一名となっているが、「昭和三〇年」の回答には「昭和三〇年代」というニュアンスが含まれているかもしれない。いずれにせよ、昭和三〇年代前半の回答が七五%を超えている。ちなみに、最も古い回答は「昭和二七年」一名（記憶違いか？）で、最も新しい回答は「昭和五〇年」一名であった。

力道山とプロレスの関係を間接的に探るねらいで、「力道山の死後、プロレスをよく見ていますか」という設問を用意した。ただ、力道山の死後、さまざまな格闘技が出現し、ブームを起こしたため、それらとプロレスが混同される可能性を避けるために「キックボクシングやK－1は省きます」という注意書きを設問ごとに明記している。

力道山が死んでからは「あまり見たことがない」六四名（三五・四%）、「まったく見たことがない」三一名（一七・一%）で過半数の人が「プロレス離れ」を起こしたことが分かる。そうでない人の中では「ある時期までときどき見ていた」五一名（二八・二%）、「ある時期までよく見ていた」二三名（一二・七%）と死後もしばらく見ていたがあるときから見なくなった人は四割であり、「今でもよく見ている」「今でもときどき見ている」の合計一二名（六・六%）を大きく凌駕している。

前問で「ある時期まで…」と回答した人にその時期も問うたが、ほぼ八割が一九七〇年代までと答えている（選択肢には年代だけではなく、その年代の主要レスラーの名前などを挙げて回答しやすくした。たとえば、「昭和四一～四七年（一九六六～一九七二、馬場全盛期／国際プロレス（ビル・ロビンソン））」といった具合である。

ここで整理しておくと、大半の人が力道山時代にはテレビを中心にプロレスを見ていたが、力道山死後半分くらいの人がプロレスを見なくなり、見続けた人の多くも八〇年代には見なくなり、今でも見ている人は少数派である、ということになる。

### 「力道山は好きだが、プロレスは嫌い」

ところで、重要なテーマである力道山とプロレスの関係についてであるが、「力道山は好きでしたか」という質問には、「好きだった」五七名（三一・七%）、「どちらかといえば好きだった」五八名（三二・二%）が六割を超える。「どちらかといえば嫌いだった」「嫌いだった」の合計が八名（四・四%）と少ないが、「どちらともいえない」は五七名（三一・七%）と無視できない数字になっている。その一方で、「プロレスが好きですか」という質問には「好き」七名（三・八%）「どちらかといえば好き」三四名（一八・六%）は二割を少し超えているにすぎず、「どちらかといえば嫌い」四六名（二五・一%）、「嫌い」二一名（一一・五%）の合計を下回っている。ただし、「どちらともいえない」が七五名（四一・〇%）の最多数派である。

二つの質問に対する回答をクロス集計すると、「プロレスが好き／どちらかといえば好き／どちらともいえない」と答えた人で「力道山が嫌い／どちらかといえば嫌い」と回答した人はいなかった。とくに、「プロレスが好きか嫌いかどちらともいえない」と回答した人のうち、約七割が「力道山が好き／どちらかといえば好き」に回っているのが注目される。また、「プロレスが好きな／嫌いな」度合いと

「力道山が好きな／嫌いな」度合いはほぼ比例していた。

それでは、「力道山は好きだった」六割と「プロレスが好き」な二割の差はどう考えたらいいのだろうか。力道山の死後のプロレスのイメージの悪さが影響している部分もあるだろうが、日本のプロレスの事実上の創始者である力道山はそれだけで巨大な存在であり、プロレスというジャンルを超えていたといえるのかもしれない。

力道山が好きな理由として多いのは、「強い」一七名、「日本人に勇気を与えてくれた」一六名、「『外人』を負かす」一〇名、「技の切れ」五名であり、「敗戦コンプレックス」説を裏付けるような回答が並んでいる。嫌いな理由では「プロレスに興味がない」七名が多かった。

プロレスが好きな理由では、「迫力がある」四名、「格闘技が好き」「身体を張っている」各三名などがあるが、「テレビが珍しかった」という回答が二名あった。嫌いな理由は「ショーである」一四名を筆頭に、「八百長」一〇名、「力道山の死後ショー化した」六名、「格闘技が嫌い」六名、「興味がない」六名となっており、「真剣勝負かショーか八百長か分からない」「スポーツではない」「ストーリーが読める」「見世物」などを含めて、スポーツとしての正当性への疑問から来る回答が多くを占めている。これに比べると「残酷」「血なまぐさい」「弱い者いじめ」など暴力性への嫌悪は比較的少なかった。「力道山の死後ショー化した」という回答が示すように、「力道山」と「プロレス」を差別化しようとする心性が存在することは間違いないように思える。

なお、「プロレスは『スポーツ』だと思いますか」に「思う」は二四名（二三・四%）にすぎず、「思わない」八三名（四六・四%）、「どちらともいえない」七二名（四〇・二%）であり、「プロレスは『ショって「思わない」は六名（三・四％）にとどまっている。

「力道山でいちばん印象に残っていること」を自由に挙げてもらった。「空手チョップ」が六四名と圧倒的に多く、次いで「死に方（あっけない、壮絶）」一五名、「『木村政彦戦』一四名、「『外人』を倒す」一〇名、「黒タイツ姿」八名、「ルー・テーズ戦」七名、「シャープ兄弟戦」六名、「強さ」六名の順となり、「死に方」を除けばネガティブな回答は見当たらなかった。また、試合では「日米対抗」形式で行われた「ルー・テーズ戦」や「シャープ兄弟戦」を抑えて「木村政彦戦」が多かったことが注目される。この試合は「日米対抗」形式により「敗戦コンプレックス」を晴らす試合とは別の要素を日本のプロレスに付け加えたという点で重要であり、その意味するところについては、いまだに『木村政彦はなぜ力道山を殺さなかったのか』などという本が出るくらい議論の対象になっている。

**ルー・テーズやシャープ兄弟よりも木村政彦戦**

「力道山の生前に彼が朝鮮半島出身であったことを知っていましたか」という質問に対しては、「はっきり知っていた」は一六名（八・七％）にすぎず、「うすうす知っていたような気がする」六八名（三七・二％）、「知らなかった」八九名（四八・六％）、「覚えていない」一〇名（五・五％）という内訳になっている。「うすうす知っていたような気がする」に死後の記憶との混同がある可能性を勘案すると、生前にこの事実を知っていた人は少数派であろう。「はっきり知っていた」人のうち、五〇％の八名が「大相撲時代の力道山を覚えている」人であり、大相撲をよく見ている人は見ていない人よりもこの事実を知っていた可能性が高い。

最後に、「戦後四大有名人」といわれる「力道山、美空ひばり、長島茂雄、石原裕次郎」の四人を好きな順番に並べてもらった。第一位に挙げた人の数では石原五七名、美空四九名、長島四八名、力道山一九名の順番であるが、力道山と他の三人の差は大きく開いている。逆に、第四位の順番では力道山八三名、長島三二名、石原二一名、美空一八名となり、ここでも力道山と他の三人の差は大きい。長島以外は故人であるが、美空、石原に比べて、死んでからの期間がはるかに長く、死後メディアで取り上げられる頻度も美空、石原に比べれば少ないことが要因として考えられよう。

アンケート結果を通して浮上するのは、力道山への好感とは裏腹に、プロレスに対するスポーツとしての正当性への拭いがたい疑念である。事実、この問題は力道山当時から言われていたことであり、「力道山の死後ショー化」したわけではない。が、そう思わせるだけ力道山の存在は大きかったのだろう。

私のように、力道山の晩年しか記憶していない世代は全盛期を知る世代に比べれば、力道山を神話化することは少ないし、力道山以外のプロレスに触れる機会が格段に増え、よく言えば目が肥えたのであろうが、リアルタイム世代が味わった熱狂や感動からは遠い距離に立っているのかもしれない。

## 3　力道山、プロレス・デビューまで

### 出自をめぐって

ここで、簡単に力道山の経歴を整理してみよう。事典はどう表しているのか。一九九七年の『民間学事典・人名編』にはこうある。

「朝鮮北部の咸鏡南道生まれ。本名は金信洛。一九三九年（昭和一四）、皇民化政策下の朝鮮半島で日本人の警察官の目にとまり、『大相撲の力士に』と誘われて、一六歳の少年が玄界灘をこえてきた。翌年、新弟子検査に合格、「金村光浩」と改名し、しこ名『力道山』となる。差別と下積みに耐えて、四六年に入幕。五〇年には関脇に昇進するが、日本国籍をもたないため年寄株取得のめどがたたず、突然マゲを切って廃業届をだす。プロレス界に転身を決意し同年、彼を相撲の世界に誘った百田巳之助の養子『百田光浩』となる。

五四年、米国での武者修行を終えて、ふたたび蔵前国技館で、土俵ではなくリング上でデビューする。シャープ兄弟、ルー・テーズ、ブラッシー……、つぎつぎとあらわれる『鬼畜米国』を相手に見舞う日本伝統の技（？）、『空手チョップ』。五三年からのNHKや日本テレビなどの本放送の開局とあいまって、プロレスは全国的な人気をよんだ。街頭テレビの前の黒山の人だかりから、『ヤンキー・ゴーホーム』の一斉連呼がおこり、彼の額から血が流されるたびに、テレビの生産台数はその数を増大させた。戦争で肉親を失い、戦争の焼け跡から身一つで生きなければならなかった国民大衆にとって、『力道山』は『現身』となり、『復興期の精神』となった。

六三年、プロレス全盛の最中、街のチンピラと喧嘩の刺し傷がもとで腸閉塞を併発し死亡。倒れては起きあがり、最後には必ず勝利するという物語を生きてきたヒーローの意外な幕切れに、日本中が驚いた。

戦後、朝鮮人の強制送還の拠点となった大村収容所、その近くの長崎県大村市、長安寺の百田家の墓に分骨され、異国の地に眠る。ついにみずからの口からは生い立ちについてなに一つ語ることはなかった。享年三九歳、戒名『大光院力道日源居士』。」

この事典には力道山の出自が明確に描かれている。前節のアンケートにあったように、生前に出自の真実について知っていた人は少なかった。それは「日本の英雄」力道山にとって最大のタブーだったからである。ただし、大相撲に詳しい人は別であった。初期の番付には朝鮮出身と明記されており、相撲界では力道山の出自については「常識」事項であった。「力道山が朝鮮出身であることを、新しい発見のように書く人もいるが、相撲界ではみんな知っていたことだ」（小島貞二『力道山以前の力道山たち』）。

しかし、力道山はやがて朝鮮出身であることを否定するようになる。『野球界』一九四二年一二月号の「幕下有望力士放談会」で力道山はこう発言している。

「物言いを付けるようで変ですが、僕は半島出身のようになっていますが、親方（玉ノ海）と同じ長崎県ですから、よろしく。」（小島貞二、前掲書）

力道山は三人の子供たちにも出自についてはいっさい語らなかったという。次男百田光雄（ももたみつお）は『父・力道山』において力道山が朝鮮半島で生まれたことを認めつつも、あたかも朝鮮半島で生まれた日本人であるようにも受け取れるような記述をしている。この本は一九八三年に出版された同書の復刻版であるが、二〇〇三年一二月に復刻されたのは力道山没後四〇周年記念という意味合いと同時に五カ月前に出版された未亡人田中敬子の『夫・力道山の慟哭』が力道山は元来朝鮮人であることに力点を置いて書かれていることへの対抗意識があるのではないかと考えられる。

出自の問題は本書の主要なテーマではない。ただ、この問題はプロレスのスポーツとしての正当性の問題に微妙な陰を落としており、その意味で後少しだけ触れておきたい。

『民間学事典・人名編』より六年前に刊行された、一九九一年の『大衆文化事典』の項目「力道山」は出自にいっさい触れていない。筆者が判断に迷ったのかどうか事情は不明である。

## 明かされる出自

力道山の死後、活字の世界で力道山の出生のタブーについてきちんと取材をした上で取り上げたのは牛島秀彦の『力道山物語《深層海流の男》』（毎日新聞社、後に徳間文庫）で、一九七八年のことである。マスメディアにおいては一九八四年の『週刊プレイボーイ』（五月八日号）が北朝鮮における力道山ブームを紹介した。九〇年代に入って『アサヒグラフ』『毎日新聞』『朝日新聞』などが出生の問題について触れているが、プロレス専門紙誌は一貫して沈黙を続けた。

流れが大きく変わったのは一九九五年四月にアントニオ猪木が北朝鮮ピョンヤンで開催した「平和のための平壌国際文化体育祝典」というプロレス・イベントである。力道山の弟子である猪木は力道山の娘とされる金英淑（キムヨンスク）（夫が国家体育委員長）とも出会い、三八万人をも集めたイベントを挙行した。いわば力道山にオマージュを捧げたイベントであり、力道山と猪木の記念切手まで発行された。そして、この頃から、テレビでも力道山の出自についておずおずと触れるようになってきたし、プロレス専門紙誌も猪木のイベントがらみで触れざるを得なくなった。

活字の世界では李淳馹（リスンイル）『もう一人の力道山』（小学館、一九九六年、後に小学館文庫）の存在が大きい。従来の力道山像とは異なる、金信洛としての新しい力道山像を伝えている。

九一年の『大衆文化事典』と九七年の『民間学事典』の間には、猪木のピョンヤン興行と『もう一人の力道山』が介在している。

今や力道山が朝鮮出身であることは「常識」となった感すらあるが、けっしてすべての問題が解明されたわけではない。たとえば朴一（パクイル）は、力道山が北朝鮮に残した「娘」の信憑性に関して疑問を投げかけている（朴一『在日という生き方』）。北朝鮮が力道山を「アメリカ帝国主義と戦った朝鮮人のヒーロー」として政治的利用価値を見出す以上、北朝鮮が作り出す「力道山伝説」に対する懐疑の念は消えることがないだろう。しかし、一方で『北朝鮮版・力道山物語』の訳者による「長年にわたり力道山の出自や朝鮮人としての苦悩・葛藤に目をそむけてきた日本側の取り上げ方もまた『日本版　力道山物語』ということになりはしないでしょうか」という声もある。本章は出自の問題をメインテーマに据えないが、この問題についての活字メディアとテレビの扱いのタイムラグを意識しつつ、プロレスという虚実ないまぜの世界をメディアがどう扱ったのかを明確にすることによって日本のプロレスの特性に迫り、日朝関係史とはまったく別の文脈で「日本版・力道山物語」を客観視する手がかりを得る試みと言えなくもない。

## 力道山「神話」の誕生

力道山が大相撲を廃業した理由は定かではない。小島貞二によれば、親方・玉ノ海との確執が最大の原因のようである。相撲界から朝鮮人であるがゆえに差別されたとの言説が流布しているようだが、それよりも力道山自身の朝鮮人コンプレックスが強かったという指摘がある（朴一、前掲書）。

廃業後、横綱東富士（あずまふじ）（一九五五年にプロレス転向）の後援会会長であった新田新作（にったしんさく）の世話で新田建設に就職した。新田や東富士は力道山の相撲界復帰工作を画策したが、失敗に終わっている。

この頃、力道山は就籍届手続きを行い、一九五一年二月に「本籍長崎県大村市二百九十六番地　百田光浩　大正十三（一九二四）年十一月十四日　父・百田巳之助（巳之吉の本名）、母・たつ（ともに死亡）の長男として出生」という内容の戸籍ができた。すなわち、相撲界に入る橋渡し役となり、すでに死亡していた百田家の一員となったわけである。以後、力道山がヒーローになるにしたがって、ありもしない大村時代のエピソードが次々と作られていくこととなった。力道山は生涯朝鮮出身であることを隠し続けた。マスコミはその事情を承知しながらも、日本のヒーロー力道山の出生に関してはタブーとして触れることがなかった。

さて、大相撲を廃業し、新田建設に資材部長として勤めていた力道山は、一九五一年に東京でプロレスと出会うこととなった。ボビー・ブランズ、ハロルド坂田らがＧＨＱの招きで来日し、在日米人向けのチャリティ・プロレス興行を実施したが、ブランズらは日本人レスラーのスカウトを兼ねていたとされている。力道山のプロレス入りに関しては次のような話が一般に流布している。力道山は一九五一年九月か一〇月に東京のナイトクラブで日系レスラー、ハロルド坂田と喧嘩をしたが、逆にねじふせられて、レスラーの強さを知り、このことがきっかけでプロレスに入門した、と。ところが、五一年七月二一日の『毎日新聞』はアメリカのプロレスラー来日（日本で初の本格的プロレス興行）を伝える記事で「エキジビションには昨年引退した力道山が名乗りを挙げている」と報じており、レスラー入門の段階から力道山の歩みは伝説で彩られている。このことはひとり力道山に限らず、プロレスというジャンルそのものに「虚実皮膜の世界」を構築しようとする力が働いているからでもあるが、日本のプロレスの

「創始者」力道山だけにその伝説は入念に形成されたといえよう。

仲兼久忠昭（なかがねくただあき）はボビー・ブランズらのチャリティ興行に力道山が参加し、レスラーとしてデビューした後も、相撲界への復帰を画策していた事実を指摘している。復帰は果たせず、気乗りしないままハワイへ旅立った。つまり、力道山がプロレスの道に進んだのは不本意だったということになり、従来のイメージとは大きく狂ってくることになる（『力道山史　否！』）。

また、力道山は日本で初めてのプロレスラーではない。塩見俊一は戦前のプロレス興行、さらには戦後のプロ柔道を詳述した上で、「力道山やテレビといった、いわば日本におけるプロレス創造の「神話」における「メジャー」な存在に隠れてしまいがちな事例や、そこに息づく人々の思いに目を配ることは、決して無駄ではないだろう」と指摘した（「プロ柔道――一九五〇年、「見せる柔道」の顚末」現代風俗研究会編『現代風俗　プロレス文化』）。現に、プロ柔道に関わった木村政彦や山口利夫（やまぐちとしお）は力道山よりも先にプロレスラーになっていたのである。しかし、小島貞二は私のインタビューで「力道山が生きていた時代には彼以前に日本にレスラーがいたということはいっさい書けなかった」と語っていた。力道山はあくまで自分が日本のプロレスを創始したという「神話」を創りたがった。力道山の歩みに関してはこの種の「神話」がつきまとう。

## 4　ライブ時代の力道山

プロレス・ブームの要因

一九五三年に日本プロレス協会（日プロと略記）を発足させた力道山は、一九五四年二月一九日より日プロ主催興行を蔵前国技館で三日連続開催した。NWA世界タッグチャンピオン、シャープ兄弟に木村政彦と組んで挑戦した力道山の空手チョップに観客は熱狂した。また、試合の模様はテレビ中継もされた。日本テレビ（NTV）およびNHKが中継した。まだ一般家庭にテレビが普及していない時代であり、多くの人は街頭テレビの前に大群衆と化して熱い眼差しを向けるか、ラジオにかじりついたのである。

日本テレビはこの三試合に三月の二試合を加えた五試合の視聴者を一〇〇〇万人と算定し、その人気の原因として、プロレス自体の珍しさ、新聞、テレビによるルール解説などの啓蒙活動、日米対抗形式による盛り上がり、を列挙している（日本テレビ編『大衆とともに二五年』）。

NHK放送文化研究所が五五年一〇月に行った調査では、「一か月の間にテレビをわざわざ見に行った人」は三〇％であるが、その中でプロレスを見た人が八〇・二％に達し、野球三六・一％、相撲三五・四％、劇映画一二・四％を大きく引き離している（日本放送協会編『放送五〇年史』）。

前述の「力道山に関するアンケート」の直後に回答者数名に電話取材を試みたが、そのうちの一人は街頭テレビでのプロレスの人気について、ボクシングは技術重視の世界で、どちらが優勢なのか分かりにくさがあるが、それに比べてプロレスは誰にでも分かりやすくできている点が大きいのではないかと語っていた。テレビの面白さはアップ画面にあり、試合結果重視のプロ野球、大相撲はラジオ中継でも事足りたが、プロレスはあくまで観客が見て笑ったり、怒ったりするテレビ向きの娯楽として機能していた。

リー・トンプソンの研究は視聴率調査などのデータをもとに力道山時代のプロレスの絶大な人気を実証している。その上で、人気の秘密を日米対抗形式でプロレスが提示されたことに置き、「敗戦コンプレックス」「外国人コンプレックス」があったからこそ力道山のプロレスは成功した、と分析している（"Professional Wrestling in Japan — Media and Message"）。冒頭に引用した『民間学事典・人名編』もこの「定説」に依拠してレスラーとしての活躍の場面を記述している。

しかし、この説明は間違ってはいないものの、なぜプロレスが成功したのかのすべてを説明してはいない。

力道山ポスター
（仲兼久忠昭氏蔵）

「じっさい、これだと、白人へたちむかうレスラーは誰でもよかったことになる。白人を打倒するレスラーさえいれば、プロレス・ブームが成立したという理屈になる」（井上章一「解説」百田光雄『父・力道山』）という指摘があるように、なぜ力道山でなければならなかったのか、ライバルの木村政彦や山口利夫は同じように「日米対抗」のプロレスを提示しながら、どうして成功しなかったのかが説明できない。また、日本より数年前に「敗戦コンプレックス」など存在しないアメリカでプロレスはテレビとタイアップすることで成功を収めていたのである。すなわち、「敗戦コンプレックス」説はあまりにも社会史的な説明に終始しており、力道山の個人的力量、プロレス側の事情を軽視しているきらいがあると考えられる。

もっとも、トンプソン論文は木村、山口の失敗についても分析を加えている。それによると、力道山のように有力な後援者（政財界、興行界、メディア）を持たなかったこと、東京以外を本拠地にしたこと（木村は熊本、山口は大阪）が挙げられるが、最大の要因は外国人レスラーを招聘する有力なパイプを持っていなかったことだとしている。言い換えれば、力道山のようにはうまく「日米対抗」路線を構築できなかったということになろうか。

木村と山口は戦前から著名な柔道家であった。一九五〇年にプロ柔道の興行に参加したが、この興行は失敗に終わり、その後ハワイ、ブラジル等でプロレスのリングに上がった。彼らより後にアメリカに渡った力道山に関して、レスラーとして木村と比較する唯一の記述が『毎日新聞』にある。「プロ・レスの世界に共通する投げたり、投げられたりのアウンの呼吸は柔道の木村よりも役者が上で今ではすっかり板について来た」（一九五二年一二月六日）。

「日米対抗」路線を構築できたか否かというプロレス団体としての問題以前にプロレスへの適応能力に関して力道山と木村、山口ではかなり差があったと推測できる。『民間学事典』で取り上げられていた空手チョップに関して、力道山とともにアメリカで修行したプロ柔道出身の遠藤幸吉は空手チョップの練習で重点が置かれたのはいかに相手にダメージを与えるかではなく、いかに大きな音を出して観客を驚かせるかという研究だったと証言している（猪瀬直樹『欲望のメディア』）。

柔道出身の木村や山口は、観客に見せる能力において力道山より劣っていた。海外での木村の最も有名な試合は九〇年代以降の「格闘技ブーム」のきっかけをつくったグレイシー柔術のエリオ・グレイシーをブラジル大統領の目前で「骨折」させた試合であり、格闘家としての木村の技量を示すものの、プロレスラーとして観客にアピールする術においては力道山にははるかに及ばなかったと考えられる。

「敗戦コンプレックス」説はプロレス側の事情にあまりに無頓着だと書いた。

## 高まる「八百長」論

そこで、力道山ならびにプロレス界の動きをここで概観しておきたい。ただし、力道山の生涯そのもの、試合の詳細、関係する人物の紹介については『力道山――人生は体当たり、ぶつかるだけだ』に譲ることとし、簡略化していることをあらかじめ了解していただきたい。

レスラー力道山は二期に分けると理解しやすい。一九五四年から一九五七年までの前期、ならびに一九五八年から一九六三年までの後期である。

前期は熱狂的なブームを巻きおこしたシャープ兄弟のシリーズから、一九五六年後半から一九五七年前半の人気凋落期を挟んで「世界チャンピオン」ルー・テーズの来日で人気を回復するまでの時期に該当する。この時期の最大の特徴は、プロレスはときどき行われる単発の不定期興行だったという点に尽きる。力道山とシャープ兄弟の対戦が街頭テレビで凄まじい人気を博したことは有名であるが、プロレスは年がら年中行われているわけではなかった。したがって、テレビの力を利用しながらもテレビのレギュラー番組に収まることなく、興行優先の立場を貫くことが可能であった。永田貞雄ら興行師はテレビ中継のために観客が減ることを恐れていた。むろん、テレビ界も「電気紙芝居」などと揶揄されたように受像機の普及はまだまだであり、社会においてじゅうぶんな市民権を得ていたとは言い難い状況があった。プロレスに関しては永田ら興行師が権力を持っており、一レスラーとしてスタートしながらプロレスから上がる利益を独占したいと考えていた力道山との間に微妙な対立を抱えながらも、プロレスという興行をテレビが放映するという時期であった。

ところで、プロレスはシャープ兄弟興行に次ぐ第二弾興行で早くもスポーツとしての正当性への疑念にさらされた。一九五四年八月八日の試合結果に対して、観客が暴動寸前の様相を示したのである。『週刊朝日』は生々しく当夜の状況を伝える。まず、リングサイドの観客がセコンドに「(プロレスは)八百長だってぇじゃないか」と突っかかった様子を紹介している。そして、その後行われたメインイベントで力道山組が「悪役」ハンス・シュナーベル、ルー・ニューマン組に敗れた。

「見物は驚いた。リングの下で顔をしかめる力道山に気を取られているうちに、日本チームは負けてしまっていたのだから、『ワケがわからぬ』『ずるい』『六十一分三本勝負の約束なのに、十数分で終わってしまった。金を返せ』『反則ばっかりやりやがって』『ジェスチュアも過ぎる。不真面目だ』という声が猛然と起こった。」

(一九五四年八月二二日号)

観客はシュナーベル組に優勝杯を渡すまいと、リングの上に駆け上がる混乱が生じた。結局、警官が来てなだめ、試合終了後一時間が経ってようやく落ち着いた。

雑誌『真相』はこう伝えている。「原宿署でも、観衆が八百長だとかインチキだとかいう抗議をすておくわけにもいかず、主催者側の日本プロ・レス協会をよび『プロ・レスとは果たしてインチキか』とたずねた。これには、当夜の乱闘騒ぎの責任もあり、一番いたいところをつかれたプロ・レス協会では『たしかにインチキと見られる場面はあるけれども、それを観衆に公表することはできない。八百長であるという非難はあてはまらぬ。非難にあたるとすれば、それはプロ・レスには筋道があるからだ』と苦しい弁解をし」なければならなかった。

『真相』はさらに、「プロ・レス協会や毎日などでは、早くもプロ・レスがあくまでスポーツの領域にはいるか、それとも見世物にするかという問題で、頭をひねっており、舞台裏の策略が新しく練り直されているくらいである」（一九五四年一一月号）とも書いている。

### 木村政彦戦からルー・テーズ戦へ

八百長論議が高まる中で、これに呼応するかのように行われたのが力道山対木村政彦の日本選手権試合である。そして、この試合は「日米対抗」とは異色の光を放った。

一一月に木村（力道山とは別に国際プロレス団として活動していた）が巡業先で「力道山のプロレスはゼスチャーの多いショーだ。実力で戦う真剣勝負なら絶対負けない」と発言し、一二月に両者による「日本選手権」が実現した。

世間では「真剣勝負か、なれ合いか」と尾ひれがついて注目された一戦に『週刊読売』が飛びついた。同誌は「飛び出した八百長説！力道山・木村の果たし合い」と題して、この試合はショーに決まっているというしごく当然の結論に至る。

「一つはまず、プロ・レスのテを全部用いてよいことにする全くの真剣試合。も一つは、危険なテを封じた上での真剣勝負。最後は、純然たるショー。…結局、この試合は、金の面から、ショー、つまり八百長試合になるだろうと想像している人々が多い。…これを『真剣勝負か、なれ合いか』などとしかつめらしくここに書くのは、正直な話、アメリカのファンの笑い種になるかも知れぬ。」

（一九五四年一二月一九日号）

この記事に力道山は文書で抗議を申し入れたが、『週刊読売』は「八百長」説を譲らなかった。村松友視は、このやりとりが試合の結果に影響を与えた、すなわち力道山に「普通のプロレス」をやらない決断をつけさせたのではないかと推測している（『力道山がいた』）。

結果は力道山の勝利に終わったが、終盤に木村が力道山に放った「急所蹴り」をきっかけに「激怒」した力道山がいつもの空手チョップの打ち方とは明らかに異なる打撃、はっきり言えば本気の攻撃を木村に与え、ノックアウトに追い込んだ。試合後に力道山は木村から「引き分けにしよう」という申し入れがあったことを「暴露」した。引き分けの密約が存在したにもかかわらず、木村に明確な言質を与えなかった力道山が技のやりとりでの「暗黙の了解」を超えた攻撃を加えたのが事の真相のようである。木村側からは「裏切り」に写る力道山の態度は立場的にまだ不安定だった彼がプロレス界の覇権を握るにはやむをえなかった判断だと現在では評価できる。ただし、この試合の終盤の展開は後述するように、『朝日新聞』紙上で識者から酷評されることとなった。しかし、日本＝善玉、外国＝悪玉、という単純な図式の「日米対抗」のショーとはまったく別の側面、すなわちプロレスでも「真剣勝負」が見られるのではないかという「幻想」を与えた点でプロレスにいわば陰の魅力を加えたのである。

この試合の背景としては、当時、横綱東富士のレスラー転向の話が進んでおり、関脇止まりだった力道山としては柔道家として名声の確立していた木村を「八百長ではないことが明らかにあらわれた」展開で破る必要があったと村松友視は推測している。事実、力道山は関脇止まりだったことにナーバスだったようだ。小島貞二はシャープ兄弟の興行の際に看板に「大関・力道山」と書いてあったことを見つけ、興行師の永田貞雄に注意して直させた、と語っていた。

五五年一月には山口利夫（全日本プロレスを主宰していた）の挑戦を退けた力道山は、以後自らの「日本人対決」を封印し、日米対抗路線を邁進していくこととなった。そして、その究極の目標がルー・テーズ戦であった。

NWA世界王者テーズへの日本での挑戦が実現したのは一九五七年一〇月のことである。この試合は社会的反響を呼んだ。テーズの乗った飛行機が空港に着陸したとき、一万五〇〇〇人の群衆が集まったという。テーズは大群衆を観たとき、同時に映画スターが来日したのではないかとあたりを見回したという。アメリカでレスラーをこのように大歓迎することはありえず、まさか自分自身が歓迎されているとは夢にも思わなかったようである。テーズ戦は『朝日新聞』が運動面でプロレスを扱った最後の試合でもある。ビデオで確認すると、空手チョップの乱発を抑えたスポーツライクな試合との印象を受ける。力道山は世界王者になることはできなかったが、この試合は多くの意味で力道山にとって重要な転換点となった。

まず、この試合を最後に永田貞雄との関係が切れたことが挙げられる。そして、テレビ局との関係も従来日本テレビとＴＢＳが放映権を持ち、スポンサーは八欧電機（後の富士通ゼネラル）であったのが、テーズ戦準備段階のトラブルが発端となって、日本テレビの独占中継となり、そしてスポンサーは三菱電機に変更された。つまり、力道山＝日本テレビ＝三菱電機の三位一体のテレビ・プロレス体制がここに始動した。テレビ局のプロレス界介入を嫌った興行師永田の退場は歴史的必然だったのかもしれない。また、テーズ戦実現を機に日本プロレス・コミッショナーに大野伴睦（おおのばんぼく）自民党副総裁が就任し、力道山は自民党党人派との関係をも深めていった。

### 力道山はプロレスについてどう語ったのかⅠ

ところで、この時期力道山自身はプロレスについてどのように語っているのだろうか。

まず、目立つのが修行してきたアメリカのプロレスに対する批判である。

「八百長が盛んなロサンゼルスで、…あんまり八百長が露骨で、試合がだれ、スリルを伴わないので人気がすっかり落ちてしまったのだ。」

（『週刊サンケイ』一九五三年四月五日号）

「すべてちょっとくらい悪いことをしてもいいように、ルールがつくってある。スリルというか、退屈せずに、ずっと初めから終わりまで興味をもたせるようにしてあるわけです。向こうのショウマンは、ひどいやつが多いですからね。…ほんとに八百長ばかりやって歩くやつなんです。」

（『オール読物』一九五三年七月号）

「アメリカには、小人のレスリング、女のレスリングがあってこれなんかまるきりショウですよ。」

（『週刊サンケイ』一九五四年四月一一日号）

「（ロスアンゼルスでは）ショウばっかりやっていたので客が入らなくなってしまったのです。…アメリカでテレビのプロレスリングを観たが、ずいぶん八百長が多いのでびっくりした。」（同前）

力道山はアメリカのプロレスの現状について嘆いてみせる。しかし、これから自ら紹介しようとしているプロレスとは別物だと彼は主張する。

「プロレスも選手権を賭けた試合となると八百長はない。命がけの真剣勝負だ。」

（『週刊サンケイ』一九五三年四月五日号）

「アメリカには二千から三千人ぐらいのレスラーがいるが、本気専門のほんとに強いのはこの中の二、三十人ですね。」

（『週刊読売』一九五四年四月四日号）

「僕が日本へ輸入したいと思っているのは本当にプロレスリングのルールの中で真剣勝負をやるプロレスリングなんです。」

（『週刊サンケイ』一九五四年四月一一日号）

「日本の場合は…変なものを客に見せるわけにはゆかない。客を喜ばすためにはやっぱりスリルと真剣勝負です。」

（同前）

「米国ではインチキと知っていても、演出の巧みさにお客がひかれるのだという見解から、非常にジェスチュアの大きい試合ぶりをみせているが、私はこれではいけないと思った。私が米国で人気を得たのは、フェアーにやったからでした。」

（『週刊サンケイ』一九五四年一〇月一〇日号）

「試合前に、どっちが勝つなどと決めておくようなことは、（外国では、下らない選手が時折そんなことをやっているが）私は絶対にやらない。絶対に許さない。」

「ショウ中心のアメリカ式でなく健全なスポーツとして育てたい…」

（『知性』一九五四年一一月号）

（『アサヒグラフ』一九五四年一一月三日号）

「真剣勝負」「スポーツ」としてのプロレスを額面どおりに受け取っていいのであろうか。力道山がいう「真剣勝負」とはプロレスを日本向けにシリアスなスタイルにアレンジしたいという意味だと解釈したほうがよいだろう。その意味で次の発言は本音に近いのではないだろうか。

「いざ試合となったら、やはり八百長でも真に迫った八百長をやらぬと観衆は怒ってしまう。」

（『週刊サンケイ』一九五三年四月五日号）

「八百長でも真に迫った八百長をやらぬと観衆は怒りますよ。」

（『オール読物』一九五三年七月号）

「真に迫った八百長」という表現は虚実皮膜のプロレスの本質に迫る言葉ではある。

力道山の中で「真剣勝負」「スポーツ」「八百長」「ショウ」に関して厳密な定義があったわけではないだろう。しかし、大ざっぱにいうならば、前期の力道山はプロレスを「スポーツ」として大衆に提示したがっていた。「ショウ」や「八百長」といった批判に対応しながらあくまで「スポーツ」「真剣勝負」という言葉にこだわっていく様子が伺える。とくに注目すべきはアメリカのプロレスには「八百長」があるが自分のプロレスは「真剣勝負」だという言辞である。アメリカ修行中に周囲がすべて「シヨウマン」の中で自分一人だけが「真剣」に戦った。この論法は「ショウマン」である外国人相手に「真剣」に挑む日本人陣営という図式に移し替えられ、「日米対抗」形式の隠し味となった。

### 月刊誌、週刊誌は力道山／プロレスをどう伝えたかⅠ——ジャンル論に集中する五四～五七年

五四～五七年に力道山を取り上げた週刊誌、月刊誌（大宅文庫所蔵分）の記事は四七で、そのうちプロレスを中心に据えた記事が四二、力道山の家庭生活などを中心とした記事は五にすぎない。

週刊誌、月刊誌がまずプロレスに示した興味はプロレスとははたしてスポーツなのか、ショーなのか、というジャンル論であった。

力道山がシャープ兄弟を呼んで行った国際試合興行第一弾（二～三月）は「ご祝儀」なのか、週刊誌等にこの問題への言及はほとんど見当たらないが、続いて行われた第二弾（八～九月）となると、観客の乱闘騒ぎもあって雑誌は批判的トーンを強めていった。

『丸』は五四年のプロレスを取り巻く状況について整理している。

「シャープ兄弟が離日する頃から、いくらプロレスがショウだと言っても、はたしてあれでいいのか、八百長ではないかという問題がくすぶり始め、巷間の話題となった。…だが、若干時も経ち、冷静になってくるにつれ、レスラーからは『八百長だって、当たり前でしょう。親の仇じゃあるまいし、試合の毎に命のやりとりは出来ませんよ』と腹を割った声も出るようになり、観衆も『プロレスってそんなものなのか』と、ショーとしてのスポーツを理解し、プロレス八百長問答も、一応終止符を打った所だった。」

「蔵前国技館で行われたプロレス日本選手権試合〔力道山対木村政彦─岡村注〕は、ショーを無視した血なまぐさい遺恨試合の様相を呈し、観衆に折角養われたショーとしてのプロレスに対する観賞精神を完全に裏切ってしまった。」

「九州の右翼団体K同志会では、プロレス日本選手権は「日韓戦争」だといきまいて…あの陰惨な勝負のあとで、『力道山は朝鮮人だからあんなことが出来るんだ。彼は過去の日本人から受けた圧迫に対する憤懣のやりどころをリングの上に選んだのだ。木村は力道の遺恨を一身に受けたんだ』という事情通の言葉は度々聞かされた。」

（一九五五年三月号）

ここでは力道山の「裏切り」が朝鮮人への偏見と結び付いているのである。

プロレスというものをどう捉えるかに関して、格闘技経験のある識者は「好意的八百長論」とでもいうべき見解を示した。力道山と対談したことがある柔道家・石黒敬七は「プロレスリングにはこの演技が必要なのだが、ともかく実力はなくてはならない。本来のプロレスリングの本質が八百長なのだ。ただ普通の八百長とちがう所は、弱い者が勝つというのではなくして、実力をともなうショウであるという所にある。…プロレスリングの本質は実力のともなう八百長なのだということになる」（『丸』一九五五年一一月号）と解説している。また、日本アマレス協会会長八田一郎は「もちろん本気でなぐっているわけではない。元来プロレスは芸をみるものだ。それで訓練し抜いた者同士のショーは真に迫る。しかも力道山の強みは、相手の出方によっては致命的な打撃を与える力量をもっていることだ。相手によってたくみに強弱をつかいわけできる頭のよさだ」（『週刊朝日』一九五五年七月三一日号）と述べた。

しかし、このように「ショー」と割り切ることができて、「八百長」にも寛容な態度ははたしてどのくらい大衆に浸透しえたのであろうか。また、こういった「好意的八百長論」をテレビのプロレス中継の解説者席で発言しえたであろうか。

ブーム期と言えた一九五四〜五五年と打って変わって、五六年になるとプロレスそのものの沈滞が指摘され始め、ジャンル論よりもマンネリ論が台頭してくる。

『週刊読売』はシャープ兄弟の再来日を取り上げている。

「こんどの試合でシャープ兄弟が負けて、力道山組がタッグ・チームの世界タイトルを獲得できるかどうか…ということよりも、むしろプロ・レス・ブームの『消長』のほうに、われわれの関心はよせられる。」

「われわれは、ひとくちに『プロ・レスブーム』といっているけれど、せんじつめると、それは『力道山ブーム』であり、『空手チョップ・ブーム』である。殴り合いに興奮し、民族意識にかりたてられるだけのことなら、これでいいかもしれないが、多少ながらスポーツ的要素をもつ興行として、つねにファンにアッピールしたい…とあれば…グレコ・ローマン型をマスターしなければなるまい。」

（一九五六年五月六日号）

「レスリング」への進化を忠告しつつ、観客が「敗戦コンプレックス」の憂さを晴らす段階からよりレベルアップした「ショー」へと脱皮を図るように進言しているのである。

## 5　テレビ時代の力道山

テーズ戦後の一九五八年はプロレス自体がエアポケットに陥ったかのように、人気が低下した時期であった。プロレス評論家の菊池孝は、こう指摘している。

「昭和三一年一〇月にテーズが初来日した時には、力道山が敵わなかったけど、力道山も敵わない強いガイジンがいるということに日本のファンは頭に来ちゃったんだよ。それでプロレス人気が落ちちゃったんだから。」

（Gスピリッツ編『実録・国際プロレス』）

### テレビ・プロレスの隆盛

それは一九五六年後半から一九五七年前半にかけての落ち込みに続いて二度目のことであったが、力道山はすでにプロレス以外のさまざまな事業に手を出していたために、日プロの財政は深刻であった。この危機の時期に力道山は三菱電機、日本テレビとの連携を深めた。それは、テレビ番組としてのプロレスに合った新企画を打ち出していくという新路線を選択することでもあった。その意味で、一九五八年八月二九日に日本テレビの中継が三菱電機をスポンサーに「ディズニーランド」と交互に隔週金曜午後八時スタートとなったことは象徴的な出来事である。

五八年八月以降のプロレスはテレビの枠に収まるプロレスとなった。すなわち、プロレスという興行をたまたまテレビが放送しているのではなく、テレビにレギュラーで映されるということを前提にした興行となった。とりわけ五九年一月以降は常時外国人レスラーが来日し、定期的にテレビで「日米対抗」形式のプロレスを見ることが可能となった。

さて、テレビ・プロレスに見合った新企画とは「ワールド・リーグ戦」であった。浪曲のオールスター興行をヒントにしたと言われるこの企画は、世界の強豪を日本に一堂に集めて優勝を競うという形式で、一九五九年の第一回は爆発的な人気を呼び、プロレス人気は息を吹き返した。また、来日外国人レスラーにしても、五九年以降覆面、怪奇派、ラフファイターの割合が増加する。小島貞二は、「力道山は強い男ではなく、変わった男を呼ぼうとしていた」と回想していた。小島によれば、力道山はあるレスラーを「強すぎる」という理由でシリーズの途中で帰国させたこともあったという。

力道山は、テーズ戦のようなスポーツライクな試合を演じることに疲れていたのではないだろうか。流血、場外乱闘に終始するようなラフファイトの方が楽だったのではないか。また、ファンもプロレスにテクニックの応酬よりも喧嘩を求めていたと言えるかもしれない。プロレスは「スポーツ」というより、何か強烈な刺激を与える媒体として機能し始めていたのだろう。あるいは、力道山の心は「スポーツ」としてのプロレスの追求から離れ、プロレス経営をも含めて、キャバレー、マンション、ゴルフ場、ボウリング、ボクシング…などの事業に向かっていたのかもしれぬ。

五九年以降もプロレスは人気番組であり続けた。NHK視聴率調査によると、プロレス中継は五九年一位、六二年一位、六三年一位である。六〇年、六一年にしても日本テレビの中で人気ナンバーワン番組だった。ビデオリサーチによる調査が始まった六三年には力道山対ザ・デストロイヤーは平均世帯視聴率（関東地区）六四・〇％を記録した（ＮＨＫ放送世論調査所編『テレビ視聴の三〇年』）。

リー・トンプソンは「日米対抗」形式こそが力道山プロレスの成功の最大要因と分析した。たしかに、シャープ兄弟などを招聘していた一九五四〜五六年あたりに「日米対抗」形式でプロレスを提示したことが大衆の「敗戦コンプレックス」に火をつけて熱狂的な人気を呼んだことは事実であろう。「日米対抗」ほどには日本人同士の対戦が人気を呼ばなかったことも間違いない。木村戦のしこりもあっただろう。しかし、一方で力道山はボビー・ブランズ、ジョニー・バレンドのような外国人とのタッグチームを結成したり、「日米対抗」形式に必ずしもこだわっていない姿勢をも見せている。むしろ、「日米対抗」形式が固定化したのは「敗戦コンプレックス」が弱まったと考えられる五九年以降のことである。五九年以降の興行の花形で、毎年行われた「ワールドリーグ戦」が純粋の「日米対抗」形式になったのは六一年の第三回以降であり、過去二回は日本側選手同士の対戦だけがない変則的な総当たり形式であった。

力道山を軸に日本のプロレスの推移を要約するならば、興行中心の時代からテレビ番組としてのプロレスへ、という変化が見られる。それは同時にテレビというメディアの成長の歴史であり、テレビがプロレスというソフトを取り込んでいった歴史をも表している。

### 力道山はプロレスについてどう語ったのかⅡ

テレビのレギュラー番組として安定した人気を獲得した時期の力道山の言説について確認しておこう。

前期においては「ショー」という言葉と「八百長」がほぼ同義語で使われていたのに対して、後期には力道山はプロレスが「ショー」であることを積極的に肯定していく。このことの背景にはプロレスとはいったい何か、どんなジャンルかという問題が社会の積極的な関心事ではなくなったということがある。

ワールドリーグ戦が興行の柱となった後期には力道山は当然のごとく「空手チョップ」が乱れ飛び、血が流れる「喧嘩」のような試合を好んでやるようになった。

「――貴方のファイトぶりも前から見るとだいぶかわってきたようだが

紙吹雪を浴びながら毎日新聞社前に着いたプロレス選手のパレード

来たぞ！世界の強豪

プロ・レス 花やかにパレード

プロレス選手パレードを伝える新聞記事
（『毎日新聞』1959年５月19日夕刊）

私は最初日本のファンはフェアな試合を好むと考えていたから、ファイトをフェアにやっていた。しかしプロ・レスである以上、ほかのスポーツでは味わえないもの、つまりファンの気持ちをカアーッとさせるものが必要だ。また何度も試合をやっているうちに日本人もそういうことが、やはり好きなことがしだいにはっきりしてきた。だから相手がなぐりつければ、こちらもそれ以上になぐりつける。『目には目を』といった激しいファイトを最近では心掛けている。」

（『報知新聞』一九五九年五月二五日）

一九六〇年には、「プロレスはスポーツ、それほど喧嘩腰にならなくても堂々技で決着をつければいいんじゃないんですか」という新聞記者の批判に力道山は「プロレスは喧嘩ですよ。試合は戦い、決してきれいごとだけじゃない」と反論したという（原康史『激録力道山』第三巻）。

この変化に伴って、力道山は「ショー」という言葉には肯定的となっていった。

「私は相撲界に長くいたのでアマチュア的スポーツマン・シップがいまだに抜けきれないんですね。もっとショーマンになっていいと思うんですよ。」

（『週刊現代』一九六一年一二月二四日）

「プロレスがショーである限りもっと刺激があってもいい。観衆や視聴者をエキサイトさせる血を流す場面でも、ルールは守られているのだ。…プロレスは立派なショーでありスポーツだ。」

（『サンデー毎日』一九六二年五月二〇日）

「プロレスを八百長だ、というのは間違いだ。ショーなんだ。八百長とショーを混同しちゃだめだ。」

（『週刊現代』一九六三年六月六日）

力道山のプロレス観の変化は、テレビ受像機自体が珍しく、またプロレス興行自体も年に数回しか行われず、普通にプロレスを提示していても観客を惹きつけることが可能だった時代とは打って変わって、テレビが普及し、レギュラー番組として毎週プロレスを見せなければならなくなった時代に入ってプロレスのリニューアルを図らなければならなかった事情を反映していると考えられる。

しかしここで注意すべきは、力道山がプロレスは「ショー」と肯定しているのはスポーツ新聞、雑誌メディアに対してであり、この間プロレスはテレビを通して「スポーツ」中継として提示され続けていたという事実である。

ただ、テレビでも日本テレビとは異なるスタンスに立つのがNHKである。NHKは一九五四年二月の蔵前興行を二試合中継している。ところが、この放送に関して、NHK編『放送五〇年史』はいっさい触れておらず、同年八月から中継を始めたと書いている。この「誤記」について、志賀信夫は「プロレスを最初にやったのはNHKだというのは体裁が悪いので、日本テレビにすっかりおゆずりしたのだろう」と推測している（志賀信夫『昭和テレビ放送史』）。この「体裁の悪さ」は、プロレスを後援しながら徐々に冷淡となっていった『毎日新聞』のプロレスに対する距離感に近いような感じがある。

## 月刊誌、週刊誌は力道山／プロレスをどう伝えたかⅡ　——力道山の話題に集中する五八～六三年

五八～六三年（死去以前）に力道山／プロレスを取り上げた雑誌記事は二七ある。そのうちプロレス中心が一〇で、その他は一七と五四～五七年とは様相が大きく変わっている。なかでも実業家力道山

にスポットを当てた記事が目立つ。

テーズ戦が終わってから五八年上半期にかけてはプロレスが最も停滞した時期であり、週刊誌もプロレスを取り上げていない。そして、プロレスがいかなるジャンルなのか、スポーツなのか、ショーなのか、八百長なのかということについての言及は少なくなっていく。

この時期の空気を、プロレス実況を担当したことがあるNHKのアナウンサー志村正順は次のように表している。

「プロレスの人気はひところに比べて下火になっていたような印象を抱いていた私は、この夜、体育館の圧倒的な興奮には完全に驚かされた。…場内の空気はひところの殺気立つものと違ってプロレスを楽しむ空気に変わっているのが注目された。やはり日本のファンもいく度かのスリルと興奮の洗礼を受けて、プロレスの見方を自然に体得されたのであろう。…日本のスポーツファンの一つの進歩として感心した次第。」

（『スポーツニッポン』一九五九年五月二三日）

力道山が「ワールドリーグ戦」を始めた一九五九年にはプロレスを一つのジャンルとして受け容れ、「楽しむ空気」が成立していたと考えられる。たとえば、『週刊現代』六三年六月六日号では「リング上に裸の巨体がぶつかり合う爽快さ、強きを挫き弱気を助けるストーリイの面白さ。勧善懲悪の精神に徹し巧みに演出されたショー。プロレスこそ新しき講談である」とショーとしての面白さが語られているが、このような空気を物語るのであろう。

それにつれて、雑誌の興味は「プロレスとは何か」という問題を離れ、力道山という人物そのものに移行していく。それは単にレスラーとしてだけではなく、実業家としての、あるいはプライベートの力道山への関心である。『サンデー毎日』六一年二月一九日号「空手チョップの億万長者　力道山実業界に乗り出す」に代表される切り口の記事が多く見出される。

プライベートに焦点を当てたものとしては『週刊平凡』一九六二年五月一〇日号「リキさんの〝子供〟たちが語るプロレス世界チャンピオン力道山の家庭生活」などがある。また、六三年六月の結婚披露宴を取り上げたのは『週刊漫画サンデー』『週刊文春』『週刊現代』の三誌である。

六三年一二月から六四年三月にかけて力道山死去を取り上げたのは一一誌に上る。

力道山が死ぬ一カ月前にケネディ大統領が暗殺された。力道山とケネディの死を比較する視点は意外に多い。

「ことしは、死ぬはずのない人がたくさんなくなった年だなと思いましたね。ただ、力道山の場合とケネディの場合が違うのは、ケネディにはジョンソンという後継者がいたが、力道山にはいないということですよ。」

（三菱電機弘中芳男放送係長談、『週刊新潮』一九六三年一二月三〇日号）

力道山亡き後のプロレス界がどうなるか、また、プロレスで売ってきた夕刊スポーツ紙がどうなるかを取材した雑誌が三誌ある。力道山死後のプロレス界、興行界の動きについては『週刊漫画サンデー』一九六四年二月二六日号が最も詳しく伝えている。

雑誌の関心がプロレス論から次第にスター力道山に移っていく様子を概観した。それでは、新聞は力道山／プロレスをどのように取り上げていたのだろうか。

## 6 一般紙が報道した力道山／プロレス

一般紙とプロレスの関わりについて、『毎日新聞』と『朝日新聞』（いずれも東京本社版を基準。煩雑さを避けるため、「東京本社版」という表記は省略し、「大阪本社版」のみ「大阪版」と記して区別したい）を中心に話を進めていきたい。プロレスというと、高齢者層には日本テレビでかつて放送されていたイメージが強いので、『読売新聞』が詳しいのではないかと思われる人が多いだろうが、『読売新聞』は日本テレビとは別の媒体であって、力道山のプロレス報道に関してさほど特徴を感じない。全体として、冷淡な印象だ。プロレスを事業として後援していたのは『毎日新聞』である。また、プロレスに最も批判的だったのは『朝日新聞』である。ことプロレスに関しては、『毎日』と『朝日』を比較検討することが最も有意義であると考えている。

### 一般紙とプロレス

プロレスに最も好意的だったと考えられる『毎日』は『朝日』とちがって別表にあるようにプロレスを多く取り上げている。五四～五五年は少ない興行数だったにもかかわらず、記事数で全体の三分の一を越えている。とりわけシャープ兄弟を招いての最初のシリーズの東京大会の試合報道は、運動面だけでなく社会面をも使ったもので、熱狂ぶりが伺える。しかし、『毎日』はブームが過ぎ去ってからはシリーズ数、試合数は増えていったにもかかわらず、記事として取り上げる回数は減らしており、扱いは

『毎日新聞』のプロレス関連記事

| 年 | 記事数 | 内試合記事数Ａ | 内試合結果のみの記事数Ｂ（Ｂ／Ａ） | シリーズ数 | プロレス関連投書 |
|---|---|---|---|---|---|
| 1954 | 126 | 59 | 30（50.8） | 2 | 5 |
| 1955 | 107 | 32 | 15（46.9） | 2 | 7 |
| 1956 | 79 | 36 | 24（66.7） | 3 | 1 |
| 1957 | 55 | 19 | 10（52.6） | 4 | 1 |
| 1958 | 28 | 14 | 7（50.0） | 2 | 0 |
| 1959 | 50 | 31 | 20（64.5） | 5 | 0 |
| 1960 | 75 | 50 | 39（78.0） | 5 | 0 |
| 1961 | 56 | 35 | 25（71.4） | 5 | 0 |
| 1962 | 49 | 31 | 23（74.2） | 7 | 3 |
| 1963 | 41 | 20 | 19（95.0） | 7 | 3 |
| 合　計 | 666 | 327 | 212（64.8） | 42 | 20 |

『朝日新聞』のプロレス関連記事

| 年 | 記事数 | 内試合記事数 | 内試合結果のみの記事数 | プロレス関連投書 |
|---|---|---|---|---|
| 1954 | 24 | 14 | 2 | 2 |
| 1955 | 16 | 1 | 0 | 2 |
| 1956 | 14 | 4 | 1 | 0 |
| 1957 | 5 | 2 | 0 | 0 |
| 1958 | 0 | 0 | 0 | 0 |
| 1959 | 0 | 0 | 0 | 0 |
| 1960 | 0 | 0 | 0 | 0 |
| 1961 | 0 | 0 | 0 | 0 |
| 1962 | 13 | 0 | 0 | 5 |
| 1963 | 10 | 0 | 0 | 1 |
| 合　計 | 82 | 21 | 3 | 10 |

徐々に淡白になっていったと言える。また、試合を扱った記事のうち、結果のみを伝えるにとどまる記事の割合においても五九年以降は増加しており、この傾向を裏付けている。これは五七年一一月以降後援の主体が毎日新聞社から系列の『スポーツニッポン』に変更されたことが大きいのかもしれない。もっとも、『スポーツニッポン』に後援の主体が移ってからも紙面で見る限り『毎日新聞』は「後援」し続けたのであるが。

これに対して『朝日』は、一九五七年一〇月の力道山対テーズ戦を最後に運動面でプロレスを取り上げることをやめている。六二年、六三年に再び記事が見られるが、「老人ショック死事件」とその関連記事ならびに力道山死亡関連記事がすべてである。

一九五四年から一九六三年までの一〇年間で『毎日』『朝日』に掲載されたプロレス関係の投書は三〇本であり、さほど多くない。しかも、五八〜六一年は両紙とも皆無であり、五四、五五、六二、六三年の四年間、すなわちブームの時期と力道山の晩年に二八本が集中している。内容としては、プロレスの是非に関するものが九本と最も多い。これらは具体的な事件に触発される形で投稿されている。事件とは「会場での暴動騒ぎ」(五四年八月)、「力道山対木村政彦戦」(五四年一二月)、「プロレスごっこで少年が死亡」(五五年三月)、「アメリカでのボクサー死亡事故」(六二年四月)、「老人ショック死事件」(六二年四月)である。また、プロレスの是非とも関連するが、「テレビ放送」に関する投書が六本ある。続いて、「プロレスごっこ」四本、「力道山死亡」三本である。

一般紙がプロレスを取り上げる意味はどういう点にあるのだろうか。トンプソンは、「プロレスのフレーム分析」において『毎日新聞』が後援していたという事実は「プロレスの正当性を裏付けていた」

と述べている。

それでは、「プロレスの正当性を裏付けていた」『毎日新聞』の後援の内実とはいかなるものだったのだろうか。

**『毎日新聞』後援の経緯**

『毎日新聞』とプロレスの接点は、力道山本格デビュー以前に遡る。一九五一年一〇月にアメリカ社会事業団「トリイ・シュライナー・クラブ」の日本駐在クラブが駐留米軍慰問興行を行った際に、日本人にもプロレスの試合を見せて、その興行の収益を社会事業に寄付しようという目的で、「肢体不自由児協会基金募集」興行と銘打った公開試合を毎日新聞社が後援したのがそもそものきっかけである。この興行で力道山はエキジビションで初めてマットに上がった。毎日新聞社事業部長森口忠造はこう語っている。

「昭和二六年に、力道山、遠藤らがはじめてのプロレス出場の一〇分一本勝負を見たとき、力道山のプロレス出場は有望だと思ったネ。これは是非成功させてやりたい—日本古来の格闘技の上に、新しいアメリカのテクニックを加えたら十分世界に通用する—と思ったし、また、戦後の青少年の無気力ムード一掃に役立ち、国民の志気振興にもってこいだと思った。」

『毎日』は五一年一〇月の日本初のプロレス興行に関しては二段、写真一枚の扱いをしている。「最初はショウ的なお芝居と構えているが、次第に物すごい場面に入ると選手も興奮し、手に汗を握るやら肝を冷やすやら、流石に米国人を狂喜させるだけの熱戦であった」との記述がある。力道山のエキジビシヨン（一〇月二八日）に関しては、「元関脇力道山＝百田光浩君（二六）が世界選手権者ボビー・ブランズ（米）と初の国際試合を組み合ってヤンヤのかっさを博した」（一九五一年一〇月二九日）とある。五三年三月にアメリカのプロレスを紹介する記事が掲載されている。見出しは「結局は八百長の面白さ」。ニューヨーク大田通信員発の記事で、「アメリカのプロ・レスリングは、拳闘と異なりスポーツ試合とは言い難く『八百長』が多くて全く芝居がかりの『ショウ』だということになっている」と断言している。

「ファンの方でもレスリング試合を見るのではなく、マットの上の乱闘を見るために行くので、八百長も誠に徹底的で、どの程度まで面白い八百長を見せるかを見に行くわけだ。」（一九五三年三月一二日）

「八百長」という言葉が使われていることが注意を引く。この記事の時点で『毎日新聞』の後援はまだ決定されていないし、プロレスを書く上での「(自己)規制」はいっさいなかったと考えられる。現に、力道山自身も同年四月の『週刊サンケイ』のインタビューで「八百長」という言葉を使っている。ただし、この時点で力道山の興行はまだ行われておらず、力道山にすればアメリカのプロレスに「八百長」があることを認めるのにやぶさかではないが、自分がこれから日本で目指すプロレスは違うというレトリックだったことは前節で述べたとおりである。

なお、五四年二月二日にニューヨーク大田特派員発の記事が久しぶりに登場している。「米プロ・レスラーの近況」と題して来日直前のシャープ兄弟などの様子を大田がニューヨーク地方の総元締めツモンド（トゥーツ・モント）にインタビューして、まとめた記事であるが、「八百長」という言葉はいっさい出ていない。

一九五三年に日本プロレス協会が発足し、翌年に大規模な興行を開催することが決まったとき、興行の成功には大新聞社の後援が必要と考え、協会は新聞社に打診することとなった。

「まず第一に訪れたのは讀賣新聞社だった。『讀賣』はプロ・レスと聞いて、あっさりと拒絶した。ついで毎日新聞社に話した。『毎日』も、果たして日本でプロ・レスが成功するかどうかと疑問をもち、これも断った。念のために朝日新聞社を打診したが、プロスポーツには関係しない社是から、これまた全然望みはなかった。協会としては全く途方に暮れてしまった。やむなくスポーツ専門紙に頼もうかとの話まで出た。しかしどうしても全国紙の後援が必要である。それには、朝、毎、讀のうち毎日がやや望みがあるように思われたので、再度『毎日』を拝み倒した。『毎日』では重役会議を開いて協議したが、この席上に呼ばれた運動部伊集院浩記者は、先年アマチュアレスラーの監督として全米を歩き、つぶさにプロ・レスの隆盛をみて来ているので、『もって行きようによっては日本でも盛んになるでしょう。社の事業としても面白いと思う』と述べた。ついに毎日は、ひとバクチを打つつもりで後援を承諾した。ただしその条件は、金銭的には一切関係せず、単に紙上後援のみというのであった。」

（『小説公園』一九五五年一〇月号）

永田貞雄はこう語っている。

「プロレスなんてスポーツ紙の記者もろくに知らない時代だから、興行の引き受け手がない。力道山はあせって、やいのやいのといってくる。そこで、わたしは日本精工・今里社長、大映・永田社長の力を借りて毎日新聞の本田社長を説得し、ようやく後援をとりつけた。毎日新聞内にもいろいろ問題があったらしいけど、ちょうどマナスル登山の資金を募集中だったので、そこに百万円ほど寄付するということで話がついたんです。」

森口もこう語っている。

「具体的な後援依頼があり、僕は勿論、その気だったが、社内の一部、とくに外国通の欧米部長の反対意見が出た―プロレスなどを大新聞社が後援するものじゃァないというんだ。一部社内の反対意見との対立はあったが、結局、本田親男社長の『ヤレ』という裁断に持ち込んでもらった。ただし、毎日新聞は、後援はするが、金は出さんということに決まった。」

なお、附言するならば、力道山がシャープ兄弟を招聘して開催した興行より一足早くプロレスを後援したのが毎日新聞大阪本社である。大阪に本拠を置くプロ柔道家山口利夫中心の興行を後援した。興行の主催者は日本山岳会であり、マナスル登山の資金集めが目的であった。

ところで、『毎日新聞社史』にはプロレスを後援したという事実はいっさい掲載されていない。わずかに、「出版・事業編」の中で「プロレスや日本美術展の応援を得て、肢体不自由児キャンペーンを大々的に広げた」とあるのみである。運動部を中心とする一部の推進派はともかく、会社全体としてみれば、プロレスは寄付団体の域を出なかったということなのだろうか。あるいは、後援していた事実を隠蔽したいのであろうか。このあたりにＮＨＫと共通するスタンスが感じられる。

実は、社史にはもう一カ所プロレスに触れているところがあるが、それは「関係事業」の「（株）スポーツニッポン新聞東京本社」という項目である。

「小西得郎、栃錦、力道山を招くなど斬新な企画を連発し、全社一丸の協力で、他のスポーツ紙を追抜き、第一位にのしあがった。ボクシング、プロレス、ゴルフのメーン・エベントを主催し、実績を高めている。」

プロレスはまるで最初から「スポニチ」の後援事業と言わんばかりの記述である。なお、『スポーツニッポン』の社史にはプロレスを後援した事実は掲載されている。

それでは、『毎日』からスポーツ紙へというプロレス報道の推移を簡単に辿ってみよう。

『毎日新聞』から『スポーツニッポン』、そして『東京スポーツ』へ

『毎日』の記事はどのシリーズにおいても東京での興行のみが詳しく報道され、大阪を除いて地方興行は結果のみの報道として処理されている。試合以外の記事の大半は社会的事件となった話題を除けば、試合関連記事ともいうべきもので、社告、来日レスラーの紹介、シリーズの展望、練習風景、レスラーの養護施設訪問、寄付関係、アメリカのプロレス事情紹介などである。

当時は当然のことながら、プロレス専門記者は存在せず、大相撲、ボクシング記者がプロレスに駆り出された。『毎日新聞』の代表的記者は伊集院浩で多くの署名記事が残っている。伊集院は明治大学ラグビー部、相撲部選手出身で、テレビのプロレス解説者として活躍した後に力道山にスカウトされ、リキ・ボクシング・ジム代表に就任したが、六三年二月に割腹自殺を遂げた。プロレスの最大の理解者である元新聞記者の自殺の理由についてはジム運営をめぐって力道山と対立したための抗議の自殺との噂があったが、力道山の秘書、吉村義雄はこの説をきっぱりと否定し、病気を苦にした自殺と見ている。

ところで、『毎日新聞』系列の『スポーツニッポン』(略称『スポニチ』)は五七年一一月以降、『毎日新聞』に変わってプロレスを後援することになった。これには、五六年に『毎日新聞』から移ってきた宮本義男代表の方針が大きい。宮本の『スポニチ』就任第一声は「わがスポニチはプロレスを看板にしよう。それで巨人の報知に対抗する」というものだったという。

プロレス担当の松前邦彦記者は力道山たちと徹夜で討論することも度々で、演出面や宣伝面にも深く関わった。たとえば力道山の敵役レスラーのニックネーム――「鉄人」ルー・テーズ、「銀髪の吸血鬼」フレッド・ブラッシー、「黒い魔神」ボボ・ブラジルなどはその成果だったという。もっとも、このニックネームは、整理部から「外人のカタカナ名は長くて見出しに困るんだ。アダ名を付けろ。毎日、空手チョップの同じトッパンは張れないだろ」という注文に応じたものではあったが。

『スポニチ』は「力道山のプロレス」を売り物にしてから力道山の死までの七年間にプロ野球シーズン中一〇万、オフが八万五〇〇〇部だった売り上げ部数を一五万部にまで増やしたという。

『スポニチ』事業部の主たる事業は当然のことながらプロレス興行であった。販売企画部が時に地方興行を請け負い、前売所への切符の手配、集金などを行った。力道山にとっては、新聞社が主催すると公共施設を借りやすいというメリットがあった。

「地方都市の空地に、にわかづくりのリングを建てて、『いらっしゃい、いらっしゃい』のかけ声も威勢よく客を集め、札束はボール箱に投げ込んでいくスタイル。各地とも大入り満員である。スポニチの事業部員たちは上着を脱ぎ捨て、汗だくで入場券に判を押したり、札を数えたりしたうえに、あふれ出しそうな入場者の整理に大わらわになっていた。本当は記者になろうと新聞社に入ったのだが、そんな昔の夢など忘れ果てて、あっぱれの興行師暮らし。何しろ日銭がざっくざっく…の職場は、独特の熱気をはらんでいた。」

プロレス中心の宮本の方針についていけない社員も多かった。広告部員の榊原徳郎は力道山死後ではあったが、事業部副部長に命ぜられた。この「栄転」に対して宮本代表に何度も抗議に及んだという。

「実際、おれたちが今やってることは、三流の興行師と同じじゃないか。プロレスの客からかき集めたダンボール入りの札に埋まって、まるで金の亡者みたいな気がする。」

力道山の死は『スポニチ』のプロレスに対するスタンスを修正させた。力道山の葬儀が終わってからしばらくして、力道山番だった寺田静嗣は宮本代表に質問した。

「『代表、一つお聞きしたいんですが――。スポニチは今後もプロレス新聞でいくおつもりですか』。代表の顔からさっと感傷の色が消えた。『冗談じゃないよ君、力道山亡きあとのプロレスじゃ商売にならん。実力のついたスポニチはこれから是々非々主義でいく』。」（深見喜久男『スポニチ三国志 スポーツ記者が泣いた日』）

力道山死後のプロレス報道は『スポニチ』に変わって『東京スポーツ』がその中心を担っていくこととなったのである。

次に、プロレスに終始批判的だったとされる『朝日新聞』について、事項別に『毎日』と比較しながら見ていきたい。

### 『朝日新聞』のプロレス報道

『朝日新聞』は当初からプロレスに対して批判的なスタンスをとっていた。力道山が初めてエキジビションに出場した五一年の興行を伝える記事では批評性は感じられないが、五四年二月六日の山口利夫の興行に関しては『毎日新聞』特に大阪版との差が顕著に表れている。前述のようにこの興行は『毎日』大阪本社が中心となって日本山岳会が主催であった。力道山との関係からか、『毎日』はほとんど結果のみを伝えるベタ記事扱いであるのに対して、『毎日』大阪版は八段で写真も二枚入っている大きい扱い（谷口勝久の署名記事）である。これに対して『朝日』大阪版は一段ながら写真が一枚入った扱いで試合経過を淡々と伝えている。『朝日』（東京本社版）も分量的には同じようなものであるが、「禁じ手はボクシング流にこぶしで殴る、急所をける、指で目を突くことで、これ以外なら何をやってもいいという競技は非常に派手でショウ的なものを多分にもっていた」とやや醒めた見方が伺える。

また、二月七日の興行で試合結果に不満を持った観客が騒いだ件を、『朝日』大阪版は社会面で写真入りで報じたが、『毎日』大阪版は運動面で少し触れているだけである。

二月一六日、シャープ兄弟来日直前には『朝日』に「シャープ兄弟を迎える」と題した記事が掲載されている。

「アマチュア・レスリングがスポーツであるのに比べるとプロ・レスリングはショウであり、すべて見物本位に出来ている。」

「今度のベン・シャープ（兄）とマイク・シャープ（弟）組はこのタッグ・レスリングの世界選手権者だと称する。称すると言うのは、プロ・レスリングはボクシングと違って世界公認の選手権者はなく、世界選手権者と称する者があちこちにいるからである。」

「プロ・レスリングはなんといってもスポーツ・ショウで予め一つのすじ書がありスリルに富ませている。見物本位で面白く見せるために、わざとこの反則行為をやり相手を痛めつける。」

「初めの中はふざけ半分でやっていても相手にあまりひどく痛めつけられると本気になってやり返すことが多いから全部が全部八百長とは限らない。」（原文ママ）

この記事のスタンスは五月二二日の「アマ・レスリングの見方」という記事にも共通している。

「このアマチュア・レスリングが昨今人気を呼んだプロ・レスリングと違う点はプロ・レスリングでスリルを出すためにわざとやる打つ、ける、逆をとるなどの反則行為は絶対禁止されていることである。」

東京スポーツ新聞社から出版された『激録力道山』に五四年の様子について「朝日新聞は『あれはスポーツか』という論調でプロレスに対する社会的〝アレルギー反応〟をあおっており」という記述があるが、該当するのは右記二つの記事くらいである。一方の『毎日』が「スポーツ」として力道山の活躍を詳しく報道していたのに比べると、確かに冷水をあびせるような報道だったのかもしれない。

## 7　社会現象を起こしたプロレス

プロレスに関する投書に注目しよう。『毎日』五四年八月二一日は八月八日の会場での騒動（六二頁参照）に関して二つの対照的な見解を掲載している。

### ブーム期の投書

A「プロ・レスはあくまでショー（見世物）なのだから、勝った負けたでケンカ騒ぎを起こすのは、ショーの何たるやを知らぬバカ者である。カップを持って行かれると眼の色を変える輩のいるうちは、プロと名のつく競技は日本ではできない。」（男性）

B「プロ・レスはスポーツにあらず、ショーだというが、おのずから限界があるはず。あの日の試合

# 楽しきかなプロ・レス生活

来日のカルネラら四巨豪座談会

## 馬肉で育った

### 生れた時は二貫目

カルネラ　もともと本職はボクシング。サンドバッグ、パンチングボールをたたくあたり堂に入ったもの。この一撃で相手を天国に送ったといわれているだけに、打つたびにうなりを生ずる。

### よく食べ、よく寝る

### タバコや酒は好まない

「四巨豪座談会」を伝える新聞記事（『毎日新聞』1955年７月13日夕刊）

は観客をバカにしたようなものであった。…今後の試合に多少のデタラメは許されるとしても、肝心の時にはやはり勝敗をきちんと決めるように願ってやまない。ルールによって勝負が決まってこそ興味がわくものだ。」

（プロ・レス愛好家）

ショーとして割り切ろうという姿勢を持つ者と勝負性にこだわるファンの対立である。一二月の力道山・木村戦（六四頁参照）はプロレスの在り方を観客に考えさせるきっかけとなった。

「現在では川上や大下に代わる偶像的存在として力道山を崇拝している子供たちに、あのような顔をそむけたくなるような血なまぐさい場面をあまりみせないようにしてほしい。そのためには自分と同量、もしくはそれ以上の体を持つ選手と戦うときで、しかもやむをえないとき以外はあの殺人的な猛威をほしいままにする空手チョップの使用を差し控えるほどの余裕をもってほしい…あのような残酷な場面を見せられては、プロ・レスが単なる腕力主義やヤクザ的暴力を売りものにするだけのスポーツになる。」

（学生・『毎日』一二月二五日）

「血へどをはいてマットの上にのびなくてはならぬような野蛮な死闘が、スポーツといえるだろうか。それほどの体力と技能が、今日の文明社会に生きるために必要であろうか。」

（大学教授・『朝日』五四年一二月二七日）

五五年になると、プロレスごっこで小学生が死亡した事件（一〇〇頁参照）に触発されて「プロレス廃止論」まで登場する。

「それは近代人のスポーツではなく、原始時代の原人の闘争のごとく全く野蛮残虐である。」「残虐野蛮な競技が存在する限り、明日の世界の平和を愛する市民は生まれて来ないだろう。」

（高校生・『朝日』三月五日）

早くもプロレスのマンネリ化を指摘する声もある。

「プロ・レスがはじめて日本で公開されたときは、その一挙手一投足に興奮したものだが、それが今日ではカラ手とストレートパンチでなければ満足しない。」

（公務員・『毎日』七月三一日）

しかし、この時期ブームはいまだ健在であった。

「老いも若きもプロ・レスの放送となると街頭のテレビは一ぱいの人だかりである。それほどの人気があるものをNHKがラジオで放送したのは十六日だけだった。汗びっしょりになって見るテレビより、家で放送を聴いた方がどんなによいか。ところが十七日はテレビに切りかえてしまい、せっかく楽しみにしていたのに残念だった。テレビは民間にまかせておいてラジオ放送をすべきである。」

（学生・『毎日』七月二四日）

当時盛んだった「ニュース映画館」でもブームは過熱気味だった。

「プロ・レスばかりを三十分近くもやられ、他のニュース映画がなかったことは全くさびしいかぎりでした。」

（高校生・『毎日』八月一〇日）

## レスラーの不祥事

プロレスは「ショウ」であると断定した『朝日』が『毎日』よりも力を入れていたのはレスラーの不祥事である。五四年三月四日には「プロ・レスの清美川取調べ」としてレスラーの清美川が五年前に秋田で無銭飲食を行い詐欺の疑いで横手地区署から指名手配を受けており、その件で巡業先の静岡で取調べを受けたことが記事になっている。これに対して、『毎日』はこの件をいっさい報道していない。

九月一九日の『朝日』には「力道山大暴れ　芝のナイトクラブで」として力道山の暴力事件が三段写真入りで記事になっている。『毎日』も九月二〇日に「力道山暴れる　キャバレーで」と報道しているが二段で写真はない。

清美川の記事はシャープ兄弟のシリーズの最中であり、プロレス側からは『朝日』の「悪意」として受け止められたのかもしれない。

力道山の暴力事件はこの後もときどき起こっており、その報道については両紙にさほどの差があるわけではない。力道山がたびたび起こす暴力事件は世間のレスラーに対するイメージ形成に大きな影響力を持ったことだろう。村松友視は暴力事件のいくつかについて「うがって見れば〝自作自演〟的な匂いがある」（『力道山がいた』）とさえ言って、暴力事件も「演出」的側面があったと推測している。古川岳志は「力道山の数々の逸話は、むしろ『神話』を補強するような、魅力あるものにも感じられもする」（「大衆文化としての力道山プロレス」岡村正史編著『力道山と日本人』）としている。前に詳述した「力道山に関するアンケート」においても、力道山が嫌いな理由に暴力事件を挙げる人はほとんどいなかった。

暴力事件に関して独自の視点を示すのが雑誌『真相』である。五五年一一月号は力道山の暴力事件を取り上げている。

「敗戦＝占領の十年間、日本の国土の上で勝手に振る舞う外人のやり方を〝負けたのだから仕方がない〟と見て見ないふりをして我慢してきた大部分の日本人には、力道山の演じてみせるプロ・レス試合が、インフェリオリティ・コンプレックス（劣等感）を吹き飛ばしてくれる清涼剤の役をつとめてくれたことは間違いない」とサンフランシスコ講和条約後も「占領」が続いているという認識を示した上で力道山の人気を分析している。

その上で、五五年九月九日に力道山がオランダ人航空整備員に暴行を働いた事件を取り上げる。一般紙はこの事件を力道山が加害者でオランダ人が被害者というように書き立てたが、同誌はこのオランダ人を「悪質外人」と断じ、力道山は喧嘩を売られたとする。

「この事件では、被害者が外人で、加害者が力道山ということにされてしまっていたが、事実は逆で、日本人を劣等視する悪質外人の、人気者相手のユスリといったところがその真相である」と結論づけ、よく取材せずにプロレスというイメージだけで力道山を加害者と決めつけた一般紙の無責任ぶりを批判している。

五六年一月、アメリカ人プロレスラー、ゴージャス・マック（モントゴメリー・マックファーランド）が帝国ホテルで宝石強盗を働き、逮捕されるという事件が起こった。彼は力道山ではなく、木村政彦の団体が招聘したレスラーであり、両紙とも一六日から二二日にかけて連日この事件を詳しく報道している。事件の詳細に関して差異はないが、ただ『朝日』が、マックはアメリカでプロレス興行を計画し、日本の力士二人と契約したという記事を出して、彼が「プロレスラー」であることを強調しているのに対して、『毎日』はネブラスカ州オマハのプロモーターの「マックファーランドというプロ・レスラーは聞いたことがない」というコメントを紹介して、「自称プロレスラー」色を強調している点が目を引く。

## 力道山対木村戦をめぐる『朝日』対『毎日』

ここで、一九五四年一二月の力道山対木村政彦戦にいったん戻って『朝日』と『毎日』のスタンスの違いを比較してみよう。この試合から二日経過した一二月二四日に早稲田大学ラグビー部監督だった大西鉄之祐が『朝日』に寄せた観戦記から引用する。

「力道山と木村の一戦はかたや相撲かたや柔道という背景をもって、あたかも日本一を決める真剣勝負のような前ぶれによって人気を呼んでいた。私はこうした一般の興味よりも、移入以来なお浅いプロ・レスが果してこうしたフンイキでいかに行われるかということに多くの興味をもって見守った。」

「試合当初の真剣な態度、重量級が投げ合いぶつかり合う試合振りはまさに壮観、かたずをのんだのである。」

大西にとっても、このような真剣勝負的雰囲気で行われるプロレスは初めての経験であり、「急所蹴り」以前の展開には新鮮さを感じたのであろう。

「が、木村が急所をけった後の乱闘は、あたかも神につかれた狂人の如く、飢餓にひんした野獣の如き感をいだいたのは私一人であったろうか。

それは既にショウでもなく、スポーツでもなく、血にうえた野獣の本能そのものであった。（中略）プロ・スポーツがショウであるならショウマンシップが、スポーツであるならスポーツマン・シップが、職業であるならビジネスマンシップが、その根底をなすべきではないだろうか。プロ・レスもまた真に洗練された知性を根底として、闘争本能を十分満足させるような興行物にならなければ、それがいかに発展しても社会的価値を有するものとはなり得ないであろう。」

大西には日本のプロレスはもちろんスポーツではないが、かといってショーに徹しきれない中途半端なジャンルに写ったのであろう。この中途半端さは今日に至るまで日本のプロレス界の課題かもしれない。

『毎日』は二五日に『朝日』に対抗するかのように「プロ・レスのあり方」と題した伊集院浩の文章を載せている。それはプロレスを肯定した上で、注文を付けるというスタンスで書かれている。

「この日の試合を見た人の意見を総合すると、

①こんな果たし合いになるんでは二度とプロ・レスは見たくない

②真剣勝負もよいがプロ・レスのショー的面を取入れたいままでのレスの方がよい。あれでは肩がこる。

③もっとスポーツ的でレスリング本来のわざを六分、暴力的攻めわざ四分ぐらいであってほしい。ショー的でなく本当のプロ・レスのわざからのフォールが見たい。

④プロ・レスがスポーツとして行われている以上、ルールの範囲内で戦って傷つき、のびても仕方がない。

…こんな競技になれない日本では、③の競技本位で乱暴な攻撃にも少し制限を加え、しかもショー的な要素を含んだレスが一番無難なのではなかろうか。これにはあくまでレフェリーの演出が大切である。…今後プロ・レスのあり方については世論が相当きつい。このさい関係者は世論もいれ、楽しいプロ・レスに育てあげることを考えねばならないところに到達したことを覚悟すべきだ。」

### 「プロレス遊び」問題

前述のように、五五年三月にはついにプロレスごっこが原因で少年が死亡に至るという事件が起こる。『朝日』は、「プロレス遊びに熱中　頭を殴られ死ぬ　横浜市西中学の二年生」で四段写真入りで詳しく報道している。記事を読むとプロレスごっこの最中に死亡したのではないことが分かる。被害者がプロレス遊びで同級生を空手で殴った。そのことが同級生の友人の恨みを買って翌朝学校に呼び出されて殴り合いとなり、そのことが原因で死亡したのである。校長は「このごろ生徒がプロ・レスの真似をし殴り合いをして困っている。どうにかならないものか、困った遊びです。」と嘆いている。これに対して『毎日』は記事にしていない。わずかに事件の五日後に投書欄で「プロレス遊びはよそう」が見られるだけである。

同年一一月に同じパターンが繰り返されている。二三日の『朝日』に「小学生けられて死亡　またプロ・レス流行の禍」が四段写真入りで掲載され、翌日朝刊ならびに夕刊に続報が載るが、『毎日』にはまったく載っていない。二六日に「危険なプロレスごっこ」という投書が掲載されただけである。ところが『毎日』は、二八日に「ヒザけりで重傷　また少年のプロレス事故」という記事を載せるが、今回はどういうわけか『朝日』は取り上げていない。

この頃が社会的問題としての「プロレス遊び」問題のピークだったようだ。二九日の『朝日』の投書に「プロレスと児童会の記録」という小学校教諭の文章が掲載されている。

「頭から『止めろ』という方法よりも、よく子供達の意見を聞いてから、共にその対策を研究する必要があろうと思う。…父母、教師ともに、プロレスについて悩み苦しんでいることだけは確かなことだと思うが、さりとて逃避的にならず、そのよって来た原因と、恐ろしい結果を指導して前橋事件（一三日の事件）のようなことが再び起こらないよう心がけたいと思う。」

一二月三日の『毎日』都内中央版は警視庁少年課が教育庁を通じて「プロレス遊び禁止運動」を呼びかけたという記事が出ている。それによると、プロレス遊びによる傷害事故だけではなく、「プロレス見物に集まるそば屋、喫茶店を舞台に暴力団、不良グループができたり、テレビ見たさに窃盗、家財の持ち出しなどの非行が現れはじめている」としている。少年課は「少年たちをプロ・レスをめぐる種々の悪影響から守るために」パンフレットを作って防犯協会、PTAなどに配布したという。また、「『プロ・レスをえがいたマンガ本なら一割値段を高くしても売れる』とうそぶく一部の悪質業者の動きや冬休みをねらって力道山を扱ったタコを得々として売り出す業者などが子供のプロ・レス熱に拍車をかけている」と便乗業者のことも問題視している。

このような動きにプロレス側はどう対応したのか。一二月二〇日の『朝日』東京（東京ローカル）版のページは大田区母親の会が大田区在住の力道山を招いて「プロ・レス座談会」を開催したことを紹介している。この席上で力道山は母親会の「子供のプロレス遊び禁止運動」を推進する趣旨に協力的であり、正月に子供達に一万枚ブロマイドを贈るがその裏に「皆さんは一八になるまでプロレス遊びをしてはいけない」というハンコを押すことを提案し、父母や教師の賛同を得ている。

ただ警視庁少年課は、こういった啓蒙運動が逆にプロレス遊びを助長する場合があると慎重である。同課は少年犯罪のうち組織犯罪が昨年より増加した要因として暴力犯罪映画やプロレスの影響を挙げている。

「不良仲間に一時はやった飛び出しナイフなどは近ごろかげをひそめたが、その代りトビゲリ、ヒザケリ、空手チョップなどが、とって代わったという。」

その後、力道山は五六年六月二一日に蔵前国技館で子ども向けに「レスリング教室」を実施し、「子どもはプロレス遊びをしないように」と呼びかけたりした。

### ボディビルの流行

プロレスの影響を受けて流行したものには子供のプロレス遊び以外にボディビルがある。

『週刊読売』五五年九月一八日号は「M+Mの魅力?」と題してプロレスとボディビルを特集している。「プロ・レスの爆発的人気を見ると、たしかに男性美時代という感じがするね」という評論家の言葉を引きながら、世界におけるボディビルの隆盛ぶりを紹介している。

ボディビルの流行には反発もあった。『毎日』一一月二七日に「ボディビルに一言」、『朝日』一二月二一日に「ボディビルの流行に一言」という投書が載っているが、いずれもボディビルは不自然な肉体を創るだけの代物だという批判の投書である。

「グロテスクな筋肉のもり上りは美しい健康美とはいえません。」

「ただ盆栽のように鑑賞用の、ミスター○○の体を作るだけの目的なら、バカげた流行であると思う。」

また、五六年三月二日の『朝日』東京（東京ローカル）版のページには「悪い遊びをなくしよう（ママ）　月末まで青少年を育成する運動」という記事の真横に「ボディビルしたくて　二少年が工場から盗む」なる記事が登場している。

プロレスとボディビルのつながりは浅くない。テレビのプロレス解説で知られていた田鶴浜弘は五四年一二月に日本初のプロレス専門誌『ファイト』を創刊する。この雑誌は当初、日本テレビが街頭テレビを設置した場所に委託して販売されていたがそれだけではさばききれず、やがて一般販売されるようになったという。この『ファイト』の内容はプロレスだけではなく、アマレス（田鶴浜は八田一郎と共に日本初のレスリング部を早稲田大学に創った人物でもある）、ボディビルとの三本立てであり、「ボディビルブームへの布石ともなりました」ということである。その後、田鶴浜は「男性美の創造」というボディビルを紹介するテレビ番組のホストも務めた。ボディビル界からレスラーやレフェリーになった者もおり、両者の関係は深い。両者の関係性はプロレス草創期に遡るであろう。

社会学者のジョン・リッカードは、男性は一九三〇年代の終わりまで海岸で上半身裸体になることさえ許されなかったということを指摘して、二〇年代のレスラーが上半身裸で取っ組み合いを演じるということは特別な意味があったと記している。二〇年代はさまざまな拷問技が考案された時期であるが、それは男性の裸体がさらしものにされることを意味していた。ロラン・バルトは「レスリングでは正反対に意味を持つのは各瞬間で、持続ではない」とし、「レスリングは拷問のこれほど外面的なイメージを与える唯一のスポーツである」と指摘したが、リッカードはそのような視点を踏まえて、プロレスは二〇年代に男性の肉体のドラマとして再構成されていった可能性を指摘している。ボクシングは肉体総体よりももっぱら拳との結びつきに収斂していった結果、ルールを厳格化し、拳を中心とする技術を競い合う正統的スポーツの道を歩んだのに対して、プロレスは肉体総体と分かちがたく結びついたため、「身体文化のナルシスティックな世界と強い結びつきを持った」のである。

リー・トンプソンは「真剣勝負ではないプロレスは、近代スポーツが成立した過程において、その近代スポーツにある意味では寄生しながら、近代スポーツが提供できない何かを観客に提供することによって発展したといえる」（「ポストモダンのスポーツ」井上俊・亀山佳明編『スポーツ文化を学ぶ人のために』）と書いたが、草創期のプロレスは興行としてビジュアルを重視する映画をも意識しながら、勝負性を放棄し肉体のビジュアル性を追求していったのかもしれない。ボディビルという世界と分かちがたく結びついた所以である。

『朝日』は「プロ・レス関係者の反省を望む」（五五年七月三〇日）という記事の中で、このような本質を内包するプロレスを「スポーツ的な要素を多分に盛り込んだ一種のショー」と規定して、そのようなものとしてのプロレスの魅力をけっして否定するものではないとの立場を表明している。ところが、「日本のプロ・レス関係者は『プロ・レスがショーだ』と言われることを極端にきらう傾向がある」。「結局日本の選手は無表情だし、テクニックの点からもマがもてないので、『選手権をかけた真剣勝負』を看板にせざるを得なくなる」と指摘し、「あえて傷つけ合い流血を招くのはスポーツでもショーでもなく、ケンカであり、『人間の闘牛』だ」と断じた。この記事以降、朝日が運動面でプロレスを取り上げる頻度は以前にも増して著しく低下した。

### 力道山対ルー・テーズ戦における混乱

五六年はプロレス人気が低下してきた時期である。二年前の熱狂的ブームの再来を期して力道山は二年ぶりにシャープ兄弟を呼んだが、ブームの再現はならなかった。『毎日』はそのあたりにはいっさい触れていないが、『朝日』は四月二七日の紙面で「入りは超満員と思いのほか空席もチラホラ」と書き、試合経過を伝える文章で「筋書」という言葉を用いている。

同年六月の新田新作の訃報記事では、『毎日』は「戦後明治座の復興に力を尽くしたほか力道山の育ての親として知られ」とあるが、『朝日』は「明治座の復興に貢献した」という記述のみにとどまっている。

五七年一〇月のルー・テーズ戦は多くの意味で力道山にとって大きな転換点となった試合であることは前述のとおりである。ここでは試合の放映をめぐっての混乱について触れておきたい。

『毎日』の一〇月二日ラジオ・テレビ欄に寄せられた投書によると、九月二五日の日本テレビのプロレス中継中に、一〇月に行われる力道山対テーズ戦は「観客を多く集めるために」テレビ放送はしない旨のアナウンスがあったという。投書の主は病気療養中の人でテレビを楽しみにしており、放送を希望して投書したわけである。これに対して『毎日』は「日本テレビ側では目下交渉中で最後的(ママ)には決定していません」と回答している。実は、『スポーツニッポン』九月二二日の広告にも、ルー・テーズ対力道山は「テレビ中継なし」とすでに明記されていた。

テーズ戦の初戦は一〇月六日に後楽園球場で予定されていた。ところが、雨のため翌日に順延された。そして、生中継は結局行われたのであるが、相当の混乱が生じていた。『毎日』はこの経緯にいっさい触れていない。一〇月一三日の『朝日』がラジオ・テレビ欄で大きく取り上げている。

それによると、予定の六日にはテレビ中継があると発表されていたため、一日延びても放送はあると思われていたが、七日になって『毎日』朝刊に、プロレス協会の名でテレビ中継はないと発表された。だが、ファンは半信半疑だった。「プロレス興行は、テレビに客足をくわれる心配から、中継の発表をおくらせているのではないかという見方」をとっていた。その結果、七日朝から夕方にかけて、日本テレビの電話は今夜の試合を放送するかどうかの問い合わせで鳴りっぱなしとなり、交換台は完全に機能停止に陥ったのである。

日本テレビの説明はこうである。

「この興行は日本プロレス協会の主催になっているが、実情はいろんな興行社が入りこんでいる。六日の雨で一日延期と決まって、すぐ交渉をはじめたが、七日ではテレビは全国ネットできないという点をタテにとられて、話がすすまない。交渉は翌日に持ち越しになったところ、朝刊の広告にあんな風に出てしまった。それと協会側の力道山が朝寝坊して交渉再開がひどく遅れ、やっと中継ときまったのが一時半すぎだった。」

このとき、協会側と先頭を切って交渉に当たったのは日本テレビ編成局次長福井三郎だった。『日本プロレス三〇年史』によると、「この試合のプロモーターであった永田貞雄氏をめぐるいろいろな事情から、テレビ中継放送は中止という線に落ち着きかけていた」が、福井は全国の視聴者の要望を背に、粘り強く力道山の説得を続けたという。試合当日は中継車を後楽園球場で待機させた上で、ぎりぎりまで説得を続け、結局、カメラが現場に入れたのは午後三時過ぎだったという。

ただ、『朝日』は午後三時に文化放送が興行社のスポット広告として「プロレス中継はやりません」と放送したことを指摘して、対応のまずさを批判している。

「永田貞雄氏をめぐるいろいろな事情」は分からない。しかし、この興行を最後に永田はプロレス興行から手を引いたのである。

日本テレビはこの試合を機に力道山とプロレス独占放送の契約を結んだ。

なお、この興行で日本プロレス興業が発行した有料入場券は二万七〇〇〇枚で試合終了後発表された入場者数が三万人。興行総売上は三〇〇〇万円と発表された（現在では五億円くらいか）。

『朝日』がプロレスを運動面で最後に扱ったのがこのテーズ戦である。

## 8　力道山晩年のプロレス報道

### 「老人ショック死事件」

それから五年後の六二年四月、『朝日』は久々にプロレスの話題を大々的に取り上げた。ブラッシーの試合が引き起こしたいわゆる「老人ショック死事件」である。ただし、『朝日』は「ショック死」という表現には終始慎重である。当時は、心臓に持病を持っていた老人の多くが男女問わずプロレスを見ていた事実があり、結局のところ、プロレスの試合と老人たちの発作の因果関係は立証できないからである。しかし、他紙はこの表現を用いているので、混乱を避けるためにも、ここではあえて「ショック死」という表現を使ってみたい。

プロレス観戦（テレビも含む）がきっかけとなった「ショック死」は六二年が最初ではない。早くも五四年二月二一日の「讀賣」は東京の電機店のショーウインドウのテレビを見ていた千葉市在住の五七歳の男性が心臓マヒを起こして倒れ、救急車で病院へ運ばれたが死亡したというニュースを伝えている。

「老人ショック死事件」の少し前に、アメリカで試合中にリングの鉄柱に後頭部を強打したプロボクサーが死亡したことを契機にボクシング禁止論が高まっていた。『毎日』四月七日の投書には「やめよう、残忍な試合放送」としてボクシング、プロレスの放送中止を求める女性の投書が掲載されている。三日後にはこれへの反論として「ボクシングを廃止するな」という男性の投書が寄せられている。ボクシングには青少年が学ぶべきストイック性があり、野蛮な要素は本来ないという反論である。

愛知県の六三歳の男性と京都府の七六歳の女性がテレビでプロレスを見ていたことが原因?で死亡した「ショック死事件」をいち早く報道したのは『朝日』である。問題のテレビ中継は二七日夜であったが、『朝日』は二八日夕刊に八段の大きい扱いで、しかも識者のコメントをつけて報じているが、これは後述しよう。見出しは「プロレスでショック死?　老人二人、テレビを見て」。これに対し、『毎日』は二九日朝刊で二段の小さい扱い。「プロレス〝死〟の興奮　テレビ観戦の老人二人」。しかも、事実関係のみの報道である。ただし、三〇日に「また老人ショック死」として二三日の放送を見ているうちに脳出血を起こし、二七日に死亡した富山県の七一歳の女性のことを伝えているが、『朝日』にはこの報道はない。一方、五月二六日の『朝日』は「またプロレス見て死ぬ」として五六歳の宮崎県の女性の死を伝えているが、『毎日』には載っていない。ただし、こちらはブラッシーではなく、テーズの試合である（ブラッシーとちがって血も流れていない）。六月一六日の『毎日』は「また老女ショック死」と六七歳の女性（奈良県）の死を伝えている。

『サンデー毎日』五月二〇日号が「ショック死」した人々の状況を整理している。それによると、四月二三日の力道山対ブラッシー戦を見て亡くなった人が四名。千葉県の六二歳の男性、岐阜県の六五歳の男性、富山県の七一歳の女性、石川県の五八歳の女性である。四月二七日の力道山、東郷、ブラッシ

**プロレスでショック死？**

**老人二人、テレビを見て**

**流血など行きすぎ**

**勝負にこだわり過ぎる**

**病人まで配慮し切れぬ**

**水キキン深刻化**

**第三次制限 日取り明後日に決定**

**少年、銀行帰りを襲う**

**通行人刺し逃走、捕わる**

**授業中に**

「老人ショック死事件」を伝える新聞記事
（『朝日新聞』1962年４月28日夕刊）

ーらがからんだタッグマッチによる死が前述の二名、ということになる。

まず、『毎日』の関連報道を見ていこう。

五月四日のコラム「余録」はプロレスの酷評に終始している。

「スポンサーは『入念な注意を払って健全娯楽提供の趣旨にそうよう』放送局に要望し、局側も『演出面を検討して節度を守るよう配慮する』と答えたそうだ。だがもともとプロレスはむごたらしさが売り物で、とても〝健全娯楽〟になるしろものではない。」

「ボクシングはプロでも、勝敗を争うのが目的で、残酷な場面になるのは本意ではない。ところがプロレスは、最初からそれだけをねらっている。」

「流血も、空手チョップもみんなこしらえものだ。反則だってちゃんと計算された演出である。それを承知していれば、どんなひどい場面でも、一場の喜劇にすぎない。」

「『日本ではプロレスをショーとして見る習慣がない』などと、まるで視聴者に責任があるみたいにいうが、その習慣をつけさせないのがこの連中（アナウンサー、解説者、スポーツ紙）である。」

結局のところ、「余録」はプロレスをテレビから追放し、社会の片隅で「エロショー」同様、好きな者だけが楽しめばよい、と結論づけている。

「後援」しているプロレスへの酷評はまずいと思ったのか、九日夕刊のコラムはボクシングを取り上げ、テレビの音声をしぼってボクシングを見ると、どこまでも殴り合いを続けるこの競技の残忍さが浮かび上がってくる。その点、プロレスはよく見ればお芝居だということがわかる、とややひねったプロレス擁護論らしきものを展開している。

一四日のラジオ・テレビ欄では「問題の『テレビ残酷物語』」と題して、プロレスとボクシングの中継を取り上げている。民放連で一九日に行われる定例の「民間放送審議会」を一時間早く始めて、プロレス問題を取り上げて審議することを紹介した上で、日本テレビの番組会議では意見はまちまちだが、「刺激が強すぎた」という点では一致しており、今後はカメラを一台増やして三台とプロ野球並みにし、見せたくない場面のときは観客席の模様に切り替えるということを紹介している。また、プロレスの見方を解説者に語らせるということも考えているという。

一五日には劇作家の内村直也が「放送月評」を執筆している。「プロレスも教養」という見出しが目を引く。内村はプロレス追放論には反対で、「視聴者がみんな大人になって、こういう番組を一種の刺激剤として気楽に楽しめるようになることのほうが望ましい」。プロレスはショーとして見ればよくできており、面白いのだから、ショーとして観賞させるような解説を行うよう配慮すべきである。「興奮しやすい気質が、日本人を戦争に追いやった」のだから、「こういう刺激に耐え、それに巻き込まれず、冷静に批判できるような青少年をつくるためには、プロレスも一種の教養番組」なのである。

二二日夕刊のラジオ・テレビ欄「マイクへ一言」には小人プロレス（フジテレビで一九日放送）を評価する投書が載っている。「血で血を洗う従来のプロレス中継に対し、」「洗練された珍演技に抱腹絶倒した」し、解説者が小人レスラーの日常生活は明るく紳士的で、コンプレックスを持つ者に「何でもやればできる」と激励の言葉を与えていたことに共感したという。

なお、この間運動面では「老人ショック死」問題への言及はない。わずかに、『毎日』大阪版五月一〇日が「〝暴走〟どこまで修正するか　きょうからプロレス大阪大会」という谷口勝久の記事を載せている。「プロレスには各民族の持つ立派な闘技が多く含まれている。そうした技を捨てて反則技に終始し、残虐さだけを売り物にすることはプロレスの墓穴を掘るだけだ。こんなことをしなくてもファンをひきつける豪快さとユーモアがプロレスにはありそうしたプロレスは立派に存在価値がある」と擁護論を展開している。

### ついに社説に「プロレス」が登場

一方、『朝日』は前述のように第一報段階で識者のコメントを載せている。日本アマチュアレスリング協会理事南一清は「スポーツ的要素をもったショーなのだから、もう少し考えて試合を運ぶべきだ」と行き過ぎを批判し、「アマレスまで、ああいうものだと一般に考えられるのは迷惑」とプロレスとアマレスの混同を恐れている。ボクシング評論家の平沢雪村は「日本人のプロレスの見方が、一般に勝負にこだわりすぎて、演出されたショーを楽しむということを知らない」と観客を批判し、「大きな体を鍛練してぶつかり合う見事なショーなのだと割り切って見物すべき」と提言している。これに対し、日本テレビ福井編成局次長は、プロレスほどの人気番組はない。「こうした人気番組では、特殊な病人のことまでは実際問題として配慮しきれない面もある」と明らかに開き直ったようなスタンスである。

四月二九日の「素粒子」は「老人二人がテレビのプロレスを見ていて死んだ。ショック死の疑いも出ている。京都府と愛知県下で。あれはスポーツというより見世物なんだから、いっそう気の毒な話。家族が注意するほかない」と書いている。

五月一日は朝刊で精神病理学の島崎俊樹が「プロレスを見る心理」と題してプロレスがなぜ人々を惹きつけるのかを分析している。それによると、プロレスの最大の魅力は「反則をおかすことがちゃんと企画されくみこまれている法則があることだ」という。「ルールをはずせる世界が現に自分たちのまえにあり、自分が無法地帯にいられるという現実感」こそがボクシングにはなくてプロレスに備わっている魅力である。

同日の朝刊では大阪府警が、プロレスのテレビ中継が大阪府青少年保護条例の「青少年への有害興行」に該当する疑いがあるとして五月一一日の大阪府立体育会館での興行のテレビ中継を規制しようという動きを始めた旨を伝えている。

『毎日』はこのニュースを伝えていない。ただし、『毎日』大阪版は報道している。

一日の『朝日』夕刊では読売テレビが大阪府警と非公式に話し合い「有害な場面を避ける」など自粛方針を伝えたため、四日の府青少年保護審議会で結論を出すことに決定したと伝えている。しかし、それがどうなったのかは『朝日』では報道されていない。『朝日』大阪版を見ると、結局プロレスを有害興行に認定するのは難しく、関係各方面への自粛申し入れに落ち着いたことがわかる。

翌二日には、ついに『朝日』の社説でプロレスが取り上げられるに至る。「テレビの公共性と責任」と題して、プロレスのみならず娯楽番組全般がとりわけ青少年に与える影響を問題視している。「家庭で目をそむけるようなものが、ただ聴視率がよいとか、ちまたの評判になっているということだけで、肯定されてよいものではあるまい」。テレビには公共性があり、社会に対する責任がある。良識ある自主規制を期待したいという内容だ。

三日の『朝日』「かたえくぼ」には「スポーツとショウの違い」として、「一方は選手が死に、他方は客が死ぬ——新百科辞典」とボクシングとプロレスが揶揄されている。

なお、九日には千葉県立船橋高校同窓会が校舎などの改築資金を集めるために同校校庭で二九日に予定されているプロレス興行が問題視されている。教頭は「同窓会の主催でもあり、校舎などの資金のためでもあるのであまり深刻に考えなかった」としているが、県教育長は「プロレスはショック死が出るなど殺伐なショーとして問題になっている時でもあり、教育上どうかと思う」とコメントしている。ＰＴＡ会長は「他に会場がなく同窓会から泣きつかれたため学校が校庭を貸した。生徒にしても力道山をひと目見たいというのが本当のところではないだろうか」と語っている。結局、校庭での興行は中止となり、校外で開催されることになった。

六二年はアメリカでのボクシング禁止論と老人ショック死事件が重なって四〜五月に全投書が集中している。そのほとんどがプロレスを非難し、テレビ中継の再考を求める声である。

「プロ・レスはルールはあって無きが如く、むしろ違反をこととし、さらに血を見なければ収まらない。スポーツ精神などというものは全く見られず、余りにも興行的、営利本位なのが現状である。」

（公務員・『朝日』五月一五日）

ただ『毎日』は四月七日にボクシング、プロレスをひっくるめての禁止論を主張する無職女性の投書は載せているが、ラジオ・テレビ欄を除けば、ショック死事件関連の投書は掲載されていない。しかし、大阪版にはプロレス批判の投書は載っている。

「プロレスだけに反則がある程度認められるのは納得できない。…プロレスはショーだといわれるが、スポーツである以上、正しい試合運びがなくてはならない。」

（学生・『毎日』大阪版五月二日）

「花いっぱい運動とか、小鳥をかわいがりましょうとか、動物愛護とかいいながら、あの血のよだれをたらしながらのかみ合いは人間の情操を全くスポイルするものです。」

（主婦・『毎日』大阪版五月二日）

「反則が観衆の目前に公然とくり返されてはスポーツの権威は全くなくケンカ、乱闘そのままの姿は、楽しむショーとは全く縁遠い。しからばプロレスとは一体何か。スポーツかショーか、いまにして善処しなければいつか大衆に敬遠され、前途に暗影を投じるであろう。」

（会社員・『毎日』大阪版五月二日）

「スポーツなのか、ショーかそのいずれかは知らないが一応、レフェリーあり、ルールありの中において、少しの反則は興あるとしても、このような陰惨な試合の平然と行われることに私は不可解を感じている。」

（主婦・『毎日』大阪版五月七日）

「ショーとして割りきるべきだ」という識者の声が多いのに対して、スポーツかショーか割り切れない大衆の声が多いことに気がつく。

結局、投書欄でプロレス擁護論は『朝日』大阪版に見出されるのみである。

「プロレス選手の隆々とした筋骨、人間業を越えた体力をつくりあげた修練に、私は興味を感じている。…プロレスよりもロカビリ、度をこえたツイストショー、また強盗殺人ドラマ、あるいはエロがかった場面など、もっと批判し、茶の間から追放してもらいたい」

（男性・『朝日』大阪版五月九日）

ショック死事件の次に『朝日』がプロレス関連で大きく取り上げたのは力道山の刺傷事件、死亡に関してである。

## 力道山の死

力道山が刺された事件の第一報は両紙とも六三年一二月九日朝刊であり、同じ四段の扱いであるが『朝日』の方が詳しい。『毎日』のサブの見出しが「重傷で当分試合は不能」であるのに対し、『朝日』は「ヤクザとケンカ」であり、視点がまったく異なる。『毎日』は淡々と事実を伝えるのみだが、『朝日』は「『足をふんだ』『ふまない』といったことからケンカをはじめ」とか「力道山はいったん客席へ戻り、『この店は人を雇ってオレを刺した』と怒りだし」とか生々しい描写が目立つ。また、力道山を刺した住吉一家のMら暴力団の動きに関しても詳しく報道している。

力道山墓碑（東京大田区・池上本門寺）

続いて、力道山の死亡に関しては、『毎日』（一二月一六日）社会面がチャンピオンベルトをしめた力道山の写真を使ってリード文付きの一〇段と大きい扱い。これに対し、『朝日』社会面は力道山の顔写真（刺傷事件のときと同じ写真）のみで五段の比較的地味な扱いと対照的である。両紙ともこの事件の背後関係、力道山と暴力団とのつながりに触れている。いちばん違うのは『毎日』がプロレスラーとしての経歴に詳しく触れているのに対して『朝日』には簡単な経歴しか載っていないことである。また、『毎日』は同日の運動面で「けわしい〝今後の道〟力道山失ったプロレス界」という記事を載せ、一八日運動面には「豊登を中心に従来どおり興行　プロレス界、今後の構想」と続報が読める。
両紙とも一七日のコラムではこの話題を取り上げている。『毎日』の「余録」も『朝日』の「天声人語」も力点は暴力団にある。「余録」は日本の無法地帯に焦点が当てられ、力道山は書き出しで触れられている程度。「天声人語」は前半を「大鵬、長島と並んだ当代の人気者」力道山にスポットを当て「テレビのプロレスもさびしくなり、多数の少年たちを残念がらせるだろう」などと書き、後半は「余録」同様、暴力根絶の話になっている。どうも「余録」のコラムニストは「天声人語」よりもプロレスに厳しかったようだ。ちなみに、『読売』の「よみうり寸評」（一六日夕刊）は力士廃業後にレスラーとして再出発し、成功した実力、才覚、努力を高く評価している。そして、往年の力士三根山が酔漢に侮辱されながらも相手にしなかった点に相撲の伝統の重厚さを見出しながら、力道山が遭遇した「ささいな事での奇禍」を惜しんだ。

力道山時代は、一般紙がプロレスを報道していた今となっては珍しい時代である。現在は、一部のスポーツ紙がプロレスを取り上げている程度で、夕刊紙の『東京スポーツ』が依然中心的存在である。また、地上波のテレビのスポーツニュースでプロレスの試合が取り上げられることはまずない。レスラーの死亡事故等は別として、試合そのものに報道価値を持たないと見なされている。もちろん報道番組以外のバラエティやワイドショー、雑誌などを丹念に調べていけば、プロレスの研究は可能であるが、その手間たるや大変なものになるだろう。その点、力道山時代だけは一般紙が報道していたために、資料の客観性はかなりの程度担保されるし、何といっても調べやすいのが利点である。これからプロレスを研究し、卒業論文、修士論文をプロレスでと考えている学生には力道山時代をお勧めしたい。ただし、その時代を実感できないことがネックとなってくるだろうが、ひとつの歴史研究としてトライしてはいかがだろうか。

# 第3章　日本プロレス史の断章

## 1　吉村道明という存在

昔、吉村道明（よしむらみちあき）というプロレスラーがいた。けっしてトップの選手ではなかった。一九五四年から七三年までのレスラー人生だったが、とりわけ六〇年代後半、中高生時代の私に強烈な印象を残している。

### 引退試合での出来事

当時は中学生や高校生が休み時間にプロレスごっこをしているのは日常的な光景だった。中学生の時は、単にじゃれ合っているだけという感じだったが、高校になると、人を集めてプロレスごっこを見せ、あわよくば見物料をせしめようという発想が出てくる。幸いなことに、紛争後のアナーキーな空気の中で、昼休みに柔道場で「プロレスごっこ興行」を行うことは難しいことではなかった。見物に耐えるプロレスを高校生が行うとなると、シナリオが必要になってくる。技を出す順番をノートに書き、その通り進行させる。もちろん危険な技は禁止だ。ブレーンバスターなどはそれ風の投げ技にアレンジしていた。それでも、バックドロップなどはリスキーで、私がバックドロップをかけると、かけられる方が勢いよく投げられてみせるのだが、一度本当に後頭部から落下してしまい、そのまま失神し、病院送りならぬ保健室送りになったことがあった。しかし、観客のどよめきを最も誘った技は首固めだったのである。私は対戦相手にボディスラムで投げられグロッキー寸前になっている。対戦相手は再度ボディスラムにチャレンジする。そのタイミングで相手の首を抱えてクルリと丸め込み、三カウントが入ると、その鮮やかさに観客は大きな歓声を上げたものだ。

シナリオライターである私は、この逆転のドラマツルギーに大きな快感を見出した。観客というものはこういうものを待っているのかと。そして、その大きなヒントになっていたのが吉村道明のプロレスだったのである。

吉村道明は一九七三年三月三日、東大阪市の近畿大学記念会館で引退試合を行っている。近畿大学は吉村の母校である。この模様は三月九日にNET（現テレビ朝日）の「ワールドプロレスリング」で放送された。満員だった。試合の相手はルーベン・ファレスというメキシコ系の選手だったが、この試合の記憶はほとんどない。最後に、吉村がロープ越しに回転エビ固めを決めたシーンを覚えているだけだ。まるで回転エビ固めを披露する模範試合に見えた。あるいは吉村の引退セレモニーの一部にすぎなかったような試合だった。吉村が小沢正志（後のキラー・カーン）の肩車で退場したシーンは何となく覚えてはいるが、そのとき場内に「ラバウル小唄」が流れていたことはまったく記憶にない。吉村は太平洋戦争に出兵し、海軍相撲で活躍した過去があった。

むしろ、はっきり覚えているのは、その後の試合の方である。吉村の試合はセミファイナルであり、メインイベントはグレート小鹿、松岡巌鉄組とキラー・カール・クラップ、クルト・フォン・スタイガー組によるアジアタッグ王座争奪戦であった。アジアタッグは吉村の代名詞であり、引退に伴うタイトル返上により争奪戦となったのだ。それで、この試合の何が印象に残ったかというと、リング上のことではない。結局、小鹿組が勝利したのだが、何の技で決まったのかさえ記憶にない。流血試合になったことだけが目に焼き付いている。無駄な血を流しているな、と思った。というのも、観客の多くは吉村の引退を見届けると、リング上でメインイベントが行われているのにお構いなしにどんどん席を立って帰っていったからである。しかも、その光景がテレビではっきりと映し出されていた。日本プロレス史上、最も祝福されていない試合となったのである。日本プロレスはこの一カ月後崩壊した。

吉村の試合を現在のプロレスファンが理解するためには相当の想像力が必要である。

### 退屈への感情移入

まず、三本勝負が当然のようにあったということ。メインであれば、六〇分三本勝負、セミなら四五分三本勝負が普通に存在した。シングルマッチであれ、タッグマッチであれ、三本勝負が存在したのである。逆に、現在三本勝負がなぜなくなったのか。リアリティの観点から説明できるだろう。たとえば、AというレスラーとBの四五分三本勝負があったとする。一本目はAがBをフォールして先制。すると、二本目になると、「どうせBが取るんだろう」という視線が支配的になってしまうのである。もちろん、Aが二本目も取って、ストレート勝ちすることもあったが、そういうケースは少なかった。むしろ、一本目は両者リングアウトで一対一になり、決勝の三本目で決着が付くというケースの方が多かったように思う。それじゃあ、一本勝負と同じと言われれば、それまでであるが、業界の風習として厳然と三本勝負は存在していたのである。だから、一本目をAが先制した場合、二本目はBが取る確率はかなり高かったのである。

三本勝負のメリットは何か。どんなにB級の選手でも、その選手の得意技が決まる瞬間が見れたこと。たとえば、六八年七月のセミファイナルでアントニオ猪木はマイク・ローレンというB級レスラーと三本勝負で対戦し、一本をローレンのエルボードロップで奪われている。これは現在のプロレスではほとんどありえない光景だろう。エルボードロップがフィニッシュになることはまずないし、B級選手が格上をフォールするようなことはまずはありえないからである。三本勝負で印象深いのは、猪木対ニック・ボックウインクルのシングルマッチで、一本目を短時間でニックが先攻したところ、二本目は目にも止まらぬ速さで猪木が返したということがあった。「二本目は猪木が取るのだろう」という観客の視線を「速さ」で克服した好例である。

三本勝負、両者リングアウト、B級選手のフィニッシュが格上に決まる…吉村の魅力を理解するためには、こういった今や失われた光景を想像する必要がある。

三本勝負のタッグマッチの一本目、吉村は「外人組」(「外国人組」と書き直すところだろうが、それでは当時の空気感は伝わらない)にさんざん痛めつけられると相場は決まっていた。スタートこそ吉村の軽快なアーム・ホイップ(まき投げ)が決まる。このまき投げだけで、あるレスリング関係者は吉村を高く評価していた。まき投げの後、吉村は「外人」の腕をしっかり固める。ここまではよい。しかし、そのうち、「外人」の反則技、パンチ攻撃、かきむしり、などで形成は逆転し、吉村は劣勢に追い込まれる。ここからが実に長い。一〇分、一五分、ときには二〇分、吉村は左腕を徹底的に痛めつけられる。「外人組」はタッチを繰り返す。逆腕固めを決められ、苦悶する吉村、レフェリーは「ギブアップ?」と聞くが、耐える吉村。「外人」は吉村を逆腕に固めたままボディスラムで投げる。ますます吉村は苦悶する。パートナーへのタッチを模索するどころではない。つかまった「外人」コーナー近くでただ苦悶するだけだ。吉村のパートナーは自軍コーナーでただただいら立っているばかりだ。そして、「外人」のフィニッシュホールドが吉村を襲い、スリーカウントが入る。パートナーと一度もタッチできないままに。仕方がない、二本目の反撃に期待するしかない…あなたはこんな試合展開を見るのを耐えられますか。

かつて、西尾亮二は私との対談で「吉村に感情移入しないとあんなに退屈な試合は見られない」（「吉村道明と国際プロレスに捧げるブルース」岡村正史編著『日本プロレス学宣言』）と語ったが、まさに吉村への「感情移入」は成立していた。だから、吉村の試合を「退屈」することなく観ることができた。いや、「退屈」が当然と思って耐えることができた。では、吉村への感情移入はどうやって成立していたのか。

### 「死」へ向かう悲壮感

吉村が真価を発揮したのは、もっぱらタッグマッチだった。力道山、豊登、ジャイアント馬場、アントニオ猪木、大木金太郎（キム・イル）、坂口征二とパートナーは代わっていったが、吉村は女房役に徹し、タッグパートナーをつねに引き立てた。その謙虚な姿勢が共感を呼んでいた。謙虚なレスラーというのはなかなかお目にかかれない。レスラーというのは一般に自己主張が強く、目立とうとするものだ。それが吉村にはなかったのである。吉村の謙虚な姿勢と最も調和していたのが自己顕示欲の強い猪木だったと思う。吉村とのタッグであれば、最も自分の良い面が出せる。猪木にはそういう気持ちがあったと思う。とりわけ、六九年秋のシリーズでは、猪木、吉村組とミスター・アトミック、キラー・バディ・オースチン組は三度もアジアタッグを闘っている。

九月二七日大阪、一〇月九日山形、一〇月三〇日岐阜の三度である。しかも、このうち、前の二回はNET枠、日本テレビ枠でそれぞれ録画中継された。同一カードが三度とはなかなかないことだ。いかに両チームの試合がスイングしていたかが分かるだろう。高校一年生の私もテレビの前でかなり興奮していたことを覚えている。

吉村の代表的な技は回転エビ固めであるが、ドロップキックも重要だ。その正面飛び式のドロップキックはつねにスリリングだった。なぜなら「自爆」といつも隣合わせだったからである。そして、自爆、すなわち相手にかわされて背中から落ちる光景はそのまま敗北に繋がるイメージが色濃かったのである。ドロップキックを自爆して、そのままフォール負けを喫することもあったと記憶している。しかも、吉村の場合、額から流血した状態でドロップキックを自爆することが多かったので、よけいに悲壮感が際立った。

流血した状態でロープ越しに出す回転エビ固めも、同様に悲壮感が漂っていた。吉村は一般に「やられ役」と評されるが、まったくのジョバーというわけではなかった。馬場、猪木、大木と並んで「四天王」の一角に数えられ、あくまで強豪の一人だった。強豪の地位にありながら、一歩下がったところでレスリングを務める生き方に多くの人が共感した。吉村という存在がなければ、馬場も猪木もあんなには光らなかったはずである。

後年になって知ったことだが、吉村は日本プロレス生え抜きではなかった。デビューは山口利夫が起こした全日本プロレス協会、いわゆる山口道場だった。大阪を拠点としたこの団体で、近畿大学相撲部で鳴らした吉村がデビューしたのは自然なことだったのだろう。この団体はあっけなく崩壊し、力道山に引き抜かれて日本プロレスに入団したのが一九五七年のことである。吉村は引退するまで外様意識を持ち続けていたという。こういう意識が「やられ役」を甘んじて受け入れる土壌にあったのかもしれない。「やられ役」をとことん突き詰めれば、悲壮感を飛び越えて、そこには「死」が口を開けて待っているかもしれない。

一九六三年一一月二三日、渋谷リキパレス大会、吉村は力道山のタッグパートナーとして、キラー・バディ・オースチン、イリオ・デ・パオロと対戦した。翌日の『スポーツニッポン』はこう伝えている。

「ところがここで力道山は思わぬミスをしてしまった。吉村が羽がいじめするオースチンに必殺の水平打ちをかわされ、こともあろうに空手は吉村の胸にうなりを生じて飛んだ。弱っていた吉村はひとたまりもなくダウン。日本組は意外なストレート負けを喫した。」

翌々日の同紙には、「力道の宝刀うけた吉村異状なし」という記事まで出た。岩田浩営業部長の話によると、「一時は死んだとカン違いしたファンから問い合わせの電話がひっきりなしにかかってきた」という騒ぎで、本人は二〇分くらいで意識を回復したようだが、この試合は吉村＝「やられ役」とのイメージの確立に大いに貢献したことだろう（この試合に関しては、仲兼久忠昭『力道山史　否！』の教示によるところが大きい）。

私個人の記憶では、六八年一月のシリーズが印象に残っている。毎週のように、ビル・ミラーのネックハンギングで吉村が空中に吊り上げられるたびに、「死」を連想したことは事実である。また、プリンス・イヤウケアとの四五分三本勝負では、巨体のイヤウケアに本当に圧殺されるのではないかという思いを抱いた。この試合はたしか吉村が勝利したけれど、それ以上に「圧殺」のイメージが焼き付いて離れないのである。

吉村の流血には「ジュース代」と称して特別手当が出ていたことはマニアの間では有名な話だし、「やられ役」もある種の「芸」と割り切って見ることも可能だろう。しかし、オレがオレがと出しゃばることが多いレスラーの中で一歩下がった謙虚な姿勢と「やられ役」が重なったときに一種の「美学」が透けて見えたことも事実なのである。

プロレスでは「勝つこと」より「負けること」のほうが重要なのだ。負けっぷりの良さがあるから、勝ったレスラーはよけいに輝けるのである。

引退後だったか、近所の商店街で吉村とすれ違ったことがある。すぐに吉村と気づいた。実は、吉村の住まいは当時の私の家から遠くは離れていなかったのである。私は大学生だった。しかし、声はかけられなかった。威圧感がなくもなかったが、それ以上に悪い気がした。と言うより、吉村とすれ違った事実を胸に秘めることを誇るような気分が私を支配していた。

## 2　哀愁の国際プロレス

国際プロレス最後のエースとなったラッシャー木村をテレビ画面で初めて見たのは一九六八年四月であった。まだ本名の木村政雄だった。シングルマッチの相手はビル・ロビンソンの日本デビューの試合だった。したがって、ロビンソンが一方的に攻め、なんらなすすべもない木村に対してワンハンドバックブリーカーからダブルアーム・スープレックス（人間風車）でスリーカウントを奪ったこの試合は一般にロビンソンの鮮烈な日本デビューとして語られることが多い。だが、当時中学三年生の私には、ロビンソンにフォールされながら足をバタつかせている木村の姿が妙に印象に残っている。足などバタつかせずに、大の字で完全にKOされたのであれば、ロビンソンのスープレックスは鮮やかなフィニッシュになったろう。いや、鮮やかなフィニッシュではあったのだが、相手を完膚なきまでに叩きのめすというよりは、テクニカルなフォールを目指す技に見えてしまったのだ。

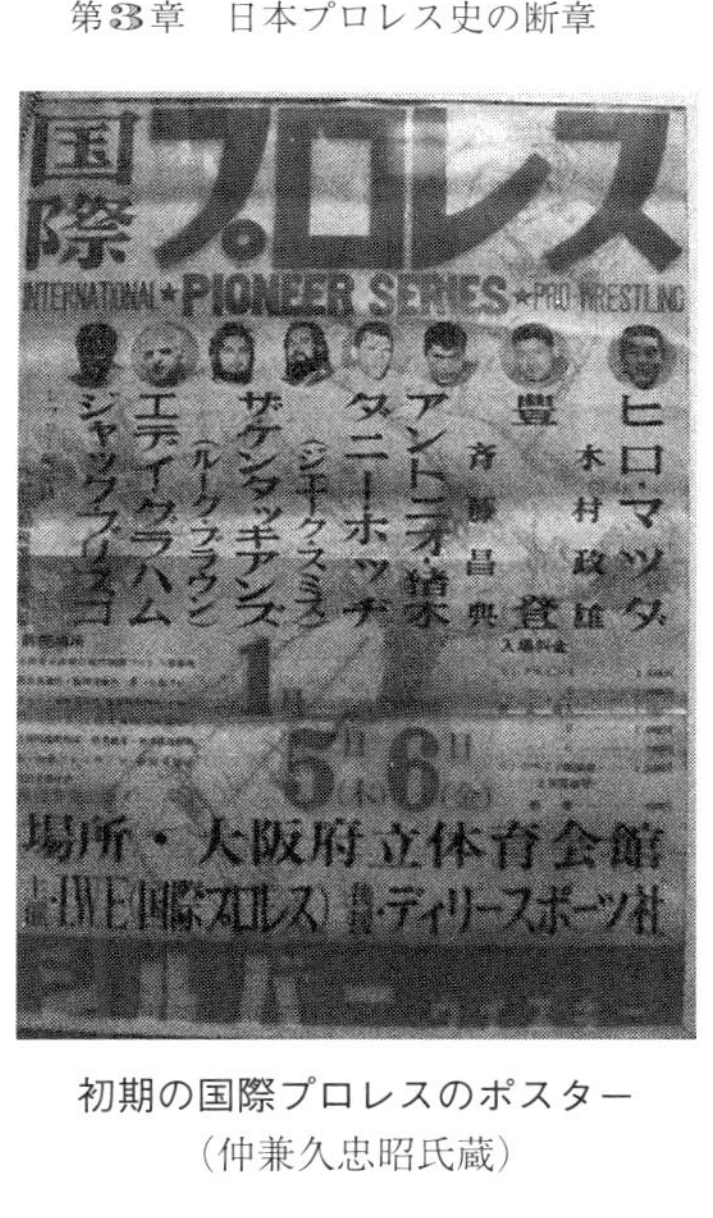

初期の国際プロレスのポスター
（仲兼久忠昭氏蔵）

それ以前に、私は木村政雄という人物を完全に誤解していた。前年暮れからプロレスを熱心に見始めていた私は専門誌『ゴング』などを通して日本のプロレス史もかじっていたが、生半可な知識から木村政雄と木村政彦を同一人物と思ってしまったのだ。一四年前に木村政彦が力道山に惨敗を喫したことは知っていた。その後、木村が別団体を創り、世界を放浪したことも知っていたような気がする。しかし、その後のことは分からない。木村政彦のマイナーなイメージは、テレビで初めて見る木村政雄の無力な姿と結び付いてしまったのだ。「木村政彦ってまだプロレスをやっていたんや。それにしても、やっぱり弱いんや」。神戸の中学三年生はしばらくの間、そう誤解していた。

日本で居場所を失い、世界を放浪した挙句に行きつく先は国際プロレスという一人歩きの妄想が私を支配していた。そのために、ジャイアント馬場、アントニオ猪木、大木金太郎、吉村道明を擁しメジャー感が溢れていた日本プロレスに対し、国際プロレスには最初からマイナーなイメージがつきまとっていた。

## 混乱するＴＢＳプロレス

国際プロレスの創設は一九六六年。当初はヒロ・マツダがエースで、東京プロレスの猪木と合同興行を行ったりしたが、その時代はノーテレビ。当時のマット界ではテレビで放送されないというのは存在しないのと同じである。だから、国際プロレスが「存在」したのは、六八年一月ＴＢＳが放送を開始してから以降ということになる。名称も「ＴＢＳプロレス」になっていた。

放送第一回は、のっけからグレート草津がルー・テーズのＴＷＷＡ世界ヘビー級選手権に挑戦する試合でスタートした。水曜一九時からの放送だったため、興行開始を一七時三〇分とし、放送と同時に六〇分三本勝負のタイトルマッチが始まるように仕掛けていたのである。実際には、一九時にはすでに試合が始まっていて、草津がテーズにヘッドロックをかけていた。私の記憶では、草津はヘッドロックしかしなかったように思う。ヘッドロックのまま首投げくらいはしたかもしれない。そして、テーズのバックドロップを食らい、フォールを奪われた。二本目が始まっても、草津は立ち上がれず、そのまま試合放棄でテーズがストレート勝ちでタイトルを防衛した。当時は、草津が失神するほどテーズのバックドロップは凄いと思ったものだった。

重要なテレビ放送初回でエースと目された草津が無残なストレート負けを喫した。ＴＢＳは四週連続で草津がテーズに挑戦するプランを持っていたようだが、そんなプランは吹っ飛び、サンダー杉山、豊登が連続して挑戦するタイトルマッチに変更を余儀なくされ、いずれもテーズに完敗を喫した。これにより国際プロレスはエース不在が印象づけられ、以後十数年に及ぶマイナーイメージが定着してしまったのである。

プロレスだったら、そのへんのところはもうちょっとうまくやるのではないのか、と思われる向きもあるだろう。しかし、プロレスにはさまざまなファクターが介在しており、一つの試合結果には複雑な背景が存在することもある。草津惨敗の真相は、後に森達也『悪役レスラーは笑う』などで明らかにされるが、ここでは簡単な記述に留めておきたい。要は、ＴＢＳと現場の対立に起因している。草津をエースとして売り出したいＴＢＳに対して、現場、すなわちレスラー側が反発し、バックドロップで一本目を奪われた草津に対し、セコンドのグレート東郷が「キープ・ステイ・ダウン（そのまま寝てろ）」と指示し、「失神」を演じさせた、というのが真相のようだ。あくまで、草津の証言であるが。つまり、草津善戦というストーリーラインを描いていたＴＢＳに対して、レスラー側がそのストーリーをぶちこわしにしたというのだ。テーズのバックドロップは草津を試合放棄に追い込むほどの激しいものではなかったが、試合は突如終焉を迎えたのである。

国際プロレスを「ＴＢＳプロレス」と改称させてまで主導権を握ろうとするテレビ側に、「そうは行くかい」と現場組が反旗を翻す。この団体のちぐはぐさが最初から露呈した形となった。といったことは後に分かったことであり、リアルタイムでは、「草津は弱いな。杉山、豊登しかり。この団体はダメな団体やな」という印象だけが中学生の胸に残ったのである。

ルー・テーズは第四週にダニー・ホッジに敗れてベルトを明け渡し、国際プロレスは「外国人上位」というイメージも焼き付いた。豊登が敗れた後、グレート東郷が日本プロレスから引き抜いた大木金太郎を挑戦させる直前まで行っていたと知ったのも後の話である。

ところが、その後、国プロのテレビマッチでは不思議な光景が見られた。たとえば、ダニー・ホッジが出場した六人タッグマッチでは、ホッジはジャージのまま試合を行う、つまり裸にすらならなかった。しかも、タッチを受けると日本側の選手にパンチを一発放つだけですぐに引っ込んでしまうという試合ぶりだった。中学三年生の私は、プロレスに関して「八百長論」が根強くささやかれていることは知っていたけれど、このホッジの試合は真剣勝負か八百長かといった二項対立では語ることができない事態であることを直感していた。結局、専門誌を読むと、外国人担当のグレート東郷が約束されていたギャラが支払われていないことを理由に外国人側にボイコット的行動を命じていたということが分かった。ホッジの行動は「順法ストライキ」だったのである。この出来事から、私の頭には真剣勝負か八百長かではなく、プロレスは一つの「仕事」という感覚が芽生えたのである。当時は、現在と比べて労働組合の力が強く、春先には国鉄や私鉄のどこかがストライキを打っているのが常態であり、ホッジの行為を国鉄の「順法ストライキ」のように捉えることは難しくはなかった。

### ヨーロッパ路線への転換

以上のトラブルから、東郷と絶縁した国際プロレスは、アマチュアレスリング出身の吉原功社長のツテから八田一郎に援助要請し、アマレスの欧州遠征の際に親交のあったイギリスのプロモーターにブッキングを依頼した。「欧州路線」の始まりである。この路線の最初のシリーズがトニー・チャールスらを招いた「日欧決戦シリーズ」、第二弾はビル・ロビンソンらが来日した「日英チャンピオン・シリーズ」である。だが、私の記憶では、最初が「日英チャンピオン・シリーズ」であり、それがグレードアップして「日欧決戦シリーズ」となったということになる。人間の記憶などいい加減なものだが、トニー・チャールスよりはビル・ロビンソンの方が存在感は大きかったためにこういう記憶に変質したのだろう。いずれにせよ、プロレス自体がアメリカ一辺倒というイメージがあまりにも強いところへ、「日欧」や「日英」は新鮮な響きを伴っていた。ただし、テーズに敗れて「アメリカ」を諦めたかのような草津が英国西部ヘビー級王座や英国南部ヘビー級王座を獲得し始めたことには違和感を持った。そんなローカル・タイトルを集めてどうするんだという思いは当時からあった。

ヨーロッパ系の選手はおおむね紳士的で、大人しい印象があった。最初のシリーズにやって来たリー・シャロンという選手などは豊登が両腕を交差させて脇の下から「パコン」と音を鳴らすたびに驚いた表情を見せ、それをマネしようとしていてうまくいかず、場内の笑いを誘うという姿だけを覚えている。ただ、国際プロレスは、TBS時代、視聴率は日本プロレスに伍して好調であり、ラフファイトに明け暮れ流血試合が日常茶飯事の日本プロレスに対して、一服の清涼剤的な役割も果たしていたと思う。ロビンソンのイメージが強いためにテクニック重視の印象が強く、何より新鮮さがあった。レスラーの名前を列挙するのは控えるが、個人的には「ランカスターの岩男」アルバート・ウォールのフライング・ヘッドバットの印象が強く残っている。

ロビンソンは駒が揃っていない日本勢に変わって日本側のエースとなり、半年の長期滞在で各シリーズに来日する外国勢を迎え撃つ先頭に立った。彼は絶対的なベビーフェースであり、嫌味なほど反則をしない姿勢はファンを増やす一方、アンチファンも生み出していったと思う。「お子様ランチ」と揶揄する向きもあった。

「欧州路線」の新鮮味は徐々に落ちていき、七〇年には完全にマンネリと化していた。とりわけ、三月に始まったシリーズはやたら長いだけで緊張感に欠けた。清美川が参加したシリーズだが、放送翌日の高校の教室では「清美川って本当にレスラーなのか」という声が圧倒的だった。かつて木村政彦の国際プロレス団に所属していた清美川は木村と決裂した後、メキシコ、南米、アフリカ、ヨーロッパ、アメリカ各地で試合を行い、一四年ぶりの帰国だった。当時、五三歳。胸はげっそりと落ち、とてもレスラーの体格には見えなかったのである。他の外国勢も個性に乏しく、テレビ放送上は三カ月くらい続いたシリーズは見るのが辛かった。結局、終盤に久々に来日したロビンソンに日本勢が挑戦するタイトルマッチが中心となっていき、シリーズそのものの独自性は失われていった。最終的に、サンダー杉山がロビンソンを破ってＩＷＡ世界王座を獲得したが、試合後の"I am very happy"という杉山のマイクアピールを翌日の高校生は半ば軽蔑的なニュアンスでモノマネしていた。杉山の勝利にリアリティは感じられなかったのである。

**三〇分番組の中のミスター珍**

この間、国プロはバーン・ガニアのＡＷＡと提携し、「やっぱりアメリカでないといけない」とばかりに路線転換を図っていったが、そうなると日プロとの差別化は薄まることとなる。日本側では、小林省三改めストロング小林が新しいエースとして台頭してきて七一年にＩＷＡ世界王者になるが、怪力が売り物ということで、豊登の二番煎じにしか見えなかった。また、木村政雄改めラッシャー木村は金網デスマッチを売り物に目立つ存在となってきたが、デスマッチを売りにするということ自体が国際の行き詰まりを象徴しているような現象だったのである。

七一年から、観客動員、視聴率ともに低迷が目立ち始めた。ロビンソン、カール・ゴッチ、モンスター・ロシモフ（アンドレ・ザ・ジャイアント）が揃った七一年の「第三回ＩＷＡワールド・シリーズ」、ロシモフ、ドン・レオ・ジョナサン、ホースト・ホフマン、バロン・フォン・ラシク、ジョージ・ゴーディエンコが参加した七二年の「第四回ＩＷＡワールド・シリーズ」など注目されたシリーズもあったが、七二年から放送時間が従来の一時間から三〇分に短縮となり（一時、一時間に戻ったが）、視聴率はさらに低下するという悪循環に陥った。ＴＢＳの三〇分時代は、ミスター珍や黒潮太郎（トリニダード・トバコからの留学生）のコミカルな前座試合がそのまま放送されていて、メイン級の試合よりも妙に印象が残っている。珍はゲタをはいたままコーナー最上段から飛び降りたりしていた。

七二年に、杉山が全日本に金銭トレードとなっていなくなり、七三年には、小林と木村がメインで対戦する「日本人対決」も実現し、全日本から馬場ら選手の貸し出しも受けたが、低迷から脱出することはできず、興行数も減少の一途を辿った。

七四年になると、小林が早稲田の喫茶店でフリー宣言し、馬場、猪木への挑戦を表明した。吉原社長は小林を除名処分とし、契約不履行で訴える姿勢を見せたが、『東京スポーツ』が仲介して、小林に代わり一〇〇〇万円を支払って解決した。『東京スポーツ』所属となった小林は三月に新日本・猪木のＮＷＦ世界ヘビー級王座に挑戦して異常なほどの人気を呼び、今も語り継がれる名勝負となった。このときの私の高揚感は別稿をご覧いただきたい。

しかし、この三月をもって六年三カ月に及んだＴＢＳの放送は終了した。

そして、九月から東京12チャンネル（現テレビ東京）での一時間放送が始まった。運動部長の白石剛達が吉原社長と早稲田大学レスリング部同期であったことが幸いした。ただし、そんな関係だけで放送が実現するわけではない。白石には別の約束があった。

## 国際プロレス女子部

小畑千代と佐倉輝美の女子プロレス放送を実現するという約束である。白石は六八年一一月に蔵前国技館で行われた小畑らの試合を放送し、高い視聴率を獲得した。これは無料興行ではあったがそのせいか超満員となり、その後一年五カ月に及ぶ定期放送に繋がった。秋山訓子『女子プロレスラー小畑千代』は六八年の蔵前興行を「史上初、女子プロのテレビ放送」としているが、厳密には、一九五五年九月一〇、一一日に「第一回女子全日本プロレス王座決定戦」がＫＲテレビ（ＴＢＳ）で放送されている。したがって、六八年は「レギュラー放送に繋がった初の本格的放送」と修正すべきだろう。

なお、白石のスタンスは小畑らのプライドを守り、エロチックな要素をいっさい排除し、「スポーツ」として放送することにあった。後発の東京12チャンネルは郵政省から科学教育局として認可を受けていたために、あくまで「教養番組」でなければいけなかった。日本における女子プロレスへの偏見には根強いものがある。力道山が女子プロ排除を徹底させ、メディアもその方針にしたがったことが大きい。最大のプロレス・マスコミを自認する『東京スポーツ』は女子プロレスの公式試合記録を掲載していない。男子プロレスとの差別化が厳然と存在する。『デイリースポーツ』のような例外もあるが。

白石は小畑らの試合を定期放送するにあたって、ゲストにメルボルン・オリンピック金メダリストの笹原正三を招いて、古代ギリシャの時代から女子は闘っていると言わせたり、医者に「女性にとってもプロレスのような激しい運動はいいこと」と発言させたりした。エロチックな画面にならないようにカメラアングルにも気を配った。こういった配慮が小畑らとの固い信頼関係を醸成したのである。ところが、七〇年に入って日本経済新聞社が資本参加し、東京12チャンネルは一般局になろうというタイミングで女子プロレス中継は打ち切りとなった。お色気満載のアクションドラマ「プレイガール」と女子プロレスのどちらを打ち切るか、二者択一を迫られた局は女子プロレスの放送を止めたのである。しかし慰労会で白石は、小畑と佐倉に対し「いつか、必ず（放送する）」と約束した。

その約束を果たす日が七四年九月に訪れた。白石は渋る吉原を説得して、国際プロレスに女子部ができることになった。当時、『東京スポーツ』はプロレス中継の解説席を独占していた。山田隆が日本テレビ（全日本）、櫻井康雄がNET＝テレビ朝日（新日本）だった。東京12チャンネル（国際）は誰にするか。国際の取材が長い門馬忠雄で決まりだった。ところが、「女子部」については『東京スポーツ』としては解説できないということになった。結局、女子部だけは「11PM」で女相撲の解説を経験していた小島貞二が担当するという苦肉の策で落ち着いた。

国際プロレス女子部はテレビ局主導で始められたために、テレビマッチでは必ず女子の試合が中継された。ただ、男子の反発も多く、他団体の星野勘太郎まで直接抗議に及ぶということまで起こった。現場責任者だったグレート草津は女子部廃止を申し入れていたようだ。『女子プロレスラー小畑千代』は、佐倉輝美が草津の技を使って客から受けた時に、草津が「人の技を使って何だ」と文句を言ってきたのを佐倉が「悔しかったら、お客さんに受けなさい」と言い返したエピソードを紹介している。

女子部は七六年四月まで一年半強続いた。国際には女子の外国人選手を呼ぶ経費が負担になっていったのだ。佐倉は引退し、小畑は引退していないが、それ以降リングに立つことなく今日に至っている（小畑は八二歳の今日も「現役」である！）。全日本女子プロレスでは、マッハ文朱が引退し、ビューティ・ペアのブームが起ころうとしていた。

## 「第三団体」の憂鬱

東京12チャンネルになってからの国際プロレスに関しては、TBS時代ほど熱心には見なかった気がする。東京12チャンネルは関西にまだ系列局がなく（テレビ大阪の開局は八二年）、UHF局で放送されていたことも影響した。アメリカの中堅どころの来日が中心となって、かつての日本プロレスのミニ版といった趣で、個性がなくなってきたと感じたからだ。七六年七月にブラック・ロッキードという覆面レスラーが来日しているのが目を引く。この年は戦後最大の疑獄事件、ロッキード事件の年だった。この事件の中心人物と見られた児玉誉士夫は在宅起訴され、後に有罪判決を受けた。児玉は『東京スポーツ』のオーナーだった。ストロング小林の件で『東京スポーツ』に恨みを抱いていた吉原社長は一種のいやがらせとしてブラック・ロッキードなるマスクマンを登場させたのである。もっとも、このレスラーが活躍した話は聞かないが。

この時期の国際プロレスを私は後楽園ホールで二回ほど観戦している。一度は、七七年一一月で、マイティ井上、アニマル浜口組が全日本の大熊元司、グレート小鹿のアジアタッグ王座に挑戦し、タイトルを奪った試合で、場内は大盛り上がりだったことは覚えている。もう一回は、七六年九月か七七年四月。ワイルド・アンガスが出場していたのは間違いないので、どちらかなのだ。第一試合からメインまで、とにかく盛り上がることなく淡々と進んでいくのだ。要所要所で、急所打ちが飛び出し、シラけた試合がさらにシラけ、「どうにかしてくれよ」という気分になる。リングサイドに熱心な熟年女性が一人いて、外国人の反則をいちいちレフェリーに指摘、見逃していると大きな声で怒り出す。その声が静かな館内に響き渡るといった風情だった。試合前に、大きなアタッシェケースを持ったアンガスとホール前で遭遇したが、「これからお仕事に行きます」という雰囲気だった。ほぼ同じ頃、東京に行くたびに通っていたのが日劇ミュージックホールで、こちらの方が国際プロレスよりはるかに熱気に満ちていた。日劇こと日本劇場が解体されたのは八一年のことで、国際崩壊と奇しくも同じ年である。

国際の最後のエースとなったのが、「金網の鬼」ラッシャー木村で、新日本（猪木）、全日本（馬場）対立時代にあって、「第三の男」的ポジションで淡々とその役割をこなした感が強い。

印象深いのが、次の二つのシーンだ。一つは、七五年一月にイギリスのダニー・リンチが来日したシリーズ。開幕戦で、マイティ井上、木村組と対戦したリンチは木村をエースとして扱い、井上を格下と見なす態度に終始した。当時、井上がＩＷＡ世界王者であったにもかかわらず、国際ではそんな基本的なことの意志の疎通もできていないのかと思ったものだ。

もう一つは、七九年四月にマサ斎藤が登場した時のこと。上田馬之助とのタッグでさんざん暴れて反則負けとなった（と思う）後、斎藤がマイクアピールしたのだが、木村に対して「おい、弱いの」と言い放った。「弱いの」という言い方に、東京オリンピックに出場したレスラーの国際プロレスに対する差別意識を痛感した。

『四角いジャングル・ブック』という本で、村松友視と小野好恵が国際プロレスについて対談をしている。草津、ロビンソン、井上、ロシモフ、ゴーディエンコなどを論じているが、最も白熱しているのが木村に関してだ。国際自体が、新日本と全日本に挟まれた前座的存在とし、プロレスが本来持っているダサくてイモな部分を色濃く残しており、とりわけ木村はその象徴的な存在だとする。村松は言う。「力道山に似ている体型を持って同じコスチュームを着ていて、木村という名前を持っているという、(笑)この複雑さからくる暗さ」。その暗さとは、ある日の後楽園ホール大会で、試合後、木村がロープの二段目をまたいで降りようとして足が上がらず、反対の足でまたいだことを目撃した事実に裏付けられている。相撲出身の木村は相撲の世界では受け入れられない致命傷があったのではないかと村松は推測する。しかし、プロレスの世界が受け皿となった。村松は、だから、木村がダメなんだと言われるが、そうではないという。「プロレスというのはそういうことでやってきた」世界であり、その部分を認めないとプロレスを理解したことにならない、というわけである。小野は、メジャー志向に走るプロレス界において、木村が体現する国際のマイナー性はプロレスの本質を支える一つの要素であると評価する。このあたりの嗜好性はロラン・バルトのB級好みに通じるものがあるかもしれない。

**三対一変則タッグマッチ**

国際が崩壊した後、木村は浜口、寺西勇とともに新日本のマットに登場した。田園コロシアムで猪木に対峙したのに「こんばんは」と挨拶してしまい、観客の失笑を買ったシーンが有名だが、新日本の文法になじまない「プロレス」の部分がありうると村松、小野は考えたし、私もそう思う。ただ、真面目な木村は「こんばんは」発言の挽回をすべく、馬鹿正直にヒールの道を進み、狂信的な新日ファンの憎悪を集めて愛犬がストレスで円形脱毛症になるくらいの犠牲を払い、新日本史上、最高級のヒールとなった。と同時に、仕事に対する真面目さは堅持し、二度にわたって、猪木対木村、浜口、寺西という屈辱的なハンディキャップマッチを受け入れ、異様な興奮を現出したのである。この三対一変則タッグマッチという名のハンディキャップマッチは鮮烈な印象を残している。崩壊した国プロの残党三名と猪木が闘う、とはどう考えても猪木中心のストーリーだ。しかし木村には、「国プロの最後のエース」という重しがあった。試合の設定自体が屈辱という中で、猪木の三人に対する対処には微妙な差異が感じられた。結果はこうなった。

一九八二年一一月　①猪木（腕ひしぎ逆十字固め）寺西
②猪木（体固め）浜口
③木村（リングアウト）猪木

一九八三年二月　①猪木（体固め）木村
②猪木（コブラツイスト）寺西
③浜口（反則勝ち）猪木

二試合とも、結果としては猪木の負けである。ただ、そういう印象はいかにも薄い。まず、猪木は二試合とも寺西をギブアップさせている。私の記憶では、寺西にはいっさい攻めさせなかったと思う。猪木は寺西に対しては厳しい評価を下していたのだろう。一一月には、寺西と浜口を片付けた猪木と「エース」木村の一騎打ちとなり、疲れ切った猪木がエプロンで木村のラリアットを受けてロープに足をからませたまま宙づりとなり、リングアウト。木村に花を持たせた形になった。

二月は、その木村を猪木があっさり料理し、国際の敗色濃厚となるものの、最後は猪木が場外で浜口をフェンス外に出してしまい、反則負け。つまり、勢い余っての負けであり、同時に国際の最低限のプライドは守るという結果となった。だが、何度も言うが、この試合そのものが国際にとって屈辱的だったのである。二月の試合は視聴率二五・九％を記録し、「ワールドプロレスリング」としては一九八三年の最高視聴率を獲得した。

一九八四年、木村は新日本からＵＷＦへ移るが、ＵＷＦの路線変更に伴い居場所がなくなり、全日本へ転出。最初は馬場と敵対したが、やがて馬場の「弟分」のポジションを獲得し、マイクパフォーマンスが売り物のコミカルなレスラーに変身した。一般には、マイクパフォーマンスで笑わせる木村像が知られているだろうが、国際の看板を背負った悲壮感あふれる木村に思い入れを抱くファンも少なくない。私もそうだ。全日本マットでの彼のマイクパフォーマンスには素直に笑えずにいた。国際の負のイメージを一身に背負っていた木村のイメージが邪魔をしていたのである。

## 3　アントニオ猪木除名と連合赤軍事件

### 過激な季節の終わり

村松友視は、アントニオ猪木の評伝である『ファイター』を、一九七二年のあるテレビ番組の思い出から書き起こしている。

それは、「〝あさま山荘〟事件の直後、リンチ殺人が発覚した当初の、テレビの討論番組」というから、三月の番組であろうか。坂本二郎と若松孝二の対決の予定が、若松が欠席し、ピンチヒッターとして竹中労が出演した。坂本は高度経済成長期に活躍した未来学者とウィキペディアにあるが、私はまったく覚えていない。若松は映画監督であり、後に「実録・連合赤軍　あさま山荘への道程」（二〇〇八年）を撮っている。竹中はルポライターとして有名な存在であり、数々の過激な行動で知られるアナーキストでもあった。芸能にも造詣が深く、私にとっては日本テレビ系で放送された「全日本歌謡選手権」（一九七〇～七六年）の審査員として印象深い。

この番組で一〇週勝ち抜いた者として、五木ひろし、八代亜紀、天童よしみ、中条きよしらが有名だ。とりわけ、天童は竹中が作詞した「風が吹く」でプロデビューを果たし、芸名の「天童」も竹中が名付け親である。重要なことは、アナーキズムの発想で活動していた人間が地上波の芸能番組に普通に出演できていたという時代性である。話を戻そう。

討論番組のタイミングがポイントだ。あさま山荘事件が二月一九日から二八日。最高視聴率九〇％ともいわれ、文字通り、日本中がテレビの前にくぎ付けとなった事件だった。そして、この事件が落着した後で、連合赤軍によるリンチ殺人事件が発覚したのである。実際の時間軸はリンチ殺人→あさま山荘事件となるのだが、われわれが知った順序は逆なのである。村松は書いている。

「〝過激〟の渦中にいた学生ではないし、〝過激〟な運動の側に組する何の活動もしていたわけではない。ただ、そんな私でさえもが腰をあげかねない熱気が〝あさま山荘〟事件までの一連の空気の流れにはたしかにあった。」

そう、あさま山荘事件までは過激派学生たちへの同情と言えばおかしいが、隠れたシンパシーを共有する空気がまだ辛うじて存在したと思う。ところが、リンチ殺人事件が発覚するや否や、そんな空気は消え失せ、過激派憎しで世論は固まっていった。

### あさま山荘事件と大学受験

私は当時高校三年生。受験シーズン真只中であった。二月上旬の私大入試と同時期に札幌オリンピックが開催されていたが、その熱狂には心動かされることなく、いくつかの大学に合格を果たしていた。残るは、下旬の東京の某私大だけだった。一九日、あさま山荘事件が起こった。二八日まで続いたこの事件の惹きつける力のいかに強かったことか。一体何が起こるのかという興味で見続けた人もいただろう。一つの時代の終わりを見届けようとしていた人もいただろう。

私がいた高校では六九年に学園紛争が起こり、頭髪の自由化、校長の失踪、制服の廃止…と次々に展開した。二学期期末考査は中止となり、授業はまともに行われず、教師たちはうろたえているように見えた。英語の女性教師は教室に入るなり、自信なげに「きょうは話し合いをしましょう」と自ら授業放棄。そんな日が何日も続いた。高校全共闘は学校側に「大衆団交」を要求し、講堂の壇上で「公開職員会議」なるものを見物した記憶さえある。「学生集会」が何回も行われ、〝We Shall Overcome〟を幾度となく合唱した。また、同じ校舎を使用していた定時制高校側からは全日制高校、つまり私が在籍した高校の教育批判が噴出していた。しかし、七〇年に入るや、事態は沈静化に向かった。紛争は終わった。けれども、アナーキーな気分は残った。模擬試験を白紙で提出したり、修学旅行を集団でボイコットする運動を起こしたり、三島由紀夫の割腹自殺の翌日には文学通の漢文教師に授業をつぶして三島論を語らせたりした。いずれも、七〇年の出来事だ。忘れてはいけない。昼休みの時間に、柔道場を占拠してプロレスごっこ興行を行い、多くの観客を集めたのも七〇年だった。駆け付けた柔道部顧問の体育教師は「怪我せんように、やれよ」と注意するのみ。怒った柔道部員、つまり同級生に締め出されるまで、プロレスごっこは続いた。教師の自信はまだ回復していなかったのだ。

七一年に入ると、世の中では、村松いうところの「〝過激〟という世界が密閉されてゆく気配」はますます強まり、高校生的にはそろそろ受験勉強を始めようかという気分になっていった。この夏休み、つまり三年生の夏休みから受験勉強を開始した。英語、国語、社会（世界史）の三教科にしぼった勉強ではあったが、ネックとなったのは英語である。語学は一朝一夕には身につかないとされている。しかし、集中的にやると英語のような教科でも効果は出るもので、二学期には急上昇。一学期の得点に比較してカンニングを疑われるほどの得点を突如として取り始めた。そして、受験の本番である七二年の冬には間に合ったというわけである。

あさま山荘事件は、にわか受験勉強で獲得した集中力ごときを一挙に吹っ飛ばすほどのパワーがあった。東京の私大の試験日は二七日だったと記憶しているが、二五日の卒業式に私は「東京での受験を控えているため」なる理由で欠席した。しかし、本当の理由は、テレビにくぎ付けとなり、かつて修学旅行をボイコットしそうになった気分（結局、修学旅行にはしぶしぶ参加したのだが）がぶり返してきたのだ。「卒業式に出ている場合じゃない。見届けなければ」という気分が勝ったのである。その割には、東京の受験には素直に出かけている。受験生としては骨抜きになった私は、想い出受験というか、一種の観光旅行のバリエーションと受け止めてしまっていたのだ。

事件から長い年月が流れ、「プロジェクトX」をはじめ、幾多のドキュメンタリーが作られたが、大半が警察庁、警視庁や長野県警の視点からみた構成になっている。クレーン車に取りつけた鉄球を操作した土木関係者にスポットを当てた作品さえあった。しかし、当時は、どちらかというと、犯人側に隠されたシンパシーを抱いて見ていた人が少なくないのではないか。犯人と対峙した警察側に思い入れを抱くという発想自体が希薄だった気がする。だから、後年「プロジェクトX」で示された視点を目にしたとき、「こんな視点があったのか」と妙に新鮮な気持ちを抱いたものだった。

リンチ事件が発覚し、討論会のスタジオには「残虐にも仲間まで殺す異常な集団」を非難する空気が充満していたことだろう。そのような世論を背景に、坂本二郎は竹中を「異常な集団をあおった無責任な評論家」として断罪していく。四面楚歌の竹中はこの攻撃に次のように反論したという。

「彼らは、まずこの日本に革命を起こし、それを世界へ拡大してゆくという矢印ですが、ワタシらは、世界のなかの革命の因子に導火し、その革命の火の手をもって日本へ攻めのぼるという矢印です。彼らは、まず日本という固定された場所に固執する点において保守的である。本当の過激とは、まさにそういう旧態依然とした固執を打ち破るところから始まるのです。」

スタジオに詰めかけていた学生は爆笑と野次でもって応じたという。

竹中はその後平岡正明、太田竜と〝三バカ〟革命路線を追求していくことになるが、それには私は興味がない。あさま山荘事件→リンチ殺人事件発覚というゆがんだ時間経過の中での劇的な場面転換のみが強烈な印象を残しているのだ。

全国レベルで〝過激〟が密閉されてゆく風潮が支配的となっていく中で、〝過激〟を求める気分は行き先を失って、さまよっているように思えた。〝過激〟を求める気分はどこに行くのか。

その頃、アントニオ猪木はどうしていたのだろうか。

## アントニオ猪木の台頭

一九七二年二月当時、興行を開催している男子プロレス団体は日本プロレス（日プロ）と国際プロレス（国プロ）の二団体だった。ここで猪木の足跡を簡単に辿っておこう。

猪木完至（かんじ）（現在は寛至と改名）は一九四三年に横浜に生まれた。五歳のときに父親を亡くした。実家は石炭問屋を営んでいたが倒産。一九五六年に一家でブラジルに移住し、農場でコーヒー豆の収穫などに明け暮れていた頃、遠征にやってきた力道山にスカウトされて帰国、一九六〇年九月に東京でデビュー、ライバルの馬場正平（しょうへい）と同日デビューであった。アントニオ猪木に改名したのは一九六二年一一月である。力道山死後の一九六四年三月にアメリカに遠征し、アメリカ人女性と結婚もしている。一九六六年三月、ハワイからの国際電話でフリー宣言を行い、前年に日プロを退社していた豊登と行動をともにしていくことを鮮明にし、これが同年一〇月の東京プロレス興業（以下、東プロ）の旗揚げに繋がっていく。しかし、東プロはうまくいかず、豊登とも訣別し、一九六七年一月に倒産。猪木は四月に日プロへの復帰を果たした。

私は中学二年生だった一九六七年一二月からプロレスを熱心に見始めたクチで、それ以前は断続的にしか見ていない。したがって、力道山ファンだったことはなく、中継ぎ的存在だった豊登の試合を面白いと思ったこともなく、新たなエースとなったジャイアント馬場のファンになったこともない。猪木の日プロ復帰の光景も覚えていない。むしろ、鮮烈な印象を残したのはヒロ・マツダで、一九六六年に一時帰国して見せたファイトはスピーディーかつダイナミックで「こんな試合は馬場にはできないな」と思わせるのに充分だった。おかげで当時全盛期にあった馬場の試合を相対的、客観的に観察するようになっていた。マツダはその後日プロの営業部長だった吉原功が立ち上げた国プロのエースとして活動することとなり、テレビから姿を消した。

日プロに復帰した猪木は馬場とのタッグ（インターナショナル・タッグ選手権）、吉村道明とのタッグ（アジア・タッグ選手権）などで人気を博し、馬場、猪木、大木金太郎、吉村は〝四天王〟として観客動員に貢献、テレビも高い視聴率をマークした。当時の猪木の得意技はコブラツイスト、リバース・デスロックなどであり、美しいブリッジを披露するのが見せ場であった。しかし、絶対的エースはあくまで馬場であり、二番手としての地位から一歩たりとも動くことはなかった。

最初の変動が起こったのが六九年春の「第一一回ワールドリーグ戦」である。六九年といえば、学生運動も絶頂期で、「東大安田講堂攻防戦」が行われた年だ。リーグ戦といっても、日本側、外国人側同士の対決はなく、あくまで日本側と外国人側が対戦する変則的な総当たりリーグ戦であった。柔道界から入門した坂口征二の参加もあって、たいへん盛り上がったリーグ戦だった。観客動員は二三万人をマークしている。「ワールドリーグ戦」というのは日本側の時のエースが優勝するのが常識とされ、馬場の優勝、四連覇は当然のものと思われていた。ところが、猪木が初優勝を果たしたのである。馬場、猪木、ボボ・ブラジル、クリス・マルコフが同点で決勝に進出し、「抽選」の結果、馬場対ブラジル、猪木対マルコフの勝者が優勝決定戦を争うということになったが、前者が時間切れ引き分けに終わったために、マルコフを卍固めで破った猪木が優勝したのである。このときのリーグ戦に参加した強豪外国人はブラジルとゴリラ・モンスーンが両巨頭であったが、モンスーンが山本小鉄（やまもとこてつ）（猪木派）に敗れる「大番狂わせ」もあって脱落し、格下のマルコフが決勝に駒を進めた。本命だった馬場からすれば、格下のマルコフに勝っての猪木の優勝は「本当の優勝ではない」というエキュスキューズが成り立ったことであろう。

### 猪木の挫折とプロレス人気の低下

猪木の優勝には背景があった。ワールドリーグ決勝戦の三日前に、NETテレビ（現テレビ朝日）が、日プロの実況中継の計画を発表したのである。力道山時代以来、日プロを放送してきた日本テレビは日プロと独占契約を結んでいなかった。NETはその盲点を突いたのである。ただし、無条件の放送ではなく、NETで放送できるのは猪木、大木、吉村らの試合であり、馬場と坂口の試合は日本テレビのみが放送できるという変則的な契約だった。NETとすれば、猪木の格を上げることにしか活路を見出せず、ワールドリーグ戦初優勝はその第一歩だったということになる。翌七〇年には「ワールドリーグ戦」の優勝こそ逃したが（馬場が優勝）、秋の「第一回NWAタッグリーグ戦」に星野勘太郎（後に猪木派）と組んで優勝。七一年になると、三月にロサンゼルスでNWA公認ユナイテッド・ナショナル・ヘビー級（UN）王者となり、念願のシングル・タイトルを獲得した。また、女優の倍賞美津子との婚約が発表された（前夫人とは六九年に離婚）。

馬場と肩を並べるシングル王者となった猪木ではあったが、この年の「ワールドリーグ戦」では馬場、猪木、ザ・デストロイヤー、アブドゥーラ・ザ・ブッチャーの四人が同点で決勝に進出し、「抽選」の結果、猪木対デストロイヤー、馬場対ブッチャーの勝者が優勝決定戦を行うことになった。猪木はデストロイヤーと引き分け、ブッチャーを破った馬場が前年に続いて優勝を果たした。試合後、猪木は「馬場さんのインタ王座に挑戦したい」と表明し、正式にコミッショナー（椎名悦三郎自民党副総裁）に申し入れたが、日本プロレス協会は、「時期尚早」として、これを却下。コミッショナーは「協会内の意思統一を図った上で」と差し戻しを指示した。四月第四週のプロレス番組の視聴率は日本テレビ（日プロ）一六・三％、NET（日プロ）九・九％、TBS（国プロ）一三・三％と常時二〇％以上を誇った六〇年代と比べると低下していた。馬場と猪木の直接対決が「時期尚早」との判断はファンをさらにシラケさせるものであり、プロレス人気はますます低下していった。一一月の「第二回NWAタッグリーグ戦」で坂口征二（七〇年四月からNETにも出るようになった）をパートナーに優勝を飾り、翌日に倍賞美津子と結婚披露宴をとり行った猪木ではあったが、心なしか試合にも精彩を欠くようになっていた。一二月四日にディック・マードックの挑戦を受けたUN王座戦は最たるもので、猪木はほとんど無気力に見えた。レフェリーの沖識名（おきしきな）がフォールされている猪木の耳元で大きい声を出してカウントをコールして、フォールを返す気のなさそうな猪木の目を覚まさせるような場面は今でも記憶している。

それもそのはず、猪木は試合どころではなかったのだ。以下、『日本プロレス全史』二〇一四年版の記述をもとに整理してみる。

## 猪木除名の経緯

一一月一八日　猪木が馬場と面談。「日本プロレス幹部による金銭使い込みと、不正経理を是正したい。レスラーに手渡される給料があまりにも低すぎる。取締役の退陣要求書を作成するつもりなので協力してほしい」と会社改革を申し入れ。馬場も同調する方向で承諾。猪木は上田馬之助、山本小鉄に計画を打ち明け、選手会の連名による書類作成に着手。経理面でのサポート役は木村昭政（元警官で、日本プロレスの西関東地区プロモーター）。

一一月二七日　大会終了後、馬場と猪木は、日本プロレスの経理部長を猪木の個人事務所に呼び出して会談。猪木の命を受けた木村が調べ上げた決算書類の不明点を問い質し、改革への協力を要請したが、経理部長はこれを拒否。

一一月二八日　日本プロレス興業内で緊急役員会。馬場、猪木らの連名による「会社改革案」の書類を受けての開催（役員の馬場は出席、猪木は役員でないため出席せず）。芳の里代表は「会社改革の趣旨は理解した」とコメントし、内部監査を受けることを承諾。

一二月一日　馬場が上田に「猪木の真意を教えてくれ」と尋問。上田が猪木案の全容を説明（日本プロレス興業株式会社の定款を書き換え、社長は猪木、副社長が木村になるという内容）。馬場は上田に「いままで聞いていた内容とは違う。それではクーデタではないか」と返答し、以降の協力拒否を上田に通告。上田が孤立（上田はすでに大木にも改革概要を説明していたため、大木も徐々に態度を硬化）。

一二月二日　試合前に猪木が上田を呼び出し、周囲の急激な変化について、理由を詰問。

一二月三日　芳の里が猪木を呼び出し、「すでに概要は馬場を通じて聞いている」と前置きした後、改革の詳細を尋問。猪木が口頭説明（改革詳細が全選手の知るところとなり、猪木はここから孤立）。

一二月五日　代官山事務所で選手会開催。馬場は欠席、猪木、上田は出席。猪木は大木（選手会副会長）以下の選手に改革案の説明を求められるが、逆に糾弾され、選手会を除名される（この席で大木が馬場に代わり、選手会長に就任）。午後、猪木は芳の里に「当座の不手際」について謝罪。芳の里は（この段階では）了解。

一二月六日　午前中に大木より芳の里に対し「猪木を除名しなければ、今夜の水戸大会は選手会としてボイコットする」と通告。芳の里は「シリーズ終了後に必ず決議するので、一二日までのシリーズ日程は消化して欲しい」と依頼。大木はこれを了承。

一二月七日　猪木の身辺が危険になってきたことから、猪木の付き人（山本、木戸修、藤波辰巳（ふじなみたつみ））がこの日から「ボディーガード的役割」を始める。

一二月九日　猪木は午前中に日本プロレス事務所を訪れ、診断書（腎臓炎、右尿管結石）を提出して九日以降の欠場を通告。渋谷・小林外科医院に入院。

一二月一三日　日本プロレス興業が記者会見。「会社乗っ取りを画策したため猪木を除名」と発表。選手会の声明文も同時発表。夕刻、記者会見の経緯を聞いた後、猪木は退院。

一二月一四日　猪木と木村が京王プラザホテルで記者会見。「乗っ取りの意図などまったくない。法廷闘争も辞さない。馬場さん、上田選手が連判状まで一緒に作っておきながら、途中で手の平を返した理由がわからない」と連判状を手にしながら発言。木村は日本プロレス内部の機密書類数点を報道陣に公開し、経理の不正部分を暴露。「商法違反、私文書偽造、等の疑いで告訴する」と発表。

この間、シリーズは進行しており、七日に猪木は馬場とのタッグで保持していたインタータッグ王座をあっさりファンク兄弟に譲り渡し、これが猪木にとって日プロ最後の試合となったのである。猪木除名事件の真相は闇の中にあるが、猪木が石もて追われたことだけは間違いない。当時のファンは前述のような事の詳細も分からぬまま猪木がなんらかのトラブルによって追放の身となったことだけを理解した。坂口が猪木の代役を務めることとなったが、ただでさえ下降していた人気が猪木の除名によってますます下降し、プロレスはひどく魅力のないものと化していた。「当分猪木の試合をテレビで見ることはないな」という思いだけが強まるのみであった。

### 「ゴッチ神話」にすがった新日本プロレス旗揚げ

猪木は七二年一月に新日本プロレス（以下、新日プロ）を立ち上げ、三月に旗揚げ興行を開催すると発表した。と言っても、参加選手は付き人だった山本、木戸、藤波に海外遠征中だった柴田勝久、北沢幹之、それにレフェリーのユセフ・トルコといったメンバーで、お世辞にも充実しているとは言えなかった。猪木以外で知っている顔は山本しかいなかったのである。また、外国人選手も「カール・ゴッチをブッカーに人選を進めているが、妨害を恐れて発表できない」とのことで、何とも頼りないものであった。しかも、どのテレビ局も放送する予定がないという最悪のスタート。当時のプロレス団体はテレビがつかなければ存続できないというのが常識だったから、新日プロはいつつぶれてもおかしくない団体だったのだ。ただカール・ゴッチが関係しているという点だけが唯一の明るい材料のように思えた。

ゴッチはルー・テーズ、ダニー・ホッジと並んで「世界三強」と呼ばれた過去があり、「神話」が成立しやすいレスラーだったからだ。当時は、ゴッチはドイツ出身というプロフィールが信じられていた（実際はベルギー出身とわかったのはかなり後のこと）。七一年春にはビル・ロビンソン、モンスター・ロシモフ（アンドレ・ザ・ジャイアント）とともに国プロの「第三回ＩＷＡワールド・シリーズ」に参加し、プロビンソンと関節技の取り合いに終始する勝負を繰り広げて気を吐いていた。この国際への参加は、プロレス界では仕事がなく、ホノルルの清掃局で公務員として従事していたゴッチをロビンソンが説得しての参加であったが、当時はそんな事情は知らされておらず、「強すぎて相手がいないゴッチの復帰」

という神話がまかり通っていた。ゴッチはいったいどんなレスラーをブッキングするのか。期待がなかったといえば、嘘になる。

しかし、三月六日東京・大田区体育館の「旗揚げオープニングシリーズ」に登場した外国人選手はカール・ゴッチを除けば、前例がないほど無名の選手ばかりであった。しかも、旗揚げ戦のメインイベントで猪木はゴッチに敗れた。こういう試合では、日本側エースが華々しく勝利して団体をスタートさせるというのが通り相場であったろうが、猪木は負けた。数カ月のブランクがあったから、相手がゴッチだから、猪木一流の美意識…さまざまな評価があったと思うが、草創期の新日プロにとってゴッチは相当重要な価値をもっており、易々と敗れるような存在ではなかったろう。それくらい他のメンバーは弱体だった。ゴッチも旗揚げシリーズに参加したきり、来日しなくなった。国プロの外国人メンバーよりはるかに落ちる。これが正直な感想だった。しかも、そういう連中で一シリーズ持たせるために、猪木ですら無名の外国人エースにけっこう苦戦し、シリーズ終盤のシングルマッチでようやく勝利する、そんな繰り返しだった。おまけに、ノーテレビである。この頃、大学生になっていた私は学校の帰りに買う『大阪スポーツ』の片隅で新日本の結果を知ることとなったが、「何だか心細いな」という印象を持ちつつ、スタートしたばかりの大学生活の忙しさに紛れて、そういう気持ちは日中は雲散霧消し、夕方には『大スポ』を読んで思い出すというような日々であった。

### プロレス史上「最低」の七二年年末

こういう状況に変化が訪れたのが七二年秋の出来事だった。

この年の五月に、日本テレビが一八年に及んだ日本プロレスの放送を打ち切った。日本テレビの許可を得ず、NETに馬場の試合を放送させたことが背信行為とされたのである。すかさず、NETは日本テレビが占有してきた「金曜八時」の時間枠を奪い、日本プロレスを週二回放送（もう一つは月曜八時）することとなった。もちろん、馬場の試合は毎回放送され、猪木の代わりに台頭してきた坂口との「東京タワーズ」が売り物となった。しかし、観客動員は落ちる一方だった。猪木のようなタイプが欠けた日プロは魅力に乏しく、吉村も坂口とのタッグでは猪木ほどスイングしなかった。視聴率もどんどん落ちていった。七月には、馬場が日プロに辞表を提出し、フリー宣言をした。

馬場は九月に入ると新団体全日本プロレス（以下、全日プロ）を設立し、一〇月から日本テレビが放送を開始すると発表した。旗揚げのシリーズには、ブルーノ・サンマルチノ、テリー・ファンク、フレッド・ブラッシーらが参加し、馬場、猪木が揃っていた時代の日プロの通常シリーズに「換算」すると二シリーズ分くらいの「豪華さ」であった。一方、弱体の日本陣営を補強するために国プロからサンダー杉山を金銭トレードした。それでも、外国人選手の「豪華さ」とはつり合いがとれなかった。日本側選手に関しては、全日プロも新日プロもいい勝負、しかし外国人があまりにも違い過ぎる。何よりの違いは馬場には最初からテレビがついている。

一〇月四日に、猪木は蔵前国技館で興行を打ち、ゴッチの持つ「世界ヘビー級選手権」に挑戦し、勝利を収め、タイトルを獲得した。このベルトの由来はよく分からなかったが、「ゴッチの実力を恐れて挑戦者が出現せずに、そのままになっていた」なる理由で強行され、東京12チャンネルが遅い時間帯に放送したが、全国中継はされていない。私も見ていない。

全日プロのまっとうな「豪華さ」に対して、新日プロの、ひたすら「ゴッチ神話」にすがる姿勢はあまりにも対照的だった。全日プロでは何が起こったか。豪華な外国人とバランスをとるかのように日本側の格があがっていったのだ。日プロ時代にはあまり活躍していなかったマシオ駒、大熊元司といったあたりが外国人中堅選手と互角の戦いを見せ始めていた。しかし、いちばん大きな変化は馬場自身である。「世界ヘビー級争奪戦」と称して、四カ月でブルーノ・サンマルチノ、テリー・ファンク、アブドゥーラ・ザ・ブッチャー、ザ・デストロイヤー、ウィルバー・スナイダー、ドン・レオ・ジョナサン、パット・オコーナー、ボボ・ブラジルを相手に八勝二引き分けの成績を残した。日プロ時代にはありえなかった結果である。短期間でこれだけのメンバーと対戦できたこと自体がすごいが、日プロ時代にはほとんど決着のつかなかった強豪揃いである。馬場自身の格が大いに上がった。言い換えれば、日プロ時代の強豪外国人の価値が下がり始めたのである。とりわけ、馬場に敗れたデストロイヤーは日本側に加入することになり、和田アキ子主演のバラエティ番組「金曜一〇時!うわさのチャンネル!!」に出演して、笑いをとる存在となった。外国人選手にまだ残存していた「神秘性」そのものも揺らぎ始めた。

この傾向にさらに拍車をかけたのが、すっかり影が薄くなった日プロである。猪木に抜けられ、馬場に抜けられ、坂口と大木中心となった日プロは七二年一二月にジン・キニスキー、ボボ・ブラジル、ザ・ストンパー、キラー・カール・コックスという四シリーズ分の強豪を一挙に招聘してしまったのである。おまけに、馬場の返上で空位となっていたインターナショナル王座を大木がブラジルに勝利して獲得し、インタータッグ王座を坂口、大木がブラジル、キニスキーを破ってチャンピオンになるという有様で、視聴率や観客動員は低迷し、外国人選手の価値だけは確実に下降するという悪循環を呈していた。この時期の日プロをテレビで見るのはたいへんつらかった記憶がある。全然面白くないのである。リアリティがあまりにもなさすぎたのだ。

慢性的に日本陣営が揃わなかった国プロにはディック・ザ・ブルーザー、クラッシャー・リソワスキーという強豪が来日し、ストロング小林、グレート草津と金網デスマッチを行い、日本側をさんざん叩きのめした挙句金網の出口から脱出して、「約束が違う」と観客の一部が暴徒と化した。運営のまずさと言ったらそれまでだが、強豪外国人選手の価値がかろうじて保たれたことだけが唯一の救いだった。「金曜八時」という伝統枠を維持しながらも末期症状を示していた日プロ、相変わらず弱体の国プロ、豪華外国人を呼び、馬場が連勝するもその割には盛り上がっていない全日プロ、テレビさえついていない新日プロ。七二年の年末ほどプロレスが面白くなかった時期はない。

## 日本プロレスの終焉

しかし、猪木は現状を打開すべく水面下で動いていたようだ。七三年二月に、京王プラザホテルで日プロの坂口と共同記者会見を開き、四月から新日プロと日プロが発展的に解消して「日本プロレス興行株式会社」として再出発し、NETの全面バックアップも受けられると発表したのだ。ところが、韓国に戻っていた大木が「そんな話は聞いていない。絶対に認めない」と反発を示した。その後の記者会見で大木は「選手会長として猪木選手との合体案には反対だ。これを実行することは、二年前に猪木選手がやろうとしたことを認めることになる」と表明した。この発言で、日プロ離脱が決定的となった坂口は二月二二日に大木とのインタータッグを失い、三月二日にはUN王座を奪われ、すでに引退を表明していた吉村とのアジアタッグを返上し、「三冠王」から一気に無冠となった。坂口は小沢正志（後のキラー・カーン）、木村聖裔（健吾）とともに新日プロに移ることとなった。

各タイトルは、インタータッグを大木、上田組が、UNを高千穂明久（後のグレート・カブキ）が取り戻し、アジアタッグにはグレート小鹿、松岡巌鉄組がついたが、もうリアリティのかけらも感じられなかった。とりわけ、高千穂がジョニー・バレンタインを破ってUN王座を奪還した試合は、三月八日に実施した試合を三〇日に録画中継したものだったが、「前座の高千穂がなぜ強豪のバレンタインに勝てるんだ」と腹立たしい思いで眺めていた。放送終了間際に場外の机に寝かせた高千穂にバレンタインが得意のエルボードロップを敢行するもかわされ、サッとリングに駆け上がった高千穂がリングアウト勝ちするという代物だった。アナウンサーが高千穂のUN奪回を伝えると同時に中継は終了し、すかさず「次週から新日本プロレスの放送が始まります」と予告編が始まる始末だった。こうやって日プロのテレビ放送はあっさりと終焉を迎えたのである。

坂口にも抜けられた日プロはまるで平家の落人のごとく哀れをきわめた。プロレス史上こんな可哀そうな集団はなかったのではないか。まず、営業部全員が辞表を提出し、興行機能を失った。そこで、大木と篠原長昭リングアナが金を工面して選手会主催の短期シリーズを決行した。しかも、外国人選手のエースは強豪中の強豪フリッツ・フォン・エリックだった。当時のプロレス雑誌には、観客がほとんどいない中で大木が血を流しながらエリックと闘っている様子がグラビアで紹介されていたが、「こんな興行をしていいのか」という思いで眺めていたように思う。エリックにはそれなりのギャラを払ったのであろうが、エリックがこんな寂しい興行と関わっていていいのかと思うだけだった。

シリーズ中に、大木は「我々の身柄は百田家に預ける」と発表し、興行会社としての日プロとは別に、力道山個人が創設した別組織がまだ存在していたことが明らかにされ、大木ら九選手はそこに帰属することとなり、日プロは事実上崩壊した。その後、大木らは馬場の全日プロに合流するが、扱いの悪さに不満を持った大木、上田、松岡は年内に全日プロを離脱した。

坂口が加入し、NETによる放送も始まった新日プロはそれでも弱体だったと思う。外国人選手が揃わないのだ。当時のプロレスにとっては、日本側対外国人の図式は崩せない基本中の基本で、外国人は不可欠の存在であった。ゴッチ頼みではいつまでたってもB級しか呼べないと考えた猪木は現状を打開すべく全米最大のカルテルであるNWAへの加盟を目指した。ところが、これがうまくいかない。全日プロに関しては、二月の緊急総会（セントルイス）で、加盟申請が承認されていた。馬場のアメリカにおける信用は絶大だったのだ。八月にラスベガスで開催された年次総会で新日本の加盟申請は圧倒的多数で否決された。賛成したのはロサンゼルス、ニューヨークなど数名にすぎなかった。翌七四年にも加盟申請は却下され、七五年にはついに加盟が承認されたが、NWA世界王者は全日本にしか招聘されず、猪木の世界挑戦は最低一年間不可能という付帯条件がつくというつれない返事だった。

この間、全日本はジャンボ鶴田がデビューして日本側に厚みが増し、アントン・ヘーシンクが日本テレビとの契約により加入して一般層の話題をさらった。また、七四年一月には猪木に見せつけるかのように「NWAチャンピオン・シリーズ」を開催し、現世界王者ジャック・ブリスコ、前王者ハーリー・レイス、元王者ドリー・ファンク・ジュニアが揃って参加し、連日のように世界戦が行われた。

## シラケ世代にくすぶる「反体制」気分

さて、このようなプロレス状況の中で、大学生としての生活を送っていた私の中には「馬場＝体制派、猪木＝反体制派」なる紋切り型の構図が醸成されていったのである。授業中にヘルメットをかぶった連中が乱入してきて教授はそそくさと教室を出ていくといった出来事はたまにあったものの、世の中からは学園紛争後の「シラケ世代」とネーミングされた七二年入学組は本当にシラケていた。授業を妨害した「過激派」に怒るわけでもなく無反応の状態であった。前の世代のような燃えるものもなく、積極的に目指す人生も進路も見えていなかった。特に文学部の学生は本当にシラケていた。かろうじて残っていた熱気は七二年の連合赤軍事件によって一掃され、シラケた気分を抱えて、それでも「過激」を求める心根はどこかに残っていたのか、馬場対猪木という分かりやすい対立図式の中で猪木に向かっていったのである。

金に糸目をつけず、豪華外国人をつぎ込み、NWAとのパイプを誇り、「王道」を突き進む馬場に対して、ないないづくしの猪木は「いかがわしさ」で勝負するしかなかった。

七三年五月、山本小鉄の試合中に「謎のインド人」が突如乱入。タイガー・ジェット・シンという選手であることが判明。一〇月、猪木、坂口対ルー・テーズ、カール・ゴッチが「世界最強タッグ戦」と銘打って行われる。一一月、新宿の伊勢丹百貨店で買い物中の猪木、倍賞美津子夫妻をタイガー・ジェット・シンら三名が「襲撃」する事件が発生。三名は四谷警察署に連行され事情聴取を受けた後、新日本が保証人となって釈放される。一二月、ジョニー・パワーズのNWF世界ヘビー級王座に猪木が挑戦して王座奪取とさまざまな出来事が起きていた。

シンをめぐるハプニング的演出は観客の熱狂を生み出していったが「ここまでやるのか」といういかがわしさはどこまで行ってもつきまとったし、当時五七歳のテーズ、四九歳のゴッチとの対戦を「世界最強」と称した一昔前の権威（テーズ、ゴッチ、ホッジが「世界三強」という六〇年代までの神話）にすがったあざとさ（しかし、このあたりから「ストロングスタイル」という定義しづらい言葉が新日本を形容する用語として定着していった）、さらに、NWFはNWAと一字違いで、NWAコンプレックスの裏返しのような組織であり、どの程度実態があったのかも疑われた。

こうしたいかがわしさのすべてがシラケた学生にとっては、唯一情熱を傾けられるジャンルとしてのプロレス、あくまで猪木のプロレス＝「過激なプロレス」支持の養分となっていったのである。猪木こそ、竹中労のいう「旧態依然とした固執を打ち破る」「本当の過激」ではないのか、という思いが募っていった。

七四年三月に、国際プロレスを離脱しフリーとなっていた小林の挑戦を受け、メインイベントでの「日本人対決」を猪木は実現させ、勝利をもぎとった。五四年一二月の力道山対木村以来の「日本人対決」と謳われた。厳密には、国際プロレスで小林対木村の「日本人対決」は実現していたが、七一年末からの苦難の日々を経て、ようやく実現した本当の意味でのビッグマッチの実現、さらにはすさまじい観客動員、そして熱狂する姿に、私は人生で初めてプロレスを観ての涙を流していた「ようやくこういう日を迎えることができたんだなぁ」と。

これ以降、七〇年代後半、すなわち学生時代、大学院時代と私の心の浮沈は猪木の新日プロの動向と連動していったのである。

## 4　古舘伊知郎の実況とは何だったのか

### 最初はオーソドックスだった

古舘伊知郎は（地上波）テレビとプロレスが幸福な関係にあった時代の最後を飾った実況アナウンサーだった。

古舘が「ワールドプロレスリング」という番組枠でレギュラーとして、最後の実況を行ったのが一九八七年四月。その翌週からテレビ朝日は「ギブUPまで待てない！ワールドプロレスリング」というスタジオと現場からの実況を組み合わせたバラエティ番組に衣替えするも不調に終わり、一〇月からは従来の実況スタイルに戻したが、翌八八年四月にはゴールデンタイムから外れた。以後、単発でゴールデンタイムにプロレスが流れたことはあったが、家族そろって「お茶の間」でくつろいだ時間にプロレスを観ることができる環境は失われたのである。近年、CS放送で新日本プロレスの試合が生中継されることが増えてきているが、五〇～八〇年代の光景とは区別されるべきであろう。八八年四月までは翌日の職場で、学校でプロレスの話題をすることが可能な時代だったのだ。

古舘と私はほぼ同世代である。したがって、似たようなプロレスを観てきたはずだ。力道山の晩年、豊登のショートリリーフ、ジャイアント馬場の全盛、アントニオ猪木の台頭、国際プロレスの設立、猪木除名、新日本プロレスと全日本プロレスの両統迭立…中学高校時代にはプロレスごっこも経験している。古舘は友人にプロレスごっこをやらせて実況していたという。

古舘がテレビ朝日に入社したのは七七年。モスクワオリンピックの独占を目指していたテレビ朝日は、例年になく九名ものアナウンサーを採用した。古舘の筆記試験の成績は及第点ぎりぎりであったが、実技試験でプロレスの実況を選択したために合格したという。その年のうちに、「ワールドプロレスリング」の実況を担当しているが、メインの実況を任されたのは七八年一〇月からである。八四年六月に退社し、フリーとなるが、八七年四月まで実況し続けたことは前述の通りである。

最初、古舘の実況はオーソドックスなものだった。先輩の舟橋慶一アナの後任なので遠慮があったのだろう。しかし、その中にも将来の「古舘節」を予感させるフレーズが登場している。「おっと」や、「キム・クロケイドという」の「という」にやたら力を込める言い回しは七〇年代に早くも聞くことができる。八〇年に入ると、師匠猪木と闘う藤波に「言ってみれば、出藍の誉れとなりますか、藤波」（八〇年五月）という故事成語の使用、猪木に挑戦するスタン・ハンセンの攻撃中にハンセンの両親の名前を紹介するという手法（八〇年九月）に独自性が感じられる。

八一年前半は、「過激実況」へ飛躍するための助走とも言うべき時期である。タイガー・ジェット・シンが使う凶器サーベルに関して「肉体の一部と化したサーベル」（八一年三月）、この年にデビューしたタイガーマスクの動きについては「超立体殺法」（八一年六月）から「四次元殺法」（八一年八月）とバージョンアップしている。この「四次元殺法」に関しては、「三次元だろうが」と局内でも批判されたらしい。

## 古舘節の開花

この白眼視に抗して、意識的に実況スタイルを大胆にも変えたのが八一年九月二三日の田園コロシアム大会である。アンドレ・ザ・ジャイアント対ハンセン戦では、「田園コロシアムに夜の帳が降りております」「漆黒の闇に浮かんだ一点」と情景描写に力を入れ、両巨漢の激突を浮き立たせた。また、猪木対タイガー戸口戦では古代ローマ時代にまで遡ってコロシアムに関しての蘊蓄を傾け、「古舘節」が開花したかのようだ。

翌週の放送では、リングに古舘が立って、そこから次期シリーズの予告を行うという、ついに実況アナ本人にスポットが当たったのだ。古舘にはまだ戸惑いの色が感じられるが、実況では吹っ切れたのか、アンドレの描写に「ある人が「現代のガリバー旅行記」と評した」や「二階からヘッドバットというキャッチフレーズが生まれました」と自分が作ったキャッチフレーズを他人が作ったかのように引用するという「自作自演」手法を発揮している。一〇月八日の放送は古舘のアップから番組がスタート。一〇月二二日の放送では、古舘の外国人控室レポートから始まるものの、ラッシャー木村とアブドゥーラ・ザ・ブッチャーが乱闘を始めてインタビューできず、古舘は会場のレポーター席に戻ることになるが、カメラはリング上の試合を無視して古舘が戻る姿を映し出すのだ。しかも、試合をしていたのは人気絶頂のタイガーマスクである。タイガーマスクよりも古舘が早くも「主役」に躍り出たのだ。ちなみにタイガーマスクの動きは一二月八日には「超ウルトラ殺法」にまで昇華している。

古舘の実況は、実況の枠を超えて独自の言語世界を構築していった。当時、日本テレビの実況アナだった倉持隆夫は「派手でアナウンスメントのほうが先走りしている感じ。それに造語感覚ですが、ありゃコピーライターを雇っているんですよ」と酷評した。

しかし、古舘の「造語感覚」は『アンアン』『ノンノ』などの女性誌や観光ガイドブックなどを読み込んで身に付けたものだった。たとえば、「素肌美人のオシャレさん」というフレーズがあったとすると、それをしっかり記憶しておいて、レスラーに対して「躍動する筋肉は、まさに闘いの素肌美人というところでありましょうか」と叫んだという。

観光ガイドブックの読み込みは、試合が行われる会場のご当地自慢的フレーズに生かされた。「加賀友禅をはじめとする伝統の息づく町金沢」（八二年七月）、「瀬戸内海に突き出す浦島太郎を生んだ荘内半島も冬」（八三年一二月）。この描写は試合展開にも応用された。大阪城を描写したあと「現在の猪木城」（八三年九月）と繋げたり、「当地名物讃岐うどん的腰のあるファイト」（八三年一二月）、鹿児島大会ではアンドレを「人間山脈が鳴動してきた」として「巨大なる活火山を思わせる」「三〇億トンの戦いの溶岩群が猪木を飲み込むか」（八三年一二月）と発展させる。

長州力率いる維新軍が登場してからは歴史に関する譬えが多用され始めた。長州・アニマル浜口組と藤波辰爾・前田日明組が鹿児島で対戦したときは、「プロレス維新決起の前触れか」に始まって、文明開化、西郷隆盛、西南の役、無関係ながら三国志まで動員した挙句、藤波組は「新撰組」と化した（八三年一二月）。高松大会の長州組は「海の守り神金比羅さん参り、桂小五郎も高杉晋作も参った」と明治維新に結び付けられ、「一六三八段、どちらの軍団が上り詰めるか」とまとめた（八三年一二月）。

### 「古舘がプロレスを壊した」？

古舘の横には解説者として新日本審判部長の山本小鉄、『東京スポーツ』の櫻井康雄が座っていたが、完全に脇役となっていた。山本は、古舘があまりにも現実から遊離した言語世界を展開するのについていけず悩んでいたという。それでも、古舘節が延々と続いた後、「山本さん」と振るタイミングが絶妙で、山本が何を言おうと新鮮に感じられスパイス的存在になっていた。

古舘と櫻井の間には山本とは異なる距離感が存在していた。櫻井は語っている。「彼の軽佻浮薄なアナウンスは、日本テレビの大人のムードのプロレス実況アナウンスとは対照的。中年以上の視聴者にはチンプンカンプンでしょうが、若い人にはピッタリなんでしょうね」。

たしかに、当時、二〇代後半から三〇代前半だった私は古舘実況を面白く受容できたし、それにのめりこめばのめりこむほど、日本テレビの実況、解説に陳腐さを感じたりもしていた。しかし、私より少し上の団塊の世代に当たるファンからは古舘節に対する嫌悪の気持ちを聞いたことがある。「古舘がプロレスを壊した」と。

古舘を「軽佻浮薄」とした櫻井はどんな解説をしていたのか。

櫻井は約二分間止まらない古舘節の前に放置されたりしたが（八三年六月）、ときには古舘に対抗したりした。古舘が上野戦争や彰義隊、アームストロング砲の譬えを持ち出すや、日本史の著書を書いたことがある櫻井は滔々と上野戦争について語りだしたことがあった（八四年七月）。

解説者を脇に追いやった古舘はレスラーをも圧倒した。その極めつけが一九八四年三月の後楽園ホール大会。欠場挨拶をする猪木にリング上でインタビューを試みるも、長州ら維新軍が乱入してきて乱闘状態になってしまう。普通アナウンサーはここでリングから降りるはずである。ところが、彼はリングに立ち続け、背後で乱闘が続いているにもかかわらず、猪木、続いて藤原喜明（ふじわらよしあき）のインタビューに成功してしまうのであった。

このようにプロレス実況で快進撃を続けた古舘であるが、テレビ朝日の評価は低いものだった。「局側の評価が皆無っていっていいぐらい低かったですからね。金曜日の夜八時、その当時で三〇%近い視聴率をとりつつも、プロレスという鬼っ子番組だけに誰も認めてくれない。普通、外部の評価が一〇あるとしたら、局内でも七、八の評価はあるのに、僕の場合は一〇と〇でしたから」（『BIG tomorrow』一九八八年一二月）と本人は語っている。たしかに、「ワールドプロレスリング」はテレビ朝日にとって貢献度の低くない番組だったとは思うが、『テレビ朝日社史――ファミリー視聴の二五年』で確認すると、プロレスの実況中継には二七行が割かれているものの、大半は日本プロレス時代のことである。猪木の台頭には触れているが、新日本プロレス時代はわずか四行にすぎず、一九八四年の刊行で古舘全盛期であるにもかかわらず、局アナだった古舘には当然のことながら言及はなく、「局側の評価が皆無」という言葉には頷ける。

しかし、当時、古舘の実況だけを聴くというファンが生まれていたことは事実である。リング上で起こっていることより古舘節の方に価値がある。このような倒錯的状況が生まれたのである。これはたしかにプロレスにとって幸福な状況とは言えなかったであろう。

### 「スポーツ番組」としてのプロレス

そもそも、なぜ古舘節が許されたのであろうか。

プロレス界は八〇年代初頭に、初代タイガーマスクの人気、さらには長州力の台頭によってブーム的状況が到来した。それは、プロレス・ブームというより新日本プロレス・ブームであり、古舘節が呼応してさらに盛り上げたことは間違いない。しかし、同時に、従来のオーソドックスな実況、解説ではテレビ・プロレスは限界に来ていたことを意味しないだろうか。新日本プロレスを放送する番組名が「ワールドプロレスリング」というタイトルであることが象徴するように、実況、解説は「スポーツ番組」という前提で行われる。このことは今日に至っても変わっていない。ただ、最近では、解説者が緊張を欠如させるような場面も見られる。

たとえば、二〇一四年のあるタッグマッチでは外国人タッグチームの女性マネージャー、マリア・ケネリスにスポットが当てられ、セクシーな肢体で日本側タッグを「誘惑」し、挙句の果てにキャプテン・ニュージャパンという覆面レスラーの顔面に胸をこすりつける挙に出た。『東京スポーツ』の柴田惣一は二ヤけた顔をさらけ出し、「うらやましいな」と発言すると、アナウンサーが「それだけは言わないようにしましょう」とすかさず反応した。それだけでは足りないと見たゲスト解説のサッカー元日本代表の中山雅史が間髪入れずに「彼女は女子プロレスの経験があって、それだけ押し付ける胸がある。大胸筋が発達している。今のも立派な技です。大胸筋クラッシュです」とフォローする有様だった。このエピソードは、テレビ・プロレスは、どんなに「スポーツ」からかけ離れた場面であっても、「スポーツ」的に実況・解説しなければいけない宿命を背負っていることを想起させる。「エンタテインメント」という前提で放送されることはない。

プロレスというジャンルは声高に「これはエンタテインメントですよ」と宣言することはない。しかし、ロープワーク、コーナー最上段からの攻撃、覆面レスラーの存在、場外乱闘、反則の許容、凶器の存在、スリーウェイのような試合形式…これらすべてが無言で「スポーツ」でないことを表現している。会場で生観戦するのであれば、これらのこともあるがままに受容して総体としての「プロレス」を受けとめることができる。品性と知性を麻痺させさえすれば。残されたのは、面白いか、面白くないかの判断だけである。ところが、テレビは「スポーツ番組」として、言語を当てはめようとしてくる。そこで、語られるのは「スポーツ」としての言語であり、論理である。そこに、無理がある。しかし、七〇年代までは辛うじてプロレス実況、解説の持つ自己矛盾がプロレスそのもののネタの新鮮さによって覆い隠されてきた。ところが、そのネタが出尽くしたとき、実況自体が新ネタとなり、視聴者を引き付けた。すなわち、古舘節である。

プロレスのリアルな展開をも無視して、独自の言語世界を構築した古舘の「ワンダーランド」は新たな言語の「プロレス」として受け入れられたのである。

八四年後半、長州力らが大量離脱し、全日本に移籍するや新日本プロレス・ブームは終焉を迎えた。

この間、オーソドックスな実況、解説をひたすら続けてきた日本テレビに古舘「移籍騒動」の噂が駆け巡ったのが八五年のことである。『FRIDAY』九月一三日号が「最近日本テレビサイドから彼にプロレス中継のアナウンスをやらないか、という話があった」と伝えている。同誌は、テレビ朝日が三億円の引き止め料を提示したとも伝えている。事の真偽はともかく、日本テレビもオーソドックスな実況、解説では頭打ちであることは自覚していたようだ。

## 「プロレス後」の古舘

テレビ朝日に話を戻すと、長州らの離脱以降、新日本のリングは低迷し、テレビでは古舘節だけが空しく響くような状況がしばらく続いた。そして、前述のように、「ギブUPまで待てない！ワールドプロレスリング」というバラエティ番組化路線が持ち上がってくるや、これに反対した古舘はプロレス実況を止める決断を下す。すでに「夜のヒットスタジオ」のような歌番組に進出していた古舘は、八八年から「トーキング・ブルース」のような舞台でのひとり語りに挑戦を始め、八九年からは門外漢のF1実況にも乗り出す。初回こそ、抗議の電話が殺到したようだが、時はバブル全盛期。「巨大なF1ミーハー層に物語を供給するうえで、レース展開の脈絡を織り上げる実況や実質的な情報を反映するさまざまな計量的データやドライビング・テクニックよりも、キャラクターたちの物語の装飾的演出やわかりやすい出来事に集中した劇的演出を多用する古舘伊知郎の登用は見合っていた」（藤井雅実「F1中継と物語と冥界と数と」青弓社編集部編『こんなスポーツ中継は、いらない！』）と古舘実況はF1ビギナー層を魅了したのであった。ただし、本人は一九九二年の時点で「正直言って、プロレスの実況で感じられたカタルシスやエクスタシーが、F1ではまだない」（『週刊文春』一九九二年二月一三日）と語ってはいるが。F1実況は九四年まで続いた。一方、九〇年代には、

「紅白歌合戦」の司会もこなし、日本を代表する司会者として飛躍した古舘は二〇〇四年から「報道ステーション」のキャスターに転身する。

「報道ステーション」は「ニュースステーション」の後継番組であるが、キャスターだった久米宏は降板表明会見で「後を受け継ぐ古舘さんに何かメッセージありますか?」と問われて、「いや、番組はなくなるって聞いていますから。存在しない番組に司会者が存在するわけないでしょ」とつれない回答をした。古舘は「(久米を)冷たい男だなと思いましたけど」「それから久米さん嫌いになったんですけど」(『AERA』二〇一四年七月一四日)と述懐している。久米の真意は、「ニュースステーション」と「報道ステーション」はまったく別番組というところにあったと思うが、久米宏の味付けが濃厚で、事実上の「久米宏ショー」になっていた「ニュースステーション」に対して、「報道ステーション」ははたして「古舘伊知郎ショー」になっていただろうか。古舘本人が認めているように、「報道ステーション」の一二年間は「古舘節」を封印した年月であり、単にニュースキャスターの役を演じていた窮屈な時間だったと思う。もしも久米が「報道ステーション」のキャスターだったら、もっと自由奔放に振舞っていたような気がする。久米は「ニュースステーション」ではとりわけスポーツに時間を割いたと語っていたが、プロ野球ファン(広島カープ・ファン)を広言していた久米と違って、プロレスファンであるはずの古舘にとっては、プロレスを取り上げることはけっしてないスポーツ報道の時間にまったく葛藤はなかったのだろうか。唯一、二〇一〇年に山本小鉄の訃報を伝えた時だけが、悲しくも解き放たれた時間だったのかもしれない。

「報道ステーション」を終えて、古舘はバラエティ専門の司会者に戻った。プロレス実況は三〇年以上前の過去の出来事として処理されている。ＡＫＢ勢がレスラーを演じたドラマ「豆腐プロレス」の初回に花を添えた程度だ。功成り名遂げた彼がアナウンスにカタルシスやエクスタシーを感じる日々は再び訪れるのだろうか。

## 5　ＵＷＦ現象の日々

### 悪事に加担しているような感情

「ＵＷＦ」と書くだけで、すごくマニアックな話が始まる予感がある。それは日本プロレス史においてはすでに歴史的存在であり、三十数年前に存在した一つのムーブメントであって、かと言って、今だにプロレスマニアを肯定的な意味でも否定的な意味でも熱くするようなテーマであり続けているやっかいな主題である。

したがって、中島らもがスポーツ専門誌『Ｎｕｍｂｅｒ』に約三〇年前に書いた「プロレス者からプロレス様になる」という文章の紹介から書き起こせば、分かりやすいかもしれない。

一九五二年生まれの中島にとって、プロレスは「スポーツ」ではなく「冒険ドラマ」だった。だが、よくできた「ドラマ」というのではなく、ミイラ男を演じたザ・マミーのようなしょっぱい例（馬場のチョップを受けるたびに全身を包む包帯から粉が舞い上がった）も少なくなく、子供でありながら「子供だまし」とすぐに見破った。見破りながらもプロレスから離れることができず、「「悪事に加担している」ような感情」を抱くに至る。つまり、共犯者としての感覚である。中島は、この感情は「非常にひねくれた演劇の見方」に繋がるという。「こいつは狂人を演じているけれど、そういうのは得な役なんだからロートルになるまでは地力でいきゃいいのに」と通常の試合の「虚」を透視して「実」を見ようとする。いわば「幻想のプロレス」である。こんな見方を続けているうちに、中島は現実の試合から離れてプロレス雑誌だけで楽しむファンになったという。雑誌記事を読んで脳内で再現した試合の方が、現実の試合よりもリアルに感じられたからである。

ところが、UWFの出現によって中島は再びプロレスを視る側に転じた。脳内再現よりも現実の試合にリアルを感じるようになったからである。

たしかに、プロレスには「悪事に加担しているような感情」を抱くことが少なくない。流血、凶器攻撃、場外乱闘、ロープワーク、コーナー最上段の攻防、覆面、ペインティングのレスラーの存在…通常のスポーツではありえない光景に満ち満ちている。B級の楽しみというのか、一般紙では大ぴらに語りにくいファクターがあまりにも多すぎる。UWFはこれらの要素をいっさい排除した試合を志向し、当時「プロレス」ではなく「格闘技」として数年間持てはやされたのである。中島らものように従来のプロレスに飽きていたファンをも惹きつけた面はたしかにあった。

**少数派しか見ていない旧UWF**

一口に「UWF」というがその定義は一定していない。ただプロレス団体としては、時期的に四つの段階に分けるのが現実的だろう。

(1)ユニバーサル・プロレス時代（旧UWF）（一九八四〜八五年）
(2)新日本プロレスとの提携時代（一九八六〜八八年）
(3)第二次UWF（一九八八〜九一年）

UWFがいつ消滅したのかは断言しにくいし、ある意味では今でも続いているという見方もあるだろうから、(4)の時期の終焉はあえて触れない。

そして、一種の社会現象としてUWFが注目されたのが(3)の時期であるが、マニア層では(1)の時期への思い入れが強く、世間から最も注目された(3)の時期を軽視する傾向があることをここで押さえておきたい。夢枕獏も松原隆一郎も旧UWFへの思い入れを隠していない。一般的には、「UWF」と言うとき、多くは(2)～(4)の時期、とりわけ(3)の時期を指すことが多い。

旧UWFを実際に視たのはごく少数派であり、私も観ていない。専門誌でトレースしていたにすぎない。ただ、個人的に衝撃的だったのは、七〇年代にエース格の外国人として全日本プロレスに参加していたマーク・ルーインが八四年の旧UWFのシリーズに参加し、高田伸彦（当時）に敗れたことを『週刊ファイト』で知った時だった。いくらピークを過ぎていたとはいえ、ジャイアント馬場をさんざん苦しめたルーインがグリーンボーイ同然の高田に敗北を喫するとは従来のプロレス界の格付けから言って考えにくかったからである。一九三七年生まれのルーインは「すでに四七歳のロートルだった」（柳澤健『一九八四年のUWF』）というが、同世代の馬場はまだ一戦で活躍し、前座に負けるようなことはけっしてなかった。プロレス界の秩序を乱すようなことをこの団体は行っているのかと思った。

旧UWFができる前に新日本プロレスでは、前田日明が若きスターとして売り出されていた。ところが、旧UWFになると、前田は初代タイガーマスクことスーパー・タイガー（佐山聡）の後塵を拝したのは当然としても（それにしても、新日本の基準では前田はヘビー級でタイガーはジュニアヘビー級という区別があったが）藤原喜明や木戸修よりも下という扱いが意外であった。ただ、前田が「普通のプロレスをやれ」というヤジに対して「分からないヤツは帰れ」と叫んだというエピソードだけが印象に残っている。

また、旧ＵＷＦではわずか一年半ほどの活動期間にもかかわらず、暗い事件がたびたび起こった。

⑴佐山のＵＷＦ移籍問題で社長の浦田昇が暴力団を介して佐山のマネージャーだったショウジ・コンチャを強要した容疑で逮捕されたこと。

⑵スポンサーを務めていた豊田商事会長の永野一男が殺害された事件。

結局、旧ＵＷＦはレスラーでは佐山を除いて新日本に出戻ることとなる。

**ギクシャク感の新鮮さ**

八五年一二月にＵＷＦ勢が新日本のリングに立った時、いつの間にか前田がエース格となっており、「この一年半ＵＷＦの戦いがなんであったかを確認するために新日本に来ました」と挨拶した。この挨拶も従来のレスラーらしからぬものであり、大いに惹きつけられる要素があったことは事実である。ファンの多くは旧ＵＷＦを生観戦していないにもかかわらず、紙誌面やビデオを通して従来のプロレスにとらわれない「ＵＷＦスタイル」は知っており、これからの新日本マットでどのようなプロレスが展開されるか期待感が高まったのである。

私は川村卓とともに一九八六年一一月、ミニコミ誌『プロレス世紀末通信』創刊号を発行したが、新

差出有効期間
平成31年11月
30日まで

郵便はがき

6 0 7 8 7 9 0

（受　　取　　人）
京都市山科区
日ノ岡堤谷町１番地

ミネルヴァ書房
読者アンケート係 行

◆　以下のアンケートにお答え下さい。

お求めの
書店名＿＿＿＿＿＿＿＿市区町村＿＿＿＿＿＿＿＿＿＿＿＿＿＿＿書店

＊　この本をどのようにしてお知りになりましたか？　以下の中から選び、３つまで○をお付け下さい。

A.広告（　　　　）を見て　B.店頭で見て　C.知人･友人の薦め
D.著者ファン　E.図書館で借りて　F.教科書として
G.ミネルヴァ書房図書目録　H.ミネルヴァ通信
I.書評（　　　　）をみて　J.講演会など　K.テレビ･ラジオ
L.出版ダイジェスト　M.これから出る本　N.他の本を読んで
O.DM　P.ホームページ（　　　　　　　　）をみて
Q.書店の案内で　R.その他（　　　　　　　　）

書名　お買上の本のタイトルをご記入下さい。

◆上記の本に関するご感想、またはご意見・ご希望などをお書き下さい。
文章を採用させていただいた方には図書カードを贈呈いたします。

◆よく読む分野（ご専門）について、３つまで○をお付け下さい。

1. 哲学・思想　2. 世界史　3. 日本史　4. 政治・法律
5. 経済　6. 経営　7. 心理　8. 教育　9. 保育　10. 社会福祉
11. 社会　12. 自然科学　13. 文学・言語　14. 評論・評伝
15. 児童書　16. 資格・実用　17. その他（　　　）

| 〒<br>ご住所<br>Tel　（　　） | | |
|---|---|---|
| ふりがな<br>お名前 | 年齢<br>歳 | 性別<br>男・女 |
| ご職業・学校名<br>（所属・専門） | | |
| Eメール | | |

ミネルヴァ書房ホームページ　http://www.minervashobo.co.jp/

＊新刊案内（DM）不要の方は × を付けて下さい。 □

日本とUWFの化学反応への期待が執筆の大きなモチベーションとなっていたことは間違いない。「UWFと村松三部作もまったく無関係ではないだろう。なぜなら、UWFの登場は技に関する「暗黙の了解」を世間に明るみに出してしまったからである。考えてみると、UWFこそ「『暗黙の了解』を超える瞬間のあるプロレス」たる「過激なプロレス」にもっともふさわしい団体ではないか。かれらが本当にやりたいことは別にして、八六年に新日マットで見られた新日、UWFの抗争こそ「過激なプロレス」に最も近いものではなかったろうか」（拙論「日本プロレス学体系　プロレスのアイデンティティを求めて」『プロレス世紀末通信』第二号、一九八七年三月）と新日本とUWFの抗争に最大限の賛辞を呈している。

同ミニコミ誌第四号（一九八七年一二月）では、同年七月一八日に後楽園ホールの新日本を観戦した上で川村卓と対談を行っており、その中で、私は次のように発言している。

「UWFの中にはプロレスを否定する契機があり、それがプロレスと対峙したときにどうなるかという問題だと思いますが、UWFを見てしまった観客にとってUWFは一つの極限であり、従来のプロレスはどれも「プロレス内プロレス」に見えてしまうわけです。特に大都市圏の観客の中ではいつのまにかUWFが基準になってしまっていて、UWF以外のものはUWFにどれだけ対抗できるのか、どこまでついていけるのか、という見方で評価が決まるという傾向があります。」

ロープワークを使おうとする者と拒否しようとする者の間のギクシャク感、UWF勢が使用するキックボクシング風キックを愚直に受け止めようとする選手、プロレスらしい投げ技（たとえばボディスラム）を、腰を引いて素直に受けようとしないＵＷＦ勢…八六～八七年前半にかけては、きれいに進むことのない試合の流れがある種新鮮なものに写っていた。また、長州力のラリアットを脇固めで切り返す藤原喜明の鮮やかさには「お見事！」としか言いようがない快感を伴っていた。

しかし、ファンが望んでいた猪木と前田のシングルマッチは、猪木が避け続けたことで実現せず、「世代闘争」というストーリーの下に新日本対ＵＷＦという色合いは急速に失われていった。この間、テレビ朝日も試行錯誤し、八七年四月に古舘伊知郎が実況を終え、同月からバラエティ色の強い「ギブＵＰまで待てない!!ワールドプロレスリング」に模様替えしたものの振るわず、一〇月からは従来の実況スタイルに戻った。

新日本とＵＷＦの抗争はマニア層の関心は集めたけれども、テレビ的には一般ファンにはアピールできず、低視聴率に終わったのであった。

八七年一一月に、タッグマッチで前田が長州の顔面を背後から襲撃し、長州は右目眼底打撲で翌日から欠場。猪木は「プロレス道にもとる行為」と非難して、前田は無期限出場停止処分となった。

翌八八年三月に新日本を解雇された前田は新生ＵＷＦの結成に走り、四月に神真慈（じんしんじ）を社長に高田、山崎一夫らと記者会見を行った。同じ四月には「ワールドプロレスリング」の放送時間がゴールデンタイムからついにすべり落ちた。

**第二次ＵＷＦにシラケる**

五月の第二次ＵＷＦ旗揚げ戦は選手が六人しかおらず、わずか三試合ではあったが、前田が「選ばれし者の恍惚と不安二つ我にあり」と太宰治の『晩年』よりヴェルレーヌの詩句を引用するレスラーらしからぬ挨拶でスタートし、爆発的な人気を博した。月に一回、都市部のみで行う興行スタイルに一般メディアも注目し、新しいファン層を獲得した。
しかし、私の関心は冷めていた。『プロレス世紀末通信』第六号（一九八九年二月）の「プロローグ」でこんな言葉を残している。

「確かに、従来のプロレスと違って、月に一度、しかも、大都市でしか興行をやらないUWFがある種新しいジャンルのものとして歓迎されている風潮はよくわかる。場外乱闘なし、反則なし、ロープワークなし、ありえない大技なし、レフェリーの失神劇なし…このようなものを「プロレス」とは別の名前で呼びたくなる気持ちもよくわかる。だけれども、UWFは「プロレス」として成功してほしいとかつてのキックボクシングの凋落を知っているオジサンは言いたくなる。どんなに「プロレス」らしくなくてもいいから、「プロレス」であり続けてくれ！」

当時、UWFは「プロレス」でない「格闘技」として喧伝されるきらいがあった。UWFを「プロレス」と呼ぶのにためらう傾向があった。中島らものように、従来のプロレスを見るのを卒業した層を「プロレス」でないものとして呼び戻す力があった。
専門誌はUWFを「プロフェッショナル・レスリング」「格闘技」として称揚し、新しいファン層の拡大に寄与した。また、ファンが遠方からわざわざUWFを生観戦しに行く現象を「密航」と表現して、特別なことのように煽った。

しかし、当時の一般雑誌を子細に検討すると、第二次ＵＷＦについては、試合のことよりもそれ以外の要素に注目した記事が多いことに気づかされる。試合に関していうと、「硬質のレスリングはお茶の間のブラウン管向きではない。選択指向性の高いニューメディアがふさわしい」「真剣勝負の部分だけ追求するとマニアックになる」「ＵＷＦには笑いがない。ショー的要素、演出のないものが、どこまで飽きられずに続いていけるのか」と懐疑的な指摘が少なくない。

『プロレス世紀末通信』第七号（一九八九年八月）では、同年二月に徳島市立体育館でＵＷＦの興行を見た後、小西昌幸、川村卓と座談会を行った。その席上、私は次のような違和感を表明している。

「おそらくＵＷＦは正しいと思うんです。でも、レベルは高いんだろうか。…山崎（一夫）のキックが一流であると言えたとしても、それを決める基準が果たしてあるのかどうか。…現在のＵＷＦは選手数が少なくて試合数が少ない。で、一つの試合時間が長い。ＵＷＦのポリシーから言って、四試合がすべて一分ぐらいで決まるということがあっても別におかしくはない。ところが、試合のあいまの時間も入れれば、最低一時間半はやりますよね。」

これはＵＷＦは「格闘技」ではなく、「プロレス」ですよと言っているようなもので、しかも、そんなに面白いプロレスですか、と疑問を投げかけているも同然である。

五月には大阪球場でＵＷＦの興行を見た。当時、パソコン通信が全盛で、プロレスファンの「オフ会」として大阪球場大会を見ることになったのだ。パソコン通信というニューメディアとＵＷＦは相性がよかったと思う。総勢二〇名近くだったと思うが、興行後の飲み会では、参加者の多くは試合に興奮している様子だった。だが、私は冷めていた。その中の一人と、帰りの電車で一緒になった。彼は近々仕事の関係でアメリカに行くことが決まっていて、二年間日本には戻ってこれないと言う。「二年後、UWFは存在していますかね」と彼が問うたので、私は「たぶんなくなっているんじゃない」と答えた。質問のニュアンスから、彼もきっと面白くなかったのだろうと思った。

### 生真面目なファン層

一般雑誌は、試合よりもそれ以外の要素を重視していた。たとえば、ファン層である。従来のファンとは明らかに異なるファン層の出現に注目している。「体の弱い青少年」「色白メタルフレーム群像」「若い中高生、大学生の男の子」「ヤーさまとお水カップルのパターンが見られない」「女性ファンが多い」「チビッコファンがいない」「Uファンは音楽ファンと非常に感覚が似通ってきている」「ひどく生真面目、ビール売場（後楽園ホール）の売れ行きはボクシングの五分の一」「新興宗教まがいのUWF信者」…従来のプロレス会場とは明らかに異なる雰囲気を醸し出しているファンが存在していた。私はそこに「市民運動家（の一部）」も付け加えたい。第二次UWFの旗揚げには一般メディアにまじって『社会新報』の記者も駆け付けたというが、UWFのある種の生真面目さは環境問題などの市民運動を実践している人々の一部をも惹きつけていたと思う。現に、私は九〇年に横浜で新日本プロレスの興行を観た後、八人が食事場所を求めて二時間もさまよった挙句ホテルのレストランに辿り着いたものの、同席したUWF信者とおぼしき「市民運動家」とのあまりのプロレス観の違いに、観戦後の楽しい会話のはずがとげとげしいものになった苦い経験を持っている。

ファン層に続いて、注目されたのが演出・営業面である。

神社長は「旧UWFはスモール新日本」だったが、「（第二次）UWFはイベントの会社」であり、「プロレス界という業界の感覚が余りにも前近代的なものであり、それに対してUWFは現代的な感覚をもっていただけ」と総括している。音楽業界のマザー・エンタープライズがブレーンとなって、レーザー光線やドライアイスの演出を取り入れた。桑田佳祐は「インディー感覚で次々とチャレンジ精神を発揮して、メジャーとなったロックバンドのような存在」「プロレスのほうが音楽より進んでいる」と評価した。

チケット販売も話題となった。チケットぴあ、チケットセゾンに委託して、あらかじめ数を制限しておいて「完売」をマークさせた。ファンはチケット獲得に狂奔することとなった。大仁田厚がUWFに「殴り込み」をかけようと、大阪府立体育会館にやってきたとき、神社長が「大仁田さん、チケット持っていますか」と冷たく言い放ったエピソードは「チケット神話」が背景にあっただけによけいに印象に残った。

UWFにテレビ放送はつかなかった。莫大な放映権料は魅力だが、UWFスタイルでは毎週の放送に耐えるストーリーを提供することは困難だった。そこで、試合を録画してビデオを販売したり、クローズドサーキットを実施し、一カ月の放映権料よりも高い収益を上げた。UWFはテレビ・プロレスを卒業して、大都市中心のライブ・プロレスへと舵を切ったのである。いや、切らざるをえなかったのである。

**強調された前田日明の知的側面**

営業、演出面が注目を浴びたUWFであるが、UWF自体以上にスポットが当たったのが前田日明であった。夢枕獏は「前田人気がUWFスタイルの人気を追い抜いてきているみたい」と語っているし、鴻上尚史は前田を「スポーツ界、若者文化のトレンド」「UWF

のスポークスマン。宣伝は全部前田さんがやってるじゃない」と評した。

主要男子レスラーがどの程度一般雑誌に露出したか、掲載件数を『大宅壮一文庫雑誌記事索引目録』で調べてみた。その結果は次の通りである。

一九八五〜八七年　①アントニオ猪木　八八　②長州力　四〇　③ジャイアント馬場　二八　④佐山聡　二一　⑤前田日明　一七

一九八八〜九〇年　①アントニオ猪木　一八七　②前田日明　八一　③ジャイアント馬場　二九　④天龍源一郎　二五　⑤大仁田厚　一四

一九九一〜九五年　①アントニオ猪木　二二一　②大仁田厚　一八八　③前田日明　八二　④高田延彦　七七　⑤ジャイアント馬場　三四

前田日明

八九年に参議院議員に当選した猪木は別格としても、バブル期における前田日明のメディア露出には顕著なものがあった。九〇年代に入って、前田を凌駕していった大仁田もすごいが。

前田は複雑な家庭環境から青春時代には喧嘩に明け暮れるような荒んだ生活を送る一方で、読書家であることも知られており、ＵＷＦの旗揚げ興行で太宰治、ヴェルレーヌを引用して注目されたことは前述した。九〇年の東京ドーム興行では、『論語』を引用し、「男児、志を立てて郷関を出ず、学もし成ならずんば死すとも帰らず」と挨拶した。これは東芝ＥＭＩから発売されたＣＤ『戦う為の論語』の一部でもあったが。

前田は文化人にシンパを多く獲得したと言えるだろう。「僕なんかが頭で考えて獲得した知識を身をもって感じられている」（小松和彦）、「猪木は政治性に走るレスラー。前田は文学性に衝き動かされているプロフェッショナル・レスラー」（嵐山光三郎）、「天才肌のレスラー猪木の一代限りの〝芸〟は伝説となって伝わっていくだろう。が、前田の抱くものは芸ではなく「思想」である」（結城恵助）、「凶暴な血と知の共有」（夢枕獏）。前田の知性的側面が高く評価されたのである。それはＣＭのキャラクターとしても重宝され、西武百貨店、缶コーヒーや新潮社の雑誌のイメージキャラクターなど、従来のレスラーでは考えられない商品分野に進出した。

もっとも、前田自身には戸惑いがあったようだ。本人が語っている。「マスコミとしてもそういう人間ってことにしたかったのかな。記事、読むでしょ、かたいことばっかなんですよ。おもしろい話とかもしているのにね」。マスコミは知的側面をことさらに強調していたということなのだろうか。前田には「試合以外のＵＷＦの確立ばかりやっている」との反省もあった。

ＵＷＦの中の人間関係もぎくしゃくしたものになっていたようだ。上位陣である前田、高田、山崎は道場に顔を出さなくなり、各々スポーツジムで練習するようになった。宮戸成夫（現優光）は言う。「ファン、マスコミの唱えたＵＷＦの団結は幻想だった。ＵＷＦの練習は基本的に全員がバラバラだった。全員共通の接点はリングしかなかった」。藤原喜明も、「道場のムードが以前と比べて全然違う。ゴッチさんも同じことを言っていた。ゴッチさんは新生ＵＷＦの旗揚げのときしか来ていない」と寂しい内情を語った。

## バブリーな物語

八九年一一月の東京ドーム興行は大きな転機だった。異種格闘技戦をずらり並べた試合は「ＵＷＦの目指す本来の姿ではない」と批判された。「ドームの観客はファッション化」し、「『Ｕ信者』という特定階級の独占物ではなくなった」のである。プロレス界では「あんな試合がどうして受けるのか首をひねっている」「チラリズムから連鎖反応的にかきたてられていった虚妄な現象」「試合数が少ないのはプロモーターに相手にされていないだけ」と散々な評価だった。

ＵＷＦは従来のプロレスから脱却すべく、ルールの確立に務めたが、「今のプロレスはルールに縛られ過ぎている」と反発する動きが起こった。大仁田率いるＦＭＷである。場外乱闘や流血は「Ｂ級な楽しみ」として人間臭いプロレスを目指したＦＭＷに対して、前田は「オレたちのＵＷＦとＦＭＷを同じ枠で括ろうとするのが我慢できない」と上から目線で見下した。ＦＭＷがやっていることを「底抜け脱線ゲーム」とこきおろしさえした。

しかし、ＵＷＦのフロントが、メガネスーパーが起こした新興団体ＳＷＳに接近するや、フロントと前田の間に溝が生じ、前田はフロントを不明朗な経理で非難するや出場停止処分をくらってしまう。この動きはフロントと選手間にも波及し、九一年初頭に前田は自宅マンションでの選手集会でＵＷＦの解散を宣言するに至った。

ＵＷＦはリング上の「脱プロレス」性、「格闘技」性に目が向きがちであるが、むしろ興行の持つ古い体質からの脱却を目指し、イベント志向で一定の成功を収めたけれども、結局は古い体質から抜けきれなかったある種バブリーな物語ではなかっただろうか。ＵＷＦはリング上よりもリング外に見るべきものが多く、とりわけ前田が提示した新しいレスラー像は文化人、マスコミを惹きつけた。しかし、そのことが前田と他の選手の溝を深めていった面があるだろう。ＵＷＦ解散後、三団体に分裂したが、前田はたった一人でリングスを立ち上げることとなったのである。ＵＷＦのあり方はライブ・プロレス中心時代の先駆的存在と見なしてもいいかもしれない。

## 6　プロレスラーはどれくらい知られているのか

### 二つの総選挙

二〇一七年三月一二日に、「現役・ＯＢレスラー二〇〇人、ファン一万人がガチで投票！プロレス総選挙」がテレビ朝日系列で放送された。結果は次の通りだった。

①アントニオ猪木　②ジャイアント馬場　③初代タイガーマスク　④オカダ・カズチカ　⑤力道山　⑥棚橋弘至　⑦ジャンボ鶴田　⑧獣神サンダー・ライガー　⑨三沢光晴　⑩スタン・ハンセン　⑪長州力　⑫武藤敬司　⑬小橋建太　⑭天龍源一郎　⑮ケニー・オメガ　⑯橋本真也　⑰蝶野正洋　⑱ハルク・ホーガン　⑲真壁刀義　⑳アンドレ・ザ・ジャイアント

過去の有名レスラーと新日本プロレスの現役主要レスラーがバランス良く「当選」したような結果だ。オンエア後、『デイリースポーツ』の記者が「藤波辰爾が入っていないのはおかしい」とテレ朝サイドに異議申し立てを行う場面があり、テレ朝も激しく反論したらしい。実は、この「総選挙」はあらかじめリストアップされた一〇〇名について投票する方式を採用したらしい。ある年齢以上のファンは過去のレスラーに投票し、若者は現役に投票するという結果を反映したのだろう。藤波辰爾はそもそものリストから抜け落ちていたのである。女子もそもそも除外されていたようである。

同じ年さらに翌二〇一八年に、スポーツ専門誌『Ｎｕｍｂｅｒ』も「プロレス総選挙」を実施した。こちらは現役最高レスラーを決めるもので、総投票者数は六万七〇四七人。二〇一八年七月発売の同誌で発表された結果は以下の通り。

①内藤哲也　②棚橋弘至　③中邑真輔　④オカダ・カズチカ　⑤ケニー・オメガ　⑥黒潮〝イケメン〟二郎　⑦高橋ヒロム　⑧飯伏幸太　⑨カイリ・セイン　⑩鈴木みのる　⑪木村花　⑫葛西純　⑬紫雷イオ　⑭ターザン山本！　⑮中野たむ　⑯ＳＡＮＡＤＡ　⑰丸藤正道　⑱柴田勝頼　⑲ＡＳＵＫＡ　⑳朱里

テレビ朝日の総選挙との違いは一目瞭然で、棚橋、オカダ、オメガの三名のみが重なっている。また、いわゆるインディー系のレスラーに関しては、かなり「組織票」が動いたようである。女子も六名が「当選」している。ちなみに、『Ｎｕｍｂｅｒ』は一〇〇位までを発表しているが、テレビ朝日の総選挙に入ったレスラーの順位を示すと、

㉖武藤敬司　㊸真壁刀義　㊺獣神サンダー・ライガー

であった。参考までに、藤波辰爾は九五位だった。

この二つの投票結果から、どういうことが分かるのだろうか。平均的プロレスファン像を設定することは困難であるが、ある時期まではプロレスを見ていた層にすれば、テレビ朝日総選挙で当選している新日本現役組の名前④⑥⑧⑮⑲に違和感を覚えるかもしれない。中には、バラエティ番組では見たことがあるが、試合はまったく見たことがないレスラーがいるだろう。また、⑫⑯⑰は「ワールドプロレスリング」がゴールデンタイムで放送されていた末期に登場した選手であり、テレビ朝日がまだゴールデンの特別枠でプロレスを放送していた九〇年代に絶頂を迎えたスターなので、どこかで見たことがあるというレベルかもしれない。同じことは⑧⑨⑬についても言えるかもしれない。⑧⑫⑰に関しては、近年のバラエティ番組への出演が知名度を上げている可能性がある。

『Ｎｕｍｂｅｒ』総選挙に関しては、さらに難度が上がり、どの選手も知らない人が少なくないだろう。一位になった内藤哲也は新日本の会場ではもちろん有名人であるが、会場の外に一歩出ればどれくらいの人が知っているのだろうかという気分にとらわれる。要は、ファンの間での人気と一般的な知名度のギャップがあまりにも大きいのではないかということだ。

## レスラー知名度調査

『別冊宝島』は二〇一五年、二〇一六年に「プロレスラー「知名度調査」」を行っている。あらかじめリストアップしたレスラー一二五名について、無作為に選んだ二〇〇人（男女半々）を対象に認知度レベルを四段階に分けて知名度を点数化したものである。

二〇一六年の上位二〇人を記しておこう。

①アントニオ猪木　②北斗晶　③アニマル浜口　④ジャイアント馬場　⑤曙　⑥ジャガー横田　⑦長州力　⑧佐々木健介　⑨大仁田厚　⑩アジャ・コング　⑪ダンプ松本　⑫高田延彦　⑬力道山　⑭蝶野正洋　⑮小川直也　⑯神取忍　⑰天龍源一郎　⑱武藤敬司　⑲ジャンボ鶴田　⑳ブル中野

最近のプロレス会場

必ずしもファンではない男女半々を対象にしたせいか、女子レスラーが多く入っていることがまず目立つ。女性がプロレスをやっている（た）という希少性がとくに同性にとってはタレントとしての価値を生み、知名度を獲得しているのではないだろうか。ところで、この調査は認知度を四段階に分けていると書いたが、一四位の蝶野正洋（ちょうのまさひろ）以下は、「まったく知らない」という回答が最も多く、その点で一三位と一四位の間には一線を引くことができそうである。つまり、無作為の調査では、一般的知名度があると自信をもって言えるのは上位一三名のみということである。ちなみに、この知名度調査において、『Ｎｕｍｂｅｒ』総選挙でベスト二〇に入った選手の順位、および調査対象者二〇〇人のうち「よく知っている」と答えた人数を記しておこう。

㊹棚橋弘至　一六　㊷中邑真輔　一二　㊻オカダ・カズチカ　九　㊼鈴木みのる　九　㊱柴田勝頼　七　㊶内藤哲也　四　㊾丸藤正道　六

これ以外の一三名の選手はそもそもリストアップされていない。

なお、『Ｎｕｍｂｅｒ』のベスト二〇には入っていないが、『別冊宝島』の「知名度調査」では、

㉙獣神サンダー・ライガー　二八　㊸真壁刀義　二六

と棚橋よりは上位の知名度（「よく知っている」と答えた人数）を獲得している。二人とも多くのバラエティ番組に出演しているが、とくに真壁はスイーツ好きに加えて、二〇一七年にはＮＨＫ大河ドラマ「おんな城主　直虎」への出演を果たし、一般層への知名度をさらに上げたことだろう。『別冊宝島』の調査から二年が経過した。『Ｎｕｍｂｅｒ』入選組はどの程度知名度を上げたのであろうか。

### 三大紙の訃報研究

ところで、プロレスラーの知名度を違った角度で検討することができる方法がある。逝去したレスラーについての一般紙の訃報記事である。一般紙は、新聞によって時期は異なるものの力道山時代のある時点からプロレスをスポーツ欄で報道しなくなったことは第2章で詳述した。だからと言って、訃報についてはその選手の知名度を鑑みて掲載するケースがある。一般紙の訃報を検討することで、レスラーの知名度を推し量ることができるのではないか。

『日本プロレス全史』二〇一四年版および訃報ｗｉｋｉ二〇一四～一八年一〇月をベースにしてみる

と、一九五四年以降プロレスラーおよび関係者で逝去したおもな者は二五二名を数える。このうち、『読売』『朝日』『毎日』の三大紙ともに訃報が掲載された者は選手三六名、関係者五名の計四一名である。以下に記す（逝去順）。

【選手】

一九六三年　力道山
一九七三年　東富士
一九八七年　ハル薗田
一九九三年　アンドレ・ザ・ジャイアント、木村政彦
一九九五年　ミスター珍
一九九七年　プラム麻里子
一九九八年　ボボ・ブラジル、豊登
一九九九年　芳の里、ジャイアント馬場、門恵美子、ジャッキー佐藤
二〇〇〇年　ジャンボ鶴田
二〇〇二年　ルー・テーズ、サンダー杉山
二〇〇三年　吉村道明、フレッド・ブラッシー
二〇〇五年　橋本真也
二〇〇六年　大木金太郎
二〇〇七年　カール・ゴッチ

二〇〇八年　グレート草津、キラー・コワルスキー
二〇〇九年　三沢光晴、ショータ・チョチョシビリ
二〇一〇年　ラッシャー木村、アントン・ヘーシンク、山本小鉄、ジョー樋口
二〇一一年　上田馬之助
二〇一四年　ビル・ロビンソン
二〇一五年　ビレム・ルスカ
二〇一六年　ハヤブサ
二〇一八年　ブルーノ・サンマルチノ、マサ斎藤、輪島大士

【関係者】
一九五六年　新田新作
一九九〇年　九州山
二〇〇三年　森下直人、小島貞二
二〇一八年　馬場元子

ジョー樋口はレフェリーとして有名であるが、レスラーの時代もあったので、選手欄に記した。

このうち、八七年のハル薗田は飛行機事故による死亡、九七年のプラム麻里子、九九年の門恵美子は試合中の事故による死亡であり、二〇〇三年のＤＳＥ（ＰＲＩＤＥや後にハッスルを主催した興行会社）社長森下直人は自殺であった。

〇九年のチョチョシビリ、一〇年のヘーシンク、一五年のルスカは純粋のプロレスラーとは言い難か

ったが、柔道家としての評価が高かった。同じことは九三年の木村にも言えるが、草創期の力道山戦の記憶はあまりにも鮮烈である。一八年の元横綱輪島も同様である。

訃報は、新聞業界の隠語で「亡者（もうじゃ）」というらしい。新聞社的には価値の高い情報で、有名人の訃報をどう扱うかは重要な問題である。扱いには三段階あり、第一面に掲載されるのは相当な人物、社会面にはそれなりの人物、経済、文化、運動面など専門面にはそれ以外という三段階である。

ただし、社会的評価と大衆における知名度は必ずしも一致するものではない。そんなに知られていない経済人、学者、人間国宝の文化人は第一面に掲載されるが、誰もが知る、たとえば、俳優、コメディアンのいかりや長介は社会面の扱いだった。京舞井上流の家元で文化勲章受章者の四代目井上八千代が亡くなった時、『読売新聞』だけが訃報を掲載しなかったためにたいへんな叱責を受けたという。全盛期がずいぶん前にあって高齢で亡くなった海外の芸能人の場合、現役の記者が知らないケースが多く、評伝をOBに依頼する場合があるようだ。

プロレスラーで別格中の別格は一九九九年のジャイアント馬場であった。『朝日新聞』東京本社版は二月二日の第一面に掲載したのである。さらに、運動面、社会面と三面にわたって載せるという破格の扱いだった。運動面では元読売ジャイアンツの投手というキャリアに重点を置いた記事で、社会面ではプロレスラー馬場を扱うという芸の細かさだったが、巨人軍をドロップアウトした点に「反読売」的ニュースバリューがあったのではないか、と邪推してしまった。さらに、二月三日には、病床にあったサンダー杉山が馬場を悼む記事を載せ、同日夕刊文化面には辺見庸による追悼文が掲載されるという手厚さだった。辺見の追悼文については、第4章で詳述したい。また、同紙大阪本社版についても同じ章で触れてみたい。『毎日新聞』は、二日は社会面、同日夕刊も社会面で扱い、一二日夕刊文化面に夢枕獏の追悼文を載せた。『読売新聞』は二日社会面のみの扱いだった。

**『朝日』が突出、『読売』は無関心**　次に、三大紙のうち二紙に訃報が掲載されたレスラーを記す。『読売』と『朝日』に載った者、『読売』と『毎日』、『朝日』と『毎日』、が混在している。

【選手】　一九八五年　佐藤真紀

一九八八年　ブルーザー・ブロディ

一九九七年　ジープ・スウェンソン

二〇〇〇年　福田雅一

二〇〇二年　ワフー・マクダニエル

二〇一〇年　星野勘太郎

二〇一五年　バーン・ガニア、阿修羅原

二〇一八年　ビッグバン・ベイダー

【関係者】　一九六三年　伊集院浩

八五年の佐藤は練習生で、合宿中の事故死であり、二〇〇〇年の福田は試合中の事故に起因する死亡だった。九七年のスウェンソンは日本ではほとんど知られていない選手で、ブロディとの対戦経験もあったというが、映画「バットマン&ロビン　Mr.フリー」に悪役で出演していたという。

ファンの間での評価と新聞の扱いに齟齬があるのはブロディのケースだろう。ブロディの死亡は『毎日』では社会面の記事だったが、『朝日』は運動面での短信、そして『読売』には掲載されなかった。『読売』は三大紙の中では最もプロレスに関心が低いのか、星野、ガニア、原も『読売』のみに載っていない。これに対して、『朝日』のみに掲載されなかったのはビッグバン・ベイダーである。ファン的評価では「ヤマハ・ブラザーズ」として名を馳せた星野、山本組なのに、なぜ山本小鉄は載せて、星野は載せないのかとなるだろう。山本は新日本のスポークスマン的存在で、テレビ解説を務めていたという点が評価されたのだろうか。ちなみに、テレビの解説者を担当して三大紙に訃報が載ったのは〇三年の小島のみである。小島には元力士（力道山の先輩）にして相撲評論家、放送作家、演芸評論家としての顔があった。草創期の解説者である伊集院浩は『朝日』『毎日』に載っているが、肩書きは「毎日新聞社名誉職員、リキ・ボクシング・クラブ代表」であり、『朝日』のみ「プロレス解説者」の肩書きがある。『毎日』は本文で「プロレスリングの解説者の草分け」とその功績に触れている。

一紙のみに掲載されたケースに話を移す。

『読売』のみに訃報が載ったのは、九三年の直井敏光と〇四年のヘラクラテス・ヘルナンデスのみである。このうち、直井は交通事故死としての「事故報道」であり、「純粋」の訃報はごく少ないということになる。これに対して、『朝日』のみが報じた例は比較的多く、次の六例である。

【選手】　一九八七年　マイク・フォン・エリック
二〇〇五年　エディ・ゲレロ

二〇〇七年　クラッシャー・バンバン・ビガロ
二〇一六年　永源遙
【関係者】　二〇〇二年　荒井昌一
二〇〇九年　松永高司

八七年のエリックは死体が発見されたという記事で、後に自殺と判明した。〇二年のＦＭＷ社長荒井は自殺の報道である。

私が最も着目したのは、一六年の永源である。前記の訃報の多くはレスラーの写真とともにタイトル歴など簡単なプロフィールが載っているケースがほとんどである。ところが、永源の場合、運動面ではあったが、かなり詳しいプロフィールが載った。前座試合での「ツバ飛ばし」のことまでフォローされていたのだ。運動面での掲載の場合は社会面と違って制約が少なく、記者の個人的裁量が大きいという。それにしても、前例とはあまりにもバランスの取れていないマニアックな書きっぷりである。「ツバ飛ばし」のことなど一般読者が知る必要があるだろうか。『朝日』の記者によほどの永源ファンがいたとしか考えられない記事であった。ファンとしての感性だけでいうと、永源クラスが掲載されたのなら、他の多くの中堅レスラーも掲載されてしかるべきだと思ってしまった。なお、『毎日』のみに載ったのは二〇一七年のチャボ・ゲレロであった。

もちろん一般紙に訃報が載ったからと言って、一般の知名度を素直に反映しているとは限らない。『朝日』『毎日』に掲載された阿修羅原は、「元ラグビー世界選抜」「原進」としての扱いだった。数年前に、大阪でナンシー関の「消しゴム版画展」があったが、関はプロレスにも詳しく、阿修羅原を彫った作品もあった。ところが、その作品のキャプションはなぜか栗栖正信となっていた。栗栖も元プロレスラーで健在である。さっそく会場の係の人に誤記を指摘して、翌日には訂正されたようである。どこでどう間違えたのかは不明であるが、関が生きていればチェックできただろうに、スタッフがどこかで取り違えたのだろう。プロレスファン的には、原でさえ間違えるのかと思ってしまうが、一般の知名度とはそんなものなのだろう。なお、原は『別冊宝島』の「プロレスラー「知名度調査」」のリストからは外れていた。

## 7　プロレスと永田町

**プロレスと国会の直接的関係**

プロレスと政治の関わりというと、日本プロレス時代には歴代の自民党副総裁がコミッショナーを務めていたことが思い出される。大野伴睦、川島正次郎、椎名悦三郎。新日本プロレスも二階堂進をコミッショナーに擁立していた。もっと古くは、日本プロレス協会が立ち上がった時、会長となったのが酒井忠正で、元伯爵、貴族院議員だった。

村松友視は、コミッショナーによる厳かなタイトルマッチ宣言の直後に、急所打ちが飛び出すような世界が現出するのがプロレスの魅力だと語っていた。であるならば、自民党の重鎮を担いできたのはプロレスの権威付けというよりも、プロレスという主役を引き立てるための役割を担っていたということなのか。

新日本プロレスも二階堂の後は野末陳平がコミッショナーを引き継いだ。彼は参議院議員で税金党の代表であったが、政治家というよりはタレントというイメージが強かった。

今日では、タイトルマッチの宣言書を読み上げるのはテレビ局の人間くらいのもので、わざわざ政治家を呼ぶことは少なくなっている。コミッショナーを称しているのは、リアルジャパンプロレスの榛葉賀津也（参議院議員、国民民主党）くらいである。

アントニオ猪木が八九年に参議院議員に当選して以降、プロレスラーが国会議員になったケースは四例ある。猪木、馳浩、大仁田厚、神取忍である。このうち、馳は森喜朗元首相にスカウトされて、最初参議院議員として当選したが、衆議院に鞍替えした。二〇〇三年頃、某新聞の政治部記者は私に「大仁田は乱闘になったときの盾代わりにすぎないが、馳に関しては、自民党は本格的な政治家に育てようとしている」と語っていた。なるほど、その後の馳は文部科学大臣まで務めたのであるから、本格派であろう。馳の政治的立場はもちろん保守であるが、その一方でＬＧＢＴ、フリースクール、夫婦別姓など自民党支持層には受けが良くなさそうな問題にも取り組んでいるようだ。

猪木は最初スポーツ平和党を結成して当選したが、キャッチコピーは「国会に卍固め、消費税に延髄斬り」というものであり、政治的主張は分かりにくかった。スポーツ平和党のままだと質問権がないため、民社党と統一会派を結成した。当時、私の伯父が民社党の参議院議員をしていて、猪木と並んで記者会見をしていた。「いつでも猪木に会わせてやるぞ」と言われたが、その「特権」は行使することなく、伯父は一期で議員を辞めた。

猪木はなぜ北朝鮮にこだわるのかは多くの人が抱く疑問だろう。もちろん現在の北朝鮮が出身地である力道山の弟子として一九九五年に平壌で「平和の祭典」というプロレス興行を開催したのがきっかけであり、訪朝は三〇回以上に及んでいる。真意は分からないが、北朝鮮の観光開発などに関わりたい野望は見えてくる。

プロレスラー出身の国会議員が四名というのは多いのか、少ないのか。レスラー人口から考えれば、他のプロスポーツに比べると多いような気がする。芸能界と比較するとどうだろうか。「芸能人」の定義が厳密には難しいので、正解はないだろうが、「プロレス」の置かれている社会的位置からすると、健闘してきたとは言えるかもしれない。そもそもプロスポーツ選手が国会議員になる必然性は乏しいわけで、引退後の保障の問題なども絡んでくるのだろう。さらには、プロレスと政治の親和性のようなプロレス文化の問題もある。その観点から、両者の関係性を見ていくことにしよう。

## プロレス的政治

日本の政治とプロレスの関係を論じた優れた論考に、森田吉彦「日本の民主制とプロレスの一断面」（現代風俗研究会編『現代風俗　プロレス文化』）がある。森田によれば、永田町をプロレスに喩えた新聞の見出しの初出は『読売新聞』一九五五年七月三一日朝刊で、国防会議法案をめぐる乱闘騒ぎを「〝国会プロ・レス〟騒ぎ」と報じた。以後、六〇年代、七〇年代と国会の乱闘騒ぎを「プロレス」に喩える風潮が続くことになるが、それは「ルール無用の暴力」の比喩だったと森田は言う。「プロレス観一般が成熟するのは作家村松友視の評論以後」、つまり、八〇年代以降であって、それまではただの暴力の喩としてのみ「プロレス」が用いられたのである。

言うまでもなく、プロレスは「暗黙のルール」が張り巡らされた世界である。その意味で、政治との親和性が論じられることがある。森田は、自民党総務会長だった中曽根康弘が「国会は根回しと称してシナリオが全部できている」（『朝日新聞』一九七八年一〇月八日朝刊）と発言して、ひと騒動となったエピソードを紹介している。「日本政治を「暗黙のルール」から読み解く視座」がこのあたりから出てきたのであろうか。

森田が注目するのが、国会対策委員会（国対）である。国会の運営は議員運営委員会（議運）で決められることになっているが、開催頻度は私的な集いにすぎない国対の方が多く、議運は国体の「上辺にすぎない」という。国対は国会法に根拠のない集まりであるから、議事録を残す必要はなく、「「シナリオ」が存在しても「観客」たる国民の知りうるところではない」。なるほど、これはプロレスに似ているると言えなくもない。

政治学者の高坂正堯は『読売新聞』一九九六年五月三一日に「プロレス的政治」と題した文章を寄せて、当時大きな争点だった住専問題についてこう述べた。

「世のプロレス・ファンには申し訳ないことだが、私にはプロレスが真剣な格闘技というよりひとつのショーであるように思える。（中略）最近の政治はどこもかしこも、プロレスに似てショー化してきたというと褒め言葉ではない。観客——ここでは国民や選挙民——の手前、争わざるをえないが、それで手が折れたり、血が流れたりすることは避けたいのである。」

この原稿が掲載された半月前に亡くなった高名な政治学者の絶筆である。その絶筆においても、政治の比喩にプロレスが使われるほど、プロレスは政治にとって良き喩なのである。しかも、ここではプロレスは「ルール無用の暴力」ではなく、「シナリオ」のある「ショー」である。
高坂よりはプロレスに詳しいであろうメディア文化論の稲増達夫は、二〇〇七年一〇月八日の『読売新聞』に「国政にプロレス的「劇場効果」」という一文を掲載している。安倍晋三首相が参院選敗北後、所信表明直後に辞任し、焦点が自民党総裁選に移ってしまい、圧勝した民主党が期待していた国会論戦が棚上げされてしまった。稲増はこの構図はプロレスに似ているとする。プロレスは「相手の攻撃を受ける時は一方的に技を受け続け、しかるべくタイミングで逆襲すると、今度は相手も一方的に防戦に回るという戦いの構図」だとし、「勝ち負けという「結果」よりも、戦いの「プロセス」を楽しんでもらおうという趣向」とする。つまり、今日の政治においては「劇場効果」を狙ったパフォーマンス合戦の側面は不可避である。その中で有権者に説明責任を果たしていく重要性を稲増は説いている。単なる「ショー」と断ずるのではなく、「ショー」の内実にまで踏み込んだ比喩になっている。
自民党が「プロレス的「劇場効果」」を狙ったのに対抗したわけでもないだろうが、二〇〇九年に政権を奪った民主党の山岡賢次国対委員長からはこんな発言が飛び出した。「プロレスの八百長試合のような時代があったのは事実かもしれない。だが、我々が与党になってからはガチンコ国会だ」（『日本経済新聞』二〇一〇年五月二八日）。ずいぶん時代が逆戻りしたような発言に聞こえる。この直後の参議院選挙で民主党は大敗した。劇場型にならざるをえない時代に、「ガチンコ」はないだろう。「芸」がなさすぎた。

**「プロレスに失礼」**

自民党が政権に復帰を果たしてから、再び「プロレス」が国会を賑わす事態が起こった。

二〇一六年一一月二三日、萩生田光一官房副長官が次のように発言し、物議を醸したのである。

「強行採決なんてのは、世の中にあり得ない。審議が終わって、採決を強行的に邪魔をする人たちがいるだけ。あの（野党の）人たちが本当に声をからせて質問書を破りながら腹の底から怒っているかといったら、「田舎のプロレス」と言ったら怒られるが、ここでロープに投げたら返ってきて、空手チョップで一回倒れて、みたいなやりとりの中でやっている。ある意味、茶番だ。」

（『朝日新聞』二〇一六年一一月二五日）

この発言に野党は当然反発し、与党からも批判が出て、萩生田は議運理事会で発言を撤回・謝罪することになった。

ここまで見てきたように、国会をプロレスに喩える例は枚挙に暇がなかった。『日本経済新聞』は「水面下で調整しつつ、表では真剣な論戦を戦わせる国会はプロレスに通じるとの見方もある」（二〇一六年一一月二五日）と紹介している。それらは与党も含めた国会全体を揶揄する比喩であった。ところが、萩生田は野党限定で「プロレス」の比喩を持ち出したのである。

「田舎のプロレス」視された野党の反応を見ると、

「プロレスのように飛び蹴りしたい」（照屋寛徳国対委員長・社民党）と直接的かつ素朴な反応もあったが、「プロレスに対しても田舎に対しても失礼だ」（山井和則国対委員長・民進党）

「話し合いはチャラだ。ガチンコのプロレスをやってやろう」（榛葉賀津也・参議院国対委員長・民進党）（『日本経済新聞』二〇一六年一一月二五日）

（いずれも『毎日新聞』二〇一六年一一月二五日）

榛葉は前述のように佐山聡が創設したリアルジャパンプロレスのコミッショナーで関係者としての発言でもあるので横に置き、ここでは山井の発言に注目したい。同氏がプロレスファンであることを差し引くとしても、「プロレスに失礼」という感覚が珍しいと思うからである。従来プロレスは「ルールなき暴力」にせよ「シナリオのあるショー」にせよ、常にネガティブな存在であり、失礼されても仕方のないような存在にとどまっていた。プロレスを擁護するような発言はオフィシャルには聞かれないものだ。

ＴＢＳの「サンデーモーニング」という番組で、内藤大助と亀田大毅のボクシングＷＢＣ世界戦で亀田が反則を繰り返した試合を取り上げたとき、「大沢親分」こと大沢啓二が「プロレスじゃない。マナーってもんがある」と発言した後に、写真家の浅井愼平は「ボクシングへの冒瀆だ。ひどいなと思う。プロレスに行けといわれているが、プロレスに対しても失礼」とプロレスにも配慮したコメントを加えた。この浅井発言がいまだにファンの間で話題になるほど、プロレス擁護発言は希少なのである。

「プロレスに失礼」発言の背景には、レスラー出身の国会議員が存在する、いや存在してきたことの重みが影響しているのだろうか。与党の馳浩は「俺と勝負するか？」とさすがに不快感を示した。ところが、「プロレスが茶番かどうかアントニオ猪木議員にぜひ聞いてほしい」（吉田忠智・社民党党首）という声が上がったものの、当の猪木は、参議院外交防衛委員会で質問する機会があったにもかかわらず、沈黙を貫いた。猪木が属する会派、無所属クラブと政権との距離感が影響しているのかもしれない。あるいは、邪推になるが、猪木自身に「プロレス」を代表しているという意識が希薄なのか。いや、その意識が強烈にあるがゆえに、逆に避けたのか。

### 「田舎のプロレス」の意味

ところで、世の中には深読みする人がいて、当の萩生田発言について、野党を批判するなら「茶番」の一言で済むのに、わざわざプロレスの喩を持ち出し、しかも、ロープワークの詳しい描写までして、実はプロレスファンではないのか、という声があった。たしかに、こんなにプロレスにコミットした政治家の発言は今までなかったと思う。しかし、ここで注目したいのは「田舎の」である。これは明らかに侮蔑的ニュアンスを含んだ形容詞である。なぜ「田舎のプロレス」でなければいけなかったのか。「田舎のプロレス」が意味するものは、地方に本拠を置くプロレス団体ではないだろう。東京のプロレス団体でもロープワークは日常的に見られている光景である。とするならば、「田舎のプロレス」に対比されているのは総合格闘技なのではないだろうか。萩生田は総合格闘技のファンで、その高みからプロレス全般を見下していると考えるのはうがちすぎであろうか。

『産経新聞』は、プロレスの魅力をボクシングや総合格闘技と違って、相手の技を受けきることが暗黙の了解になっていて、その前提で「必殺技」の応酬が行われることにあるとして、民進党を批判した。萩生田は「民進党はプロレスのレベルに達していない。同列に語ったことはプロレスに対して失礼だった」と言うべきだったとの論調を展開した（一一月二五日）。要するに、民進党が国会の議論において対案という「技」を出していないことへの批判であり、民進党の「プロレスに失礼」発言に対する『産経』得意の当てこすりであろう。

ところで、この一連の騒動は『朝日』『毎日』『産経』で詳しく取り上げられたが、『読売』はほとんど報道しなかった。萩生田が発言を撤回・謝罪したという事実に簡単に言及したのみで、もちろん「田舎のプロレス」などひとことも載っていない。『日経』ですら報道したのに。『読売』は言葉上だけにせよ「プロレス」が絡むと引いてしまう体質があるのだろうか。

さて、この騒動は数日で終息したが、一一月二六日の『毎日』夕刊に「民進・階議員支部　プロレスを観戦」という短い記事が掲載された。「元総務政務官で、民進党政調会長代理の階猛衆議院議員（岩手一区）が代表を務める政党支部が、プロレスの観戦チケット代二万四〇〇〇円を政治活動費として支出していたことが二〇一五年の政治資金収支報告書で分かった」というもの。階は盛岡で行われた大日本プロレス（蛍光灯を使ったデスマッチなどが得意な団体）を観戦した際にリング上で挨拶したために事務員がチケット代を組織活動費として計上したらしい。事務所は「事務員のミスで、今後訂正する」としている。地方のデスマッチでどんな挨拶をしたのだろうか。この記事は『毎日新聞』のブラックジョークのように思えた。

政権を批判するためだったら、プロレスに加担することもいとわないという野党の姿勢が浮き彫りになっただけなのか、あるいは、ネット社会の深化とともに、「炎上」を避けるべく、あらゆることに配慮しなければいけないような風潮がついにプロレスにまで到達し、プロレスも配慮の対象の仲間入りをしたということなのだろうか（以上、政党名と肩書は一部を除いて、いずれも当時のままの表記とした）。

# 第4章　プロレス文化研究会の言説

## 1　現代風俗研究会

プロレス文化研究会の第一回集会が行われたのは一九九八年七月のことだった。場所は京大会館だった。

### 現風研デビュー

社団法人・現代風俗研究会のワークショップ活動として、現風研から若干の予算を支給されての旗揚げであった。井上章一は世話人挨拶で「プロレスについての知識は偏った知識であり、自慢できない知識だと思っていたが、プロレスについての知識を自慢する岡村氏に出会った。岡村氏らと現風研の例会の後の懇親会で、その日のテーマと関係なくプロレスのことを語り、顰蹙を買っているが、プロレスのことを思う存分語れるこの会を創った。きょうはささやかな団体の旗揚げである」と語った。それを受けて私は「きょうはマニアの集まりではない。世代の違いを超えてプロレスを一つの現象として捉えて考える会である」として、「超時代的にプロレスを語る為に」と題する約一時間の講演を開始したのだった。

井上のこの挨拶には彼のプロレス観が如実に出ていると思う。「偏った知識」「自慢できない知識」を思う存分語れる場があればよい。人類にとって重要な知が存在する一方で、どうでもよい知識が存在する。しかし、それを語り、情報を交換する場所があってもいい。

これに対して私は、「マニアの集まりではない」と大上段に構え、「プロレスを一つの現象として捉える」と現風研っぽい枠にはめようとしている。

現代風俗研究会に入会したのは一九八八年のことだった。一九七六年に任意団体として発足した現風研はフランス文学者の桑原武夫を初代会長に据え、いわゆる京都学派の一つと考えられる京大人文研の流れを汲む研究会である。日常生活の視点から現代風俗を観察・記録することを主眼とし、ここでいう風俗とはうつろいやすいものを指している。発足時の他の主要会員には鶴見俊輔、多田道太郎らがいるが、アカデミズムに閉じこもるのではなく、一般市民を広く会員に招き入れ、市井の感覚を重視した点に特徴がある。

京大人文研には実は大学の卒論と修論でお世話になっていた過去があった。同志社大学文学部および大学院に在籍した頃、ジャン＝ジャック・ルソーとフランス革命の関係のようなことを論文のテーマとしたが、桑原武夫編『ルソー研究』『フランス革命の研究』は重要な参考文献となっていたのである。八八年に現風研に入会したときはそんな縁までは意識していなかった。当時、『プロレス世紀末通信』というミニコミ誌を発行しており、いろいろな所に送付していた。八四年だったと思うが、現風研の年報で、井上章一と常見耕平が「刈り込まれた暴力」と題した対談を行っており、「これは面白い」と井上、常見両氏にミニコミを送付したのが現風研との関わりのきっかけであったと思う。で、どこで住所を知ったのか鶴見にも送付していたのだ。ともかく『プロレス世紀末通信』を世に広めたいという気持ちが前面に出ていたと思う。

会場の徳正寺に着くと、すでにほぼ満席の様子で一カ所だけ二人分くらい空いている場所があったので、そこに腰を下ろした。しばらくして私の隣に座ったのが鶴見俊輔だった。つまり、そこは同氏の定席だったようで、それを知らない私は初参加でいきなり鶴見の隣に座ってしまったのだ。さすがに緊張したが、自己紹介をして『プロレス世紀末通信』を送っている旨を話すと「ああ、あなたですか。僕はプロレスラーが活躍するような世界は愉快なんだな」というような意味のことを言われたと思う。

私が入会した年の初めには現風研は社団法人となっており、会長は多田道太郎になっていた。また、桑原武夫は四月に亡くなっており、私はお会いしたことがない。

さて、それから毎回のように例会に顔を出したが、当時の現風研は会員数が五〇〇人近くあって活況を呈していた。学者だけではなく、マスコミ関係者の会員も多く、二年に一回発行されていた会員名簿は「これが目当てなんですよ」という新聞記者もいて、新聞のネタ元として重宝されていたのだと思う。もっとも、例会への参加者はだいたい三〇人くらいだった。何年だったか、青林堂の創業者で『ガロ』初代編集長の長井勝一を招いて鶴見俊輔と対談を行った会は満員の盛況で一〇〇人以上いたと思う。やはりカルチャーセンター的捉え方をしている会員が多いのではないか、と思った。

例会が終了した後、近くの居酒屋で懇親会になることが多かったが、井上の発言にあるように、その日のテーマそっちのけでプロレスの話に興じていたような気がする。私個人はそんな意識はなかったのだが、少しでもプロレスの話を出すと異様に目立ってしまうのだ。ある人曰く、「岡村さんはどんな話でもプロレスに結び付けてしまう」との印象だったらしい。「プロレスの岡村」との印象は人々の目に強烈に焼き付かれたようで、最近まで私をプロレス業界の人間と思っていた人も少なくなかった様子は第2章に書いたとおりである。

**ドタン場で「特別対談」が実現**

翌八九年は私が初めての著作『知的プロレス論のすすめ』をエスエル出版会より上梓した年である。五月の出版に向けてテンションが上がっていた私は二月の例会に意気揚々と乗り込んだ。この例会のテーマは前年の秋に出版された年報『異文化老人の探検』の合評である。この年報の執筆者に一人ずつコメンテーターがついての合評会である。私はこの年報に「養老院としてのプロレスから保育園としてのプロレスへ」なるエッセイを載せていた。「老人」というテーマと何の関係もない。完全なこじつけである。他のスポーツを引退した選手がプロレス界に入る、その様を「養老院」に喩えたのは、ちゃんと確認したわけではないが、やはり井上のアイデアではなかったか。原稿の依頼を受けたとき、電話をかけてきた編集員である大学助教授（当時）の声には戸惑いの様子が感じられた。「井上さんのたってのお願いなんでね」と言ったような記憶もある。「私の企画ではないんですよ」と言いたそうだった。こちらとしては、プロレスの原稿が書けるのだから喜ばしかったが、同時に、こんなのでいいのかとも思ったのは事実である。

私のエッセイのコメンテーターには井上ではなく、当時大阪学院大学講師のリー・トンプソンがつくことになった。その経緯は知らない。トンプソンは米国オレゴン州出身で、大阪大学大学院で力道山をテーマに修士論文を書いた人物である。現風研の担当者の電話では、「他にも執筆者が数名参加するので、それほど持ち時間はない」とのことで、数分しゃべるだけだろうと軽く考えていた。

ところが、二月上旬に届いた案内のハガキには「特別対談・岡村正史対リー・オースティン・トンプソン」と書かれていて驚いてしまった。

いつ企画が変更になったのだろうと、事務局に問い合わせると、「あれは若い人が先走って書いてしまったんです。発送してしまったハガキはしかたないんですが、今残りのハガキを作り直しているところなんです。前に申しましたように、あくまでトンプソンさんにコメントをしてもらうということなんです」との回答が返ってきた。

当時の現風研事務局には、よほど私のことを面白がる勢力が存在したのだろうか。何かクーデタみたいな話だなと思って、会場の徳正寺に出かけた。

トンプソンとは初対面であったが、型通りの挨拶の時間も惜しいとばかりにいきなりプロレス論が展開され始めた。合評会の開始時間までにはまだしばらくあったが、二人の熱気は会場全体に伝わっていった。この熱気に最も敏感に反応したのが井上章一だった。同氏は『プロレス世紀末通信』第六号で私が「井上章一はビル・ロビンソンが一番好きだ」と書いたことを「あれは間違いだ。私はそんなことを言った覚えがない」と指摘した。ロビンソンが好きか嫌いかはマニアの間ではデリケートな問題でもあり、私は素直に詫びた。

ところで、井上は「特別対談」があるとのハガキを受け取っていた。私が「コメントしてもらうだけなんですよ」というと、「えっ、きょうは『特別対談』があると聞いていたから来たのに」と落胆の様子だった。そして、一瞬間を置いてから真顔になって「『特別対談』をやりましょう。ね、やりましょう」と語気強く言い放った。隔月での例会では、シニカルな司会ぶりが名物になっていた井上のこの発言が会場の空気に影響を与えぬはずがない。

その日の司会役だったSさん（女性）はあっさりと井上発言を受け入れて「それじゃ、そういうことにしましょうか」と変更を認め、ドタン場で「特別対談」は実現してしまった。

## 「シングルマッチ」から「バトルロイヤル」へ

合評会全体の所要時間は三時間で、そのうち多田道太郎会長の「はがき報告」（さまざまな風俗を会員がハガキで報告し、年報に掲載される）についての総評が三〇分、鶴見俊輔の「はがきアンケート」に関するコメントが三〇分あり、合評自体は実際二時間であった。私以外に執筆者は三名いたが、その三人の合計時間はわずか三〇分だったのに対して、「特別対談」は一時間三〇分にも及んだのであった。

トンプソンはまず「養老院としての…」を要約し、「プロレスとはもともとどういう行為なのか、リング上で何が行われているのか」という点が最大の関心事とした。そして、「岡村氏は、プロレスは八百長ではない、と言っている」と指摘した。

これに対して私は、八百長という言葉の曖昧さを指摘した上で、プロレスについては広い意味での八百長が使われている。私の立場は、リング上で行われていることに対して八百長という言葉は適切さを欠いている、というものだ。プロレスはむしろ芸能、ショービジネスとして考えた方が多くのものが見えてくるのであって、真剣勝負か八百長かなる二元的捉え方は不毛である、と語った。

対するトンプソンは、「たしかに不毛かもしれないが、その問題が重要である。プロレスはリアリティとは何かという問題を私たちに突きつけている」と反論した。さらに続けて、「プロレスは真剣勝負というタテマエのもとに行われているから意味がある。レスラーがただの芝居と認めてしまえば、本当にただの芝居でしかなくなる。岡村氏のように割り切って見ているファンは少数派なのでは」と疑問を呈した。

私は割り切って見ているファンが増加している事実を指摘し、本来隠語である「セメント」という言葉がファンにも浸透してきていると語ったところ、多田道太郎会長から「セメント」の語源についての質問が飛び出した。

このタイミングで颯爽と乱入してきたのが井上章一であった。「プロレスファンが素人と語るときには必ず演劇か八百長かというパターンの議論になる。これはおそらく経済学者が素人に『先生、株でもうかりますか』と質問されてうまく答えられないのに似ている」として、トンプソンに対してクセ球を投げてみせた。「素人」というのは、トンプソンが「私はファンではない」と発言したことを意識したものと考えられる。

トンプソンは学生時代にアマレスを経験していた。自分自身「レスリング」をしている「レスラー」だという意識を持っていた。ところが、日本同様アメリカにおいてもアマレスとプロレスが混同されている現実があり、他人から「お前はラスリンをやっているのか、ラスラーか」と突っ込まれてよく腹を立てたらしい。「ラスリン」とはアマレスもプロレスもいっしょくたにした「レスリング」の俗称であり、プロレスにとっても一種の蔑称である。当然のようにプロレス嫌いとなった同氏はリアリティの問題への興味から大阪大学でプロレスの研究を開始したのだった。

続いて、文芸評論家の加藤典洋が議論に加わった。「日本のプロレスファンはアメリカのファンと違って高度な楽しみ方をしている。八百長だとわかっていても絶対に醒めない魅力がプロレスにはある」と発言し、シングルマッチとしてスタートした「特別対談」はバトルロイヤル的様相を呈し始めた。

この後延々と続いたのが井上対トンプソンの激論だった。両者の議論は猪木対藤波を例に白熱したものとなった。

## 井上対トンプソンの攻防

井上「プロレスは八百長だからこそ面白い。猪木社長の圧力の前で社員である藤波がどこまで本気を出せるのかというのは八百長でなければ楽しめない」

トンプソン「その言い方ならある程度のリアリティを投影していることになる。藤波が猪木に本当に対抗していることになる。社員の藤波がどこまで本気を出すのかということについて台本に載っているのかどうか」

井上「ぼくらがそこまでトレースできないが、観客として楽しめるのは藤波の根性である」

トンプソン「その根性というのは本当の根性なのかどうか」

井上「それはぼくらは永遠にトレースできない。藤波が猪木の逆関節を取ったとする。社員の藤波が猪木の腕を折る度胸はないだろう。猪木なら社員の腕が折れる。でも、きょうぐらいは本当に藤波はやるのではないか、そういう興味で見ている」

トンプソン「社長であれ、社員であれ、プロレスではそういうことをやっちゃいけないことになっている」

井上「要は度胸の問題だ。人生において掟破りのことをやってぬくぬくとした地位についているヤツがいる。猪木ならそれができた。藤波にはその度胸はないだろう。壮絶な人間模様がリング上に投影されているといったエンジョイの仕方をしている」

トンプソン「猪木がそういうことをやったってのはリング外のことでしょ」
井上「中です。中です。猪木は暗黙の了解を破ることができたんです」

井上の「八百長だからこそ面白い」論に関しては、『別冊宝島一二〇　プロレスに捧げるバラード』に掲載された同氏との対談で反論を加えたことがある。私は「八百長」とは競技性が確立されているスポーツにこそ有効な言葉であって、価値観が一般スポーツと違って逆立ちしたようなプロレスには当てはまらないと思っている。「八百長」という言葉には同意できないが、井上のファン心理はよく理解できる。ただし、この「特別対談」は三〇年近く前の話であり、現在の井上が同じ考え方をしているかは保証の限りではない。

トンプソンのプロレス観は、プロレスは徹頭徹尾演出されたジャンルだという考え方である。実感として言うと、われわれが想像する以上に演出された世界だとは思う。しかし、アドリブがまったくないかというと、そんなことはなくてアドリブ性にこそプロレスの魅力が存在すると考える立場からはトンプソンの考え方は狭すぎる気がするのだ。もっとも、同氏はファンでもないし、リアリティの問題を考える上でプロレスを素材とした研究者であって、奇特な立場と言えるだろう。同氏の関心はその後大相撲に移行している。

## 「台本」をめぐって

両氏の激論がひと段落した後、「台本」論となった。ジャズ、政治、映画も総動員しての議論である。

岡村「プロレスはジャズのアドリブ演奏に似て、テーマとエンディングだけが決まっていることが多いのではないか」

加藤典洋「たとえば長州力が藤波に〝かませ犬宣言〟をして維新軍を結成した。これは台本通りと思っていたら、長州は維新軍ごと本当に新日を飛び出してしまった。つまり、台本が決まっていて状況が動くはずがないのに、本当に動いていってしまう。これは自民党に似ている。伊藤昌哉の『自民党戦国史』を読むと、自民党でも台本は決まっているのに情勢が動いていってしまうサマが描かれている」

トンプソン「映画『タクシー・ドライバー』のジョディ・フォスターの演技にリアリティを感じすぎた青年がレーガン大統領を暗殺しようとしたように、演技を真実のものとして受けとってしまう心理があるのではないか」

すると、井上は「台本があるにもかかわらず力学の変動がある。つまり、台本の演出の失敗が構造変動に繋がることがある。台本に満足しきれない野心家が台本に逆らい、その反抗が観客のアピールを受ければプロダクションがそっちのほうへ流れてみようと判断することがある。台本のミステークの蓄積が構造変動を生み出す」と加藤発言をフォローした。そして、トンプソンのファン心理論に回答するかのように、「かつて猪木が本当に強いと思っていた時期があった」と告白。

続けて、「ところが、しばらく見ていくうちに、そのことがどうもおかしいと気づきだす。すると、そのおかしさを正当化するためにヘリクツを考え出す。これは初恋の女をいつまでもいい女と思いたい気持ちに似ている。ヘリクツの連鎖こそが井上理論や岡村理論を生み出したんです。このヘリクツにはいわく言い難いリリシズムがあるので、そっとしておいてください」。

ここで一同大爆笑となった。鮮やかなフィニッシュを決めたかのように、井上は爆笑の余韻が消えぬうちに姿を消していた。

その後、私がリング上において「八百長」（「演出」とか「仕掛け」と言うべきところをつい口をついて出てしまった）の高度化現象が起こっている点を指摘すると、大衆演劇研究家の鵜飼正樹から「大衆演劇の世界でも似たようなことが起こっているが、プロレスの見方の高度化は実はプロレスにとって危険なことではないか」との鋭い意見が出された。

残念ながら、カセットテープはこのあたりで切れていて、後は当時のメモに頼るしかない。

多田道太郎会長は私の「プロレス学」に関して、芸術論としては面白いが社会科学ではありえないというきわめて真っ当な指摘をいただいた。また、鶴見俊輔は、大人と子供が相撲をとるケースを例にユニークなプロレス論を展開され、このあたりでお開きとなった。

あれから三〇年近くの歳月が流れたが、あの知的興奮に満ちた「特別対談」が後年のプロレス文化研究会の源流だったような気がしてならない。あのときの空気は翌年の『別冊宝島一二〇　プロレスに捧げるバラード』における井上章一との対談「世間の「プロレス＝八百長」説への有効な反論とは」に直結している。

## 2 『知的プロレス論のすすめ』からの一〇年

現風研における「特別対談」の直後、私は五年ぶりに全日制高校に転勤した。それまでの五年間は定時制高校に勤務しており、比較的自由な時間に恵まれて、心のゆとりがあったのは事実である。この五年の間に結婚し、長男が誕生し、『プロレス世紀末通信』の活動を行い、現風研に入会した。すべて心のゆとりがなせる業だったような気がする。

### 定時制高校

定時制以前は全日制に四年間勤めていたが、教師としての経験不足から授業や生徒指導に手こずり、多忙ゆえに空回りしている毎日で、夜になると酒で憂さを晴らすしかなく、そのために教材研究はままならず、また翌日の授業は苦戦する、そんな毎日だったと思う。定時制への転勤が決まり、職員室でそのことが分かった時には部屋中が静まり返った。「あの学校は廊下をバイクで走っているらしいよ」。そういうことを真顔で「アドバイス」してくれる先輩もいた。みんな一様に心配顔だった。私はまるで突然月への旅行を命じられたかのような心持になっていた。

しかし、定時制高校は予想と違って私にとってはある種天国のような場所だった。校内暴力が吹き荒れ、管理教育が全盛のご時世だった。ひたすら厳しい校則で固めた新設校である全日制高校から転勤してきた私にとっては何もかも正反対の世界だった。

授業こそ全日制とは勝手が違いアナーキーな雰囲気に満ちてはいたが、熱心に聞いてくれる生徒は存在したし、高齢者の生徒の熱心さ、いや熱心なだけではなく私が紹介する世界史のエピソードにいちいち感動してくれる様子は全日制では存在しないものだった。もちろん廊下をバイクで走る生徒はいなかった。遠足のような行事はひたすら楽しく、リラックスできた。

もちろん、荒れた日々がなかったと言えば嘘になる。しかし、おおむねそれなりに穏やかな毎日だったのである。そして、何より心のゆとりを得たことが大きかった。

今の定時制高校はずいぶん様子が変わったと聞くが、私が勤務した頃は自由な研修が大幅に認められており、教師になって初めて心のゆとりを獲得できたのである。

全日制と比べてデスクワークの量は圧倒的に少なく、全日制の処理スピードに慣れていた私には苦しいものではなかった。しかし、人間は楽をすれば不安も募ってくるものだ。どうしても教材を工夫しようという気持ちが薄らぎ、おのれの学力が目に見えて低下していく現状が心配になってきたのである。先輩の教師の中には、夜間が中心の勤務のために昼間から酒を飲んでしまいアルコール中毒となって肝臓を悪化させて休職し、そのまま亡くなってしまった人もいた。

私は五年ぶりに全日制に復帰した。最初の中間考査で四種類の試験を作り、採点した時のしんどさは今でも忘れない。仕事量的には定時制の何十倍という感覚だった。その落差にほとほと疲れきった。その頃に初めての著作『知的プロレス論のすすめ』が出版されたのである。

## エスエル出版会

この本はエスエル出版会から出された。当時はエスエル出版会と鹿砦社（ろくさいしゃ）の区別がつかなかったが、鹿砦社の子会社がエスエル出版会という関係だったらしい。社長は同志社大学文学部の先輩松岡利康だった。これはまったくの偶然で、そんなことを知らずに『プロレス世紀末通信』を送り続けていたのである。エスエルという名前は世界史を教えていた私にはすぐにピン

『知的プロレス論のすすめ』
（エスエル出版会）

ときたけれど、ロシアの革命政党、社会革命党の別名であり、このネーミングだけでどういう志向性の出版社かは理解できた。

エスエル出版会に注目したのは、鹿砦社から板坂剛の『アントニオ猪木・最後の真実』『アントニオ猪木・闘魂滅び詩』が出版されていたからである。板坂は『最後の真実』で猪木対ブルーザー・ブロディ戦におけるブロディの「不正流血」を暴いたことでマニアの間では話題になっていた人物で、日本大学で全共闘運動の経験があった。一度だけ会ったことがある。西宮市鳴尾町にあった鹿砦社の本社ビルで対談を行い、その模様は『プロレス・ファン6』に「プロレスの歴史的流動への告発」と題して収録された。会うまでは偏執狂的な人物を想像していたが、実際はそんなこともなく、話は予想以上にはずんだ。東京からやってきた板坂はそのまま本社ビルに宿泊するということで別れた。現在は著述家およびフラメンコダンサーとして活躍していると聞いている。

板坂と並んで、鹿砦社と関係が深かったのが民族主義の政治団体・一水会（いっすいかい）の鈴木邦男である。松岡社長はよく「板坂で左翼を押さえ、鈴木で右翼を押さえているんだ」と豪語していた。一水会と鹿砦社は長く協力関係にあり、鈴木や現代表の木村三浩の著作は同社から多く出版されている。一水会は「新右翼」と称されてきたが、排外主義的な愛国主義とは一線を画し、二〇一五年には「右翼団体」という名で組織を呼ぶことを止めると宣言した。鈴木は生長の家の運動から民族主義運動に入り、産経新聞社に勤めた経験から現在でも『産経新聞』を購読している律義さを持ち合わせ、三島由紀夫への共感を隠さず、靖国神社を数えきれないほど参拝している。一方で、対米自立、反原発、反ヘイトスピーチの主張を有し、二〇一七年の衆議院選挙では立憲民主党の応援演説に立った。一水会の代表の座を木村に譲り、自らは文化人としてメディアへの出演も頻繁で、東奔西走の毎日を送っている。

また、鈴木は格闘技への関心が高く、旧ソ連のハバロフスクでのサンボ・ツァーに数回参加している。当時の『月刊プレイボーイ』には、鈴木の次のようなコメントが掲載されていた。「イデオロギー的な話ばかりしていても、ソ連は理解できませんよ。それより、右も左も狭い考えに凝り固まっていないで、みんなサンボをやればいいんです。「思想別対抗戦」なんて面白い。そこでなら、最近元気のない新左翼の連中の腕など何本もへし折ってやりますよ」。

私が鈴木に初めて会った日は定かではないが、一九八九年一二月に大阪のホテルで鹿砦社主催のパーティーがあり、「鈴木邦男来る！」と盛んに煽っていたことから、鈴木に初めて会うつもりで出かけたことを覚えている。

奇妙なパーティーだった。同社から出版した著者が何人か集められていたことは間違いない。中には、出版記念パーティーのつもりで集まったグループもあったと思う。舞台ではどういうわけか着物姿で日本舞踊を舞っている一群の女性もいた。特別ゲストとして、ジャパン女子プロレスの神取忍と伊藤勇気が来ていた。神取に「ロープに飛ばされても、跳ね返ってこなかったらいいのに」と言ったら、「つい跳ね返って来ちゃうんですよ」とあっけらかんと返された。そして、肝心の鈴木邦男は現れなかった。

いちばんがっかりしたのが、ハバロフスクのサンボ・ツァー参加者たちだったろう。彼らは同窓会のつもりで参加していたのである。しかし、神取や伊藤を中心に記念撮影しているうちに、私はこのグループと親しくなり、近くの居酒屋で二次会ということになった。今でも、このグループの中にはプロレス文化研究会の常連として付き合っているメンバーがいる。鈴木が取り持つ縁と言うべきだろう。今でも、あのときのパーティーの話題が飛び出すことがある。

## 『終着の浜辺』と『プロレス・ファン』

ところで、全日制高校の仕事のペースに次第に慣れていった私は「岡村正史」としての仕事も順調にこなしていった。『別冊宝島』の一連のプロレスもの、東京の出版社である現代書館から『日本プロレス学宣言』の出版、『週刊プロレス』からエッセイ執筆の依頼…エスエル出版会からは『プロレス・ファン』という雑誌（厳密には単行本扱い）が刊行され、ここにも多くの文章を寄せた。

時代はバブル全盛だった。西宮の小さな出版社がプロレス本を出して儲けようという野心を持ってもおかしくない時代だった。

東京では、作家の亀和田武、印刷史研究家の府川充男らが中心となってジャパン女子プロレスの尾崎魔弓を応援しようという動きが起こっていた。八九年の秋だったか、東京・後楽園ホールでジャパン女子と大仁田厚率いるFMWのダブルヘッダー興行があり、まずは昼間にジャパン女子の興行を観てから休憩を兼ねて喫茶店に集まることになった。ジャパン女子の興行では、芳の里がタイトルマッチのレフエリーを務めたのが印象に残っている。ミスA（後にダイナマイト関西）がイーグル沢井にダメージを与えて、コーナー最上段に上ったところ、その間沢井は当然倒れていたわけだが、両肩がキャンバスについているということで、突然芳の里は「ワン、ツー」とカウントを取り始めたのだ。これには場内から「おい、おい」という声が上がり、沢井もさすがに肩を上げたが、芳の里のフォール感覚とはどういうものだったのだろうか。

喫茶店に駆け付けると、亀和田、府川両氏のほかにフジテレビのアナウンサー軽部真一もいた。傍らではフリーライターの岩上安身と一水会の中村太が何やら話し込んでいる。なんらかのトラブルの手打ちが行われていたようだ。ＦＭＷを観る時間になった。亀和田はチケットを持っておらず、ダフ屋に取り囲まれて一万円を要求され、一瞬逡巡したところ「一万円ぐらい出せねえのか」と凄まれていたが、この様子は亀和田自身がどこかに書いていたはずだ。このグループは『終着の浜辺』という機関誌を発行していて、私も一度寄稿したことがある。今まで女子プロレスに限らず誰のファンにもなったことがない男たちの集まりで、最終的に尾崎魔弓に行き着いたというコンセプトだったと思う。この折に亀和田と少し話したが、彼は当時天龍の支持者で猪木嫌いであり、私は当時猪木支持ということで話は合わなかった。後年、亀和田は猪木の「人ったらし」の能力を見直して再評価することとなったようだが（『人ったらし』文春新書）。

話を『プロレス・ファン』に戻す。最も印象に残っている出来事としては、一九九二年五月一二日に大阪・中之島中央公会堂で行われた「公開トーク」を挙げることができる。第一部が「鈴木邦男対談シリーズ」でゲストは井上章一であった。そして、第二部が『プロレス・ファン』懇談会と称して、鈴木、井上両氏に私が加わって内外のプロレス情勢について語るという予定だった。ところが、タレントのＫが突然現れて、鈴木氏に促される形で第四の論客に変身してしまったのである。Ｋはあくまで一観覧者

『プロレス・ファン5』
（エスエル出版会）

のつもりで来場したのだが、会場の九号室は三〇人で満員という狭さで、Kの来場と同時に全員がKであることに気づき、ざわめきが生じた。そこで、鈴木が「Kさん、こちらにおいでよ」と出演者側にしてしまったのだ。このときの模様は『プロレス・ファン5』に掲載されている。編集部としてはKを実名、写真入りで載せるつもりであったが、所属の芸能事務所からクレームがつき、「プロレス大好きタレントX」として写真は顔が黒く塗られた状態で掲載されることになった。Kはもちろんのこと、鈴木と話したのはこれが最初だったかもしれない。

『プロレス・ファン』との付き合いは九五年末まで、号数にして「29」まで続いた。九〇年代前半のプロレスはテレビのゴールデンタイムでレギュラー放送されることはなくなり、たまに特別番組としてゴールデンで放送されることはあったものの、テレビへの依存度を大きく減らし、ライブ中心のプロレスに移行していた。各地のドームを使用しての興行が一般化し、収益としては「テレビ・プロレス」時代のいかなる時期をも上回っていたと言えよう。世の中のバブルははじけていったが、マット界は周回遅れのバブルを享受していたのである。

エスエルからは一九九四年に『世紀末にラリアット』という本も出版した。この本は本来なら九三年に出る予定であったが、どういうわけか一年遅れた。コラムニスト竹内義和との対談を含むこの本はそのタイトルの突飛さが高校生あたりには受けたようで、勤めていた高校でも、私の姿を目にすると、このタイトルを連呼して喜んでいる生徒がいた。

## 阪神・淡路大震災

一九九五年は言うまでもなく、阪神・淡路大震災があった年で、私の神戸のマンションは被災を免れたが、被害の大きかった神戸市の市街地と被害の小さかった郊外とでは被災状況がまったく異なり、意識がまったく違うという現実に直面した。日常にいつ復帰するか、具体的には学校をいつ再開するかをめぐっては市街地に住む者と郊外に住む者では同じ神戸でも意識のズレが顕在化した。そのとき勤めていた高校は郊外にあったために鉄道は復旧していなかったものの一週間で授業が再開された。後に、全校集会の場でこの決定に興奮して抗議をする被災した教師もいた。

やや余談めくが、いつかのプロ文研で発表するために力道山に関するビデオ素材を探していて、ハッとしたことがあった。それは、関口宏が司会をしていた「驚きももの木二〇世紀」という番組でオンエアの日付は一九九五年一月二〇日となっていたのだ。われわれには、東日本大震災のときのメディア状況の記憶は新しい。震災発生直後からテレビは特別編成となり、通常のドラマやバラエティ番組はしばらく姿を消し、ＣＭは公共広告機構のものが増えたことを覚えている人は多いだろう。だが、阪神・淡路大震災のときはそうではなかった。在阪局こそ特別編成で報道番組が増えていたが、中央の局は震災三日後も通常の番組を流していたのである。当時、この番組をいつの時点で視聴したのかは今となっては思い出せないが、神戸の中の意識のズレとともにテレビを通して中央と神戸の意識のズレも実感する中で見たことは間違いない。さらには、被災した神戸とそうではなかった大阪の意識のズレを指摘する人も少なくない。公共交通機関がズタズタになっている中たいへん苦労して大阪に辿り着いた神戸の人間が、何事もなかったように生活している大阪の実像を見て愕然としたという報告は枚挙にいとまがない。

また、これはあまり言われていないことであるが、兵庫県の中の意識の断絶についても指摘しておこう。中央、そして在阪のメディアはこの震災の通称として、「阪神大震災」とか「神戸の震災」という言い方を当初はしていたと思う。とりわけ、「阪神大震災」が一般的になっていた。この年の夏、私は高校の人権教育関係の会合に参加した。司会者が震災に触れて「阪神大震災」と発言したとたん、淡路島の高校の出席者が語気強く「阪神・淡路大震災」と言い直したのである。その語感には明らかに怒りが感じられた。「阪神・淡路大震災」はいつから一般的になったのだろうか。

西宮市鳴尾町の鹿砦社も被災した。この年の四月に東京都文京区音羽に東京支社を開設し、一二月には本社を西宮市甲子園に移転している。鳴尾町はたまたま妻の仕事場の近所であり、妻に原稿を届けてもらったり、何かと便利だったが、甲子園に移ってからは縁遠くなったように、九五年末で私と鹿砦社の関係はいったん途絶えてしまった。『プロレス・ファン30』以降はまったく知らないし、いつまで続いたのかも把握していない。

ただ、当時『プロレス・ファン』の編集長だった伊藤雅奈子とはその後も東京で何度か会ったことがあり、九八年の猪木引退興行の折には竹内義和もまじえて深夜の新宿で明け方まで話し込んだものである。また、彼女が柳澤健の『一九八五年のクラッシュギャルズ』における主人公の一人となったのを機に、二〇一二年にはプロレス文化研究会で「クラッシュギャルズからの半生」と題して講演してもらったこともあった。

鹿砦社は二〇〇五年からは月刊『紙の爆弾』を創刊した。前年に株式会社噂の真相が発刊していた『噂の真相』が休刊となっていたが、反政治権力、反権威スキャンダリズムの姿勢は共通しているように思える。ただし、両者に関係性はないとは思うが。私は長年『噂の真相』の愛読者であったが、その休刊と大阪大学大学院修士課程修了のタイミングがほぼ重なったので、人間科学研究科の書棚に私が所有していた分を寄贈した。今でも大衆文化の研究に役立ってくれていたらいいのだが。

二〇〇五年七月、鹿砦社は名誉棄損の疑いで松岡社長が逮捕されるという事件に見舞われた。たしか、NHKのニュースで流れ、久しぶりに同氏の顔をテレビで見たので驚いた記憶がある。事実関係の詳細は省くが、同社が製作したカレンダーの記載によると、この出来事で鹿砦社は業務停止に陥ったものの、『紙の爆弾』は発行を続けた。二〇〇六年に神戸地裁は松岡社長に懲役一年二カ月、執行猶予四年の有罪判決を下し、翌年に大阪高裁は一審判決を支持、最高裁も一審・二審判決を支持し、有罪が確定した。執行猶予が満了となった二〇一〇年から再び甲子園に本社を置いて本格的再建がなされて今日に至っている。個人的には、二〇一六年に西宮で行われた「前田日明ゼミ」の折に二十数年ぶりに松岡社長に再開を果たし、元気な姿を確認できた。

### ゴーストライター

話を阪神・淡路大震災以後に戻すと、一九九六年から「岡村正史」の仕事は激減している。年に一、二回『週刊プロレス』のエッセー欄に書く程度になっていた。『週刊プロレス』の仕事はたしか音楽評論家の松村雄策から引き継いだもので、担当がU氏の時代にはコンスタントに依頼があったし、プロ文研の告知もきちんと掲載されたが、担当が代わってからはおざなりになっていった。まあ、そんなものだと思っている。

不思議なもので、「岡村正史」が暇になってきたとたんに、本業の高校教師が忙しくなっていった。勤務校が新たに学科を創設することになり、新しい科目を一から創るプロジェクトの責任の一翼を担うこととなったからである。とにかく会議、会議の連続で、明日までに新しい学科のキャッチフレーズを考えてこいというような宿題が校長から頻繁に出された。「アジアと結ぶ」を一つの特色にしようということで、韓国への修学旅行が計画され、実施に至るが、なにしろ韓流ブームなどまだ起こっていない時代である。学年の生徒の半分が日本航空、半分が大韓航空で渡航と分かれることとなったが、学年集会の後複数の保護者から「なぜ私の娘は日航でないのか」と泣いて抗議される一幕もあった。現在でも同じ状況になれば同様の反応が起きるかもしれないが、あのとき抗議していた母親は七年後には案外ペ・ヨンジュンのファンになっていたかもしれないなあとたまに述懐することがある。

一九九八年から「岡村正史」の活動は再び活発になり始めた。この年からプロレス文化研究会が開始されるが、その詳細は後述するとして、それ以外の動きを見ておく。まず、三月に川村卓との共著『超時代的プロレス闘論』が三一書房から出版された。四月四日に東京ドームでアントニオ猪木引退興行があり、それに合わせたタイミングでの出版であった。三一書房といえば、古い世代には進歩的出版社というイメージが根強く、組合活動に熱心な教師からは憧れのような存在であった。「いや、それはすでに過去の幻想で、出版社もあくまで商売ですから。プロレスの本も出すんですよ」と自分の本を説明するのにいちいち弁明するような始末だった。同じ教師からは、「先日九州に行ったら、大分の駅の売店に『週刊プロレス』という雑誌が置いてあったよ」とわざわざ「報告」を受けたことがある。この世の中にそんな雑誌が存在するのがよほど新鮮だったのだろう。その「報告」ぶりに「実は、ときどき書いているんですよ」とも告げられなかったが。

それから、これは苦い思い出になってしまうのだが、この年東京のとある編集プロダクションから電話があり、ある有名プロレスラーのゴーストライターをやらないかという話があった。出版元は大手の出版社である。編集プロダクションは私の文章を読んで、この男にあのプロレスラーのゴーストをやらせたら面白いと考えたらしい。東京で出版社、編集プロとの打ち合わせがあり、箱入りの豪華本にするという触れこみであった。夏休みに、プロレスラーの妻の実家で本人へのインタビューが実行された。これは無難に終了したが、その後の打ち上げで出版社と編集プロダクションとの間で見解の相違が表面化した。編プロは私を推していたが、出版社サイドは私をあまり評価していなかったのだ。私も夏休みを中心にレスラーとのインタビューを希望していたが、その希望は無視され、レスラーのスケジュールが優先されていた（考えてみれば、当たり前だろうが）ことに不満を持っていた。テープ起こしを誰がするのかでも解釈の違いがあったように記憶している。何とも、後味の悪い打ち上げになってしまったのである。結局、私がテープ起こしをすることになったが、気乗りがせず、携帯電話を購入したばかりの知り合いのライターAを鎌倉だか川崎だかでキャッチし、経緯を伝えて彼にバトンタッチした。その後は出版社が前面に出てきて編プロは降りたらしく、出版にまで至っている。出版記念イベントまで行われ、Aも出席したと聞いている。

ただし、編集プロが約束していた私の労賃は支払われることはなかった。Aに依頼して、代わりに抗議してもらったが、先方は逃げるばかりであった。交通費等はその都度きちんと出ていたこともあり、地方公務員でありながら、ゴーストのような仕事に手を出した反省もあって、それ以上は深入りしなかった。店頭で本の表紙を見かけたが、箱入りの豪華本ではなかった。もちろん、私はそれを手にすることはなかったし、完成した本が送られてくることもなかったのである。

余談になるが、名刺にゴーストライターと堂々と書いていた人に会ったことがある。神戸の某英会話学校の経営者で、「竹村健一のゴーストライター」と書いてあった。一瞬目を疑ったが、竹村の全盛期にはとんでもない数の著作が出版されており、ゴーストを使っているのは周知の事実だったからであろう。竹村のゴーストであることは一つのステータスだったのだ。その人物は後年勤務校のPTA会長として私の前に現れた（娘さんの世界史は私が担当したと思う）。そのときは「余命数年の哲学者」を標榜していた。今でも、お元気だろうか。

## 3　始動したプロレス文化研究会

### プロ文研発足

さて、ここでようやくプロレス文化研究会（略称・プロ文研）の話に移る。プロ文研のそもそものきっかけは井上章一、川村卓と三人で飲んだ折に、岡村に「プロレスを語る十番勝負」をやらせようという話が出たことにある。つまり、プロレスを題材に私一人が一〇回連続でトークができるかどうか試そうという発想だったと思う。私個人としてはできなくもないが、それよりいろいろな人を巻き込んで研究会の形式でやったほうが面白いのではないかと逆提案し、それが受け入れられた形で発足したのである。

一九九八年七月に京大会館で行われた第一回はまさに手探りであった。プロレスに関心のある人をどうやって集めるのか。とりあえず、プロレス好きの知り合いには声をかけた以外は、現代風俗研究会会員名簿の「関心分野」にプロレスを挙げている関西在住者には案内を発送した。ただし、まったく面識のない人ばっかりだったので、一人も来なかったけれど。結局、当日まで誰が来るのかまったく予想がつかず、心配したが、会議室の座席は何とか埋まり、しかもまったく知らない顔さえ見えた。井上の「世話人挨拶」に続いて、私の「超時代的にプロレスを語る為に」という講演。ちなみに、私の演題は川村卓氏との共著『超時代的プロレス闘論』を多分に意識したものである。会の後半は質疑応答をまじえたフリーディスカッションとなったが、後方のカップルが何かもじもじし始めた。このカップルは自己紹介で、「大谷晋二郎さんのファンです」と名乗っていた。そのこと自体に何の問題もない。しかし、どこでこの会の存在を知ったのか分からないが、プロレスファンのごく普通の集まりであると思ってきたものの、どうも雰囲気が違うぞというようなあせりが二人の雰囲気から察せられたのである。案の定、二人は途中で出ていってしまった。

初期のプロ文研（岡村正史〔左〕，井上章一）

誤解のないように言っておくが、プロ文研はファンの集まりと言ってしまえば、その通りだとは思う。しかし、ファンだけではなく、研究者、非ファンの市民にも門戸を開き、あくまでオープンな場を目指すという姿勢は保とうとしている。外部から見れば閉じられた空間に見えるかもしれない。「プロレス」というパスポート、プロレスのことを知っている、関心があるという姿勢がなければ入りにくい場にはなってはいるだろう。けれども、プロレスのことだけに興味があるという人間は考えにくいのであって、さまざまなことに関心があるのが普通だろう。プロレスを主軸にして、そこからいろいろな方向にぶれても構わない会である。プロレスだけで閉じられている空間ではけっしてない。

第一回の参加者にアンケートを実施したところ、「参加者によってプロレスのどこを見ているのかが異なっていて勉強になった」「私が生まれる以前の話が多く貴重だった」「プロレスを軸にして幅広くさまざまなことが考えられる」など肯定的な声が多かったが、一方で、「ディスカッションというより岡村、井上氏の話を聞くという感じで楽しめない。ファンの序列があるという話の方が楽しめた」という意見があった。「ファンの序列がある」とは、女子プロレス研究家で著作もある亀井好恵の指摘であったが、次回のテーマ、発表者を何も決めずにスタートしたこの研究会は行き当たりばったりに亀井に次回の講師をお願いし、ファン論をテーマとすることとなったのである。

プロ文研がどういう講師でどういう発表をしてきたかについては巻末資料の「プロレス文化研究会のあゆみ」を参照してほしい。

**ヒクソン・グレイシー**

**対 高田延彦**

まず、会場について説明しておきたい。第二回から第四五回までのおよそ一五年間は三条御幸町のル・クラブジャズで行われた。このライブハウスにピアニストとして出演したことのある井上のツテだったと思う。実は、私も人前で初めてジャズボーカルを披露したのはこのライブハウスである。覚えたての「フライ・ミー・トゥ・ザ・ムーン」一曲であったが、最前列にいた黒人が突如アルトサックスでソロに入ってきて快感だった。後で聞くと、来日中のプロだった。道理で気持ち良かったわけである。ボーカルの師匠にこのことを話すと、「(人前で歌うなんて) 早すぎるわ」と言われてしまったが。

このル・クラブジャズ時代に初期の二回ほど京都ロイヤルホテルが挟まっている。これはこちらの連絡ミス等でル・クラブジャズが使えず、当日になって急遽ホテルのゲストサロンなどを押さえたもので、当日にそんな芸当ができたのは某コネクションのお陰ではあったが、ヘタなインディー団体でも犯さない失態ぶりであった。これ以降、ル・クラブジャズへの予約の再確認を怠らないようにした。

ル・クラブジャズはプロジェクター、スクリーンを常設しており、VHSビデオテープであれば上映が可能だった。実際に、ビデオ上映が始まったのは第三回以降のことである。第二回までは方法論が確立せずに、依然手探りの状態が続いていたのだ。第二回でもアンケートを実施したが、「少し遠慮がちでシャイだったが、こういう場は貴重だ」という意見の反面、「ややマニアックだった。もう少しハードルを低くしよう」や「女子プロファンの話はカルトの話のようだった」という声があり、今後は映像を観てから話し合うというスタイルが必要だろうということになったのである。

この時期のマット界最大の話題は、「PRIDE4」でヒクソン・グレイシーが高田延彦を返り討ちにしたことであった。プロ文研が始まった時点で、前年ヒクソンに敗れた高田のリベンジマッチが決まっていて、私は予想を求められた。私は高田の勝利を予想していた。つまり、これはプロレスの試合であると思っていたので、いわゆる「行って来い」(一勝一敗) と信じていたのである。ところが、ヒクソンは高田を返り討ちにして、プロレスでないことが明らかとなり、私はがっかりした。プロレスとは異なる新しいジャンルが始まったと期待した人も多いだろうが、私は「なあんだ、プロレスじゃなかったのか」と落胆し、以後、ＰＲＩＤＥは数えるほどしか見ていないし、感動することなどはもちろんなかったのである。

二〇一二年に、『よくわかるスポーツ文化論』という大学のスポーツ学科などのテキストを意識した本で、「プロ格闘技の世界」という項目を担当した。「格闘技」というタイトルがついているが、プロレスとボクシングを軸に執筆し、その他の格闘技については簡略な表現に留めた。プロレスとボクシングは方向性こそ違うが、いずれも歴史のあるジャンルである。日本社会に定着していると言ってよい。ぴあ総研が発行していた『エンタテインメント白書』では、格闘技のマーケットを「プロレス」「ボクシング」「その他の格闘技」の三つのサブジャンルで分析している。それに則ったのである。ＰＲＩＤＥは裏社会との繋がりがきっかけでフジテレビが手を引き、二〇〇六年にあっけなく消滅した。「その他格闘技」の基盤は十分に確立しているとは言えないのである。二〇〇〇年代前半まで「格闘技ブーム」が存在したと思うが、短期的なブームに目をさらわれてはならないと考えている。

### ジャイアント馬場とアムネスティ

プロレス界に話を戻すと、九〇年代末の最大の話題はジャイアント馬場の死去であった。一九九九年一月三一日、ジャイアント馬場は東京医科大学病院で六一年の生涯を閉じたのである。同年には芳の里（享年七〇）、ジャッキー佐藤（享年四一）、ヒロ・マツダ（享年六二）も亡くなっている。『朝日新聞』東京本社版での馬場の訃報の扱いについては前述した。

同紙大阪本社版は二月二三日から三日連続で、「「ショー」はいずこへ　ポスト馬場のプロレス　上・中・下」という記事を掲載した。「格闘技のようで、ショーらしくもあり、ファン以外には入りづらいプロレスの世界。どんなところか探検しつつ、「巨人」馬場を偲んでみよう」。ターザン山本のコメントに続いて、私のコメントが掲載されている。プロレスは「ショー」とよく言われる。「でも、映画を見るのに『あれは作り物だから』と言う人はいない。上映中はそれを現実と思って楽しむのと同じです」。続く地の文「終わり方だけ決まっていて、途中の見せ方はレスラーに任されるところはジャズの即興演奏にも似ている」も私のコメントに基づいている。現在のプロレス界の乱立状況を解説した文章も私の喩が採用されている。曰く、ジャイアント馬場の全日本プロレスとアントニオ猪木の新日本プロレスは「商業演劇」、ＵＷＦ系は「小劇場演劇」、大仁田厚らインディー系は「大衆演劇」と単純すぎるが、読者には理解できただろうか。

同記事の「中」編では、話の枕にプロ文研の初会合が使われていて、「話題の軸はジャイアント馬場ではなくアントニオ猪木だった。「保守本流」を貫いた馬場に対して、変革者であった猪木は、プロレス近代化の流れを語る上で抜きにできない存在だった」としている。

たしかに、第一回での私の問題提起は、力道山、馬場時代までは私たちは「プロレス」を見ていなかった。力道山、馬場を見ていたのである。猪木以降、われわれは「プロレス」というジャンルそのものを見るようになった。猪木は日本のプロレスの質的転換を図った。七四年の対ストロング小林戦で力道山以来の日米対決路線から外れた路線を示し、七六年の対モハメッド・アリ戦で脱プロレス志向の路線を敷いた、というやや図式的な見方を示し、猪木論が中心となっていたのである。その意味で、プロレスを論じることは猪木を論じることであり、馬場は論評の対象になりにくい存在だったのである。

ところで、『朝日』の記事の「中」編は馬場の意外な素顔を紹介している。あまり知られていない話なので、ここに紹介したい。それは、馬場がアムネスティ・インターナショナル（以下アムネスティ）日本支部の賛助会員として、興行収益の一部を寄付していたという事実である。タレントのイーデス・ハンソンはアムネスティの活動家としても知られ、一九八六～九九年まで日本支部長を務めていたが、知り合いだった馬場元子を通じて、馬場の方から「協力したいから活動内容を聞きたい」と食事の誘いがあったという。全日本プロレスのある時期、リングサイドには常にハンソンの姿が確認できたものだ。同氏がイベントのスポンサーを依頼すると「いいよ」のひとことで引き受け、約束は必ず守ったという。アムネスティといえば国際人権ＮＧＯの団体で、さまざまな人権擁護の活動が有名で、とりわけ死刑制度廃止の主張で知られている。

プロレスとアムネスティの結び付きは連想しにくいが、アムネスティを応援する著名人には竹下景子、加藤登紀子、ボノ、ジェニファー・ロペス、ミック・ジャガーらがおり、馬場もこれら著名人につらなると考えれば不自然なことではない。しかし、それ以上に、日本一有名な巨体の持ち主であったこと、そしてそのことと結び付いた彼のパーソナリティが人権への関心を生み出していたとも考えられるのだ。この点で、大いに参考になるのが、作家、辺見庸の追悼文である。一九九九年二月三日の『朝日新聞』夕刊に「肉体の哀しみ、精神の古層」と題して掲載された。

辺見はある雑誌の対談で馬場と出会ったとき、驚いたことが二つあったという。第一に、「徹して大言壮語しない」ということ。辺見が馬場にレスラーになったきっかけやモルモン教徒になった経緯を尋ねても素っ気ない答えしか返ってこなかったという。「自分のかかわることを、美談仕立てにしたり、演出したり、ひとまとまりの物語ふうにするのを嫌う」態度が印象的だったというのだ。

第二に、「じろじろ見られるのは苦痛なのだとしみじみ語ったこと」である。「この人は自分に注がれるまなざしの性質にとても敏感」であって、「プロレスは異形を売り物にすることもあるけれども、生身の人を異形としてしか見ない眼を、馬場さんは心の底から嫌悪していたのかもしれない」。

彼は「レスラーがリング外で祭り上げられて政界に進出することに否定的」で「プロレスを利いたふうな文化論で語ることも敢えてしなかった」と、アントニオ猪木とはまったく正反対の生き方を貫いてきた。辺見氏はすべからく含羞がなせる業で、巨体の中には「まっとうな精神の古層」があったとしている。「客に見られながら客を見ていた」ともいうが、この四〇年の蓄積は馬場の人間観、人を軽蔑して眺めることへの嫌悪の感覚を磨かせたとは言えないか。

馬場の地味な活動を知らなくとも、ある年齢以上の層には猪木を嫌い、馬場に好感を抱いている人が少なくない。猪木の有する自己顕示欲、自己演出、上昇志向はいかにもプロレスラー向きだったといえるし、そのパワーが日本のプロレスシーンを大きく変えていったことは間違いないけれども、パーソナリティとして馬場に愛着を持つ層ががんと存在する。

## 「人格者」としての馬場

プロ文研第四回集会では、川村卓が「『人格者』としてのジャイアント馬場とその〝晩年様式〟」と題して発表を行った。

川村は尾崎士郎の「相撲人格論」を引き合いに出した。尾崎はこう記している。「相撲には土俵だけによって示された人格がある。土俵人格は力の強弱、技術の優劣、素質の良否だけによって決するものではない。土俵人格は土俵に託しきった姿の中にあらわれる。土俵外の生活態度がどんなにやくざで非人格的に見えようとも、土俵を生命の力士にとっては感情が土俵に集中し全生活が凝結するところにはじめて相撲人格が決定されるのである」（原文ママ）（「大関清水川」一九三二年頃）。「相撲人格論」同様、レスラーの「人格」とは実生活の人格とは別とした上で、「プロレス人格」とは人は見かけによる、すなわち見た通りとした。となると、馬場をフリークとして観る視線が発生するが、対象を差別的に観る場合、そうやって観ることに罪の意識を覚えてしまい、そのことの補償として馬場に「人格」が付与されたのではないかと推測できる。馬場は手段として肉体を用いるプロ野球の世界から目的として肉体を売るプロレス界に身を転じたが、アメリカのレスラーのような性的匂いは皆無であり、また彼ほど効率の悪い肉体はない。

そして、晩年においてはすっかり動けない肉体になってしまった。すると、狂えるリア王をカバーする側近ではないが、周辺のレスラーは道化と化し、プロレスごっこのような試合が繰り広げられるに至った。しかし、その試合ぶりは老人と若者が共生する高齢社会を暗示しているようでもあり、馬場は存在すること自体に価値がある「馬場さん」と化したのであった。

このような発表に、フロアからは「プロレス・ビジネスに対して大言壮語をしないという姿勢から「人格者」という定評が生まれたのではないか」「「クイズ世界はＳＨＯＷ ｂｙショーバイ!!」の逸見政孝との「美談」が「人格者」像を作り上げた」など「人格者」に関する指摘や「晩年の馬場は「ジャイアント」が抜け落ち、「馬場さん」になった」「「強い馬場＝善」が大前提にあって晩年の衰えを許せるのではないか」など「晩年」に関する言及が相次ぎ、中には「晩年の馬場は本当はもっと動けたのではないか」と疑問を呈する意見もあった。さらには、「レスラーをリング上だけ切り離して観る視点は成立するのだろうか」との問題提起もあった。

猪木はつねづね馬場の「自己保身」ぶりを批判してきた。事実、馬場はプロレスから一歩も外の世界に踏み出すことはせず、また全日本プロレスにおける世代交代をなかなか許さなかった。結果、世代交代は大幅に遅れた。しかし、いったん世代交代を果たすや馬場は前座試合に安住の地を見出したかのように晩年を生きた。それは引退の日までトップとして勝ち続けなければいけなかった猪木とは好対照である。馬場が動くだけで、歩くだけでどよめきが起こるような会場の空気は新日本プロレスにはありえない世界であった。

### 桜庭和志は救世主か

さて、九〇年代後半から二〇〇〇年代前半にかけては「格闘技ブーム」的状況が続いていた。K—1やPRIDEが快進撃を続けていたと言ってよいだろう。

第六回集会では井上章一が「桜庭和志こそミレニアムの救世主である」と題して講演を行っている。

井上はプロレス八百長論に対して「真面目であることと面白いことの価値のカテゴリーは違う」という理論で対抗してきた。しかし、ここ数年プロレスが面白いと思えなくなってきた。考えてみれば、プロレスそのものが面白いのではなくショーアップする力量の持ち主、具体的にはアントニオ猪木だけが面白かったのである。道場での練習とリング上でやっていることは違う。それはあたかも地味な研究会と華やかなシンポジウムの違いのようなものだ。道場とリングでやっていることが一致しているヒクソン・グレイシーに高田が勝てるはずがない。ところが、桜庭は違う。バーリトゥードの試合でローリングソバットのようなプロレス技を出す彼には感動すら覚える。昨年秋の「PRIDE9」では桜庭がホイラー・グレイシーに勝った瞬間感動のあまり見ず知らずの観客と抱き合ってしまった。この感動が今のプロレスに果たしてあるだろうか、という内容だった。「井上氏はUWFブームのときもUに乗っていたが同じことを繰り返しているだけではないか」という声が挙がったが、井上は「私はロマンチストだ」と答えていた。

ディスカッションでは、リアルファイトということに関して意見が集中した。「プロレス興行という枠の中でのリアルファイトがありうる。ＰＲＩＤＥのリアルファイトはたとえば卓球のリアルファイトとは意味が違うだろう」。「桜庭がいいのであって、リアルファイト自体が良いのではない」。「リアルファイトとは何なのか。「八百長のレベルが低ければリアルファイト」という風に聞こえる」。「試合がリアルファイトかどうかよりも見ている自分が試合にリアリティを感じていることの意味の方が大きい」。

フロアの大勢はＰＲＩＤＥが完全なリアルファイトかどうかについては懐疑的だったようだ。また、ＰＲＩＤＥとプロレスの関係性については、「プロレスという前提があって桜庭の試合も初めて面白くなる可能性がある。」「ＰＲＩＤＥは結局プロレスに依存している」という議論があり、私もプロレス優越論を展開したところ、ある大学院生から「あなたが格闘技だけに「プロレス」という概念を当てはめようとするのは長州力のような物言いで格闘家へのリスペクトが足らないのではないか」と面罵された。「私はプロレスという差別偏見にさらされてきたジャンルを守ろうとすれば「プロレス帝国主義」的立場になってしまう」と回答したが、六〇回の歴史の中で痛烈に批判されたのはこのときだけである。

「井上氏は選手にこだわり、岡村はジャンルへのこだわりが強い。それが両者の違いだ」とうまくまとめるような意見が飛び出して、落ち着いたが、今までていちばんアウェイの感覚を持った会ではあった。

ところで、桜庭和志は総合格闘技を経て二〇一一年からプロレスに復帰し、二〇一二年からは新日本プロレスに登場した。プロレスラーとしては成功していると言えるのだろうか。新日本へはあくまでスポット参戦であり、中邑真輔戦、柴田勝頼戦、鈴木みのる戦など印象に残る試合もあったものの、幅の狭いプロレスしかできないという印象だ。対戦相手は桜庭の戦い方に適応できる選手に限られており、さらに、桜庭の身体では肉体美を誇る選手の間では見劣りしてしまう。生で見ていても、巡業に付いていくのは無理な身体と本能的に分かってしまう。結局は、総合格闘技もどきのプロレスに留まり、総合格闘技の技術をプロレスに生かし切ったところまではいかなかったと思う。

**プロレスファンはなぜもてないのか**

二〇〇〇年という年は、「橋本真也負けたら即引退スペシャル」がテレビ朝日のゴールデンタイムで放送された年である。実に、八年三カ月ぶりのゴールデン生放送であった。この試合で小川直也に敗れた橋本は引退を余儀なくされるが、ファンの熱心な署名活動で復帰を果たすも、年末には新日本を解雇され、新団体ＺＥＲＯ‐ＯＮＥを立ち上げるに至る。また、この年には鶴田友美がマニラの入院先で亡くなり、三沢光晴らが全日本プロレスを大量離脱し、新団体ＮＯＡＨを旗揚げした。新日本と全日本がどちらも弱体化し始め、両者の対立構造に大きな変化が生じた時期だった。

この年の一一月に行われた第八回集会では、「プロレスファンはなぜモテないのか？」と題して男性を中心とするプロレスファン論に特化した討論が行われた。

討論に先立って行われたビデオ上映では、話がジェンダー論に飛ぶかもしれないと予想し、アメリカンプロレスのメジャーＷＷＥ（当時はＷＷＦ）の二人の女性ステファニーとチャイナを取り上げることとした。オーナー令嬢ステファニーをめぐるストーリーといい、最初から男と戦うことを義務づけられ、プレイボーイ誌のグラビアを飾るまで登りつめたチャイナのサクセス・ストーリーといい、完成度の高い映像で展開されるWWEの世界は川村卓の指摘のように「完全すぎて、見る側の想像力を奪」ってしまうものかもしれない。しかし、それはストーリーに乗ってしまえば楽しめるビギナー歓迎の世界でもある。プロレスに対して想像力を駆使して隠微に楽しもうという日本独特の「プロレス文化」はやはり閉ざされた男の世界なのか。だから、モテないのか。

続いて、過日神戸女子大学で行われた「今井、中村ゼミ徹底討論」のハイライトシーンがビデオ上映された。「もしも彼氏がプロレスおたくだったらどうするか」という問にある学生は「直す」とマニアを病理であるかのように言い放ったシーンが印象に残った。

今回の発表のために神戸女子大学一回生を対象に実施されたアンケートによると、プロレスの嫌われ方は想像以上のものがある。中村隆文教授は今回のテーマはショッキングながら「本当はみんなわかっていたテーマ」と位置づけ、ディスカッションになだれ込んだ。

「ファンが嫌われているのは最近のことか。メディアの影響があるのでは。ゴールデンでやっている頃はそうでもなかった」「日本のファンは保守頑迷なオッサンの世界というイメージが残っている。ファンのレベルが上がればファンであることをもっと公言したい」「かつて専門誌に「ファンは偏見の目で見られやすいので、誤解をあたえないように真面目に生きよう」という記事が載っていた」「一握りのアブノーマルに支えられるだけでよい、そういう時代になった」など、諦めにも似た意見が続出する一方で、「ファンがモテないのと個人がモテないのは別の次元の話である。モテないと過剰に意識していることこそファンの特徴だ」「同期の女性社員から「あなたがプロレスをそんなに好きならば、それはそんなにひどいものじゃないかもしれない」「あなたに免じてプロレスを許す」と言われたことがある」「初代タイガーマスクはキレイな動きと汗臭さのなさで女性ファンを獲得していたのではないか」といった慰めにも似た証言が続いた。

神戸女子大学のアンケートは他のスポーツの人気も調査していて、野球やバレーボールの人気が高かった。このあたりについては「予想を超えてプロレスが嫌われているが、実は阪神タイガースファンの方がはるかに病理的である。にもかかわらず、プロレスの方が病的と見なされる現実がある」という指摘があった。プロレス以外で人気がなかったのがラグビーである。ラグビーファンである中村教授は「アンケートでラグビーのイメージがなぜこうも悪いのか」と嘆いていた。

ラグビーとプロレスには因縁めいたところがないでもない。

『朝日新聞』は二〇〇三年九月にスポーツに関する全国世論調査を実施した。その中で「どんなスポーツを見るのが好きですか」という質問があった。一つだけを挙げる形であったが、ベスト3は野球四六%、サッカー一三%、大相撲六%であった。そして、ぐっと下って、一五位にプロレスとラグビーが一%で並んでいるのだ。

また、『読売新聞』も二〇一五年二月に同様の調査を行っている。「あなたは、どのようなスポーツを見るのが好きですか。あれば、いくつでも選んで下さい」という質問に対する回答のベスト3は、フィギュアスケート五〇%、プロ野球、高校野球各四六%であった。ちなみに、プロサッカー三一%、大相撲二八%だった。そして、プロレスとラグビーは各六%で『朝日』に続いて同点だった。単数回答と複数回答の違いはあるものの、二紙の調査で同点というのはやや因縁めく。

『広辞苑』で、「ドロップキック」の項目を見ると、「ラグビーで、ボールを地面に落して跳ねかえるときにけること」とある。プロレスの「飛び蹴り」のことは出ていない。昔、私が勤めていた高校の体育の授業でラグビーが取り上げられたときに、教師が「ドロップキック」と言ったとたんに生徒は大爆笑した。当時、五〇代の体育教師に爆笑の意味は理解できなかった。一九八二、三年頃、初代タイガーマスクの人気が高かった頃の話である。辞書で、「ドロップキック」がプロレスの技の意味で初めて載ったのは、小学館から刊行された『日本国語大辞典』第二版で、二〇〇二年のことだった。二〇一七年、『広辞苑』第七版では「ドロップキック」の項目にようやくプロレス技の意味が追加されるに至った。

会場には、神戸女子大学の学生が何人も詰めかけていた。もちろん、ファンではない。教授との関係で義務的に出席していたのだろう。WWEのビデオで技が決まるたびに顔をゆがめたり、目をそむけたりしていた姿が目に焼き付いている。二〇〇〇年頃の女子大生と現在の「プ女子」と呼ばれる若い女性ファンの違いは何なのかと思った。

## 4　プロレスがドン底の頃

**弱体化する新日本プロレス**

二〇〇一〜〇三年頃は新日本と全日本の液状化が進んでいた頃だ。新日本のエースである武藤敬司はどんどん全日本のベルトを奪取し、二〇〇一年一〇月には新日本、全日本の計六本のベルトを巻くに至ったが、翌年一月には新日本を退団してしまった。そして、この年の一〇月には全日本プロレスの社長に就任したのである。五月には長州力も猪木を批判したあげく新日本を退団し、新団体WJを立ち上げた。また、一一月には新日本の棚橋弘至が交際女性に背中を刺されるという事件も起こった。

プロ文研では、「棚橋が女性に刺された話をなぜネタにできなかったのか。あの話で棚橋をメインにすべきだった」という意見があった。たしかに、WWEならばネタにしそうである。二〇〇四年にデビューした高橋裕次郎が「ミスターR指定」のキャラで売っていた時期に、対戦前にマイクアピールで棚橋相手に罵詈雑言を浴びせたときに、この話に触れたことがあったが、棚橋がエースになるにつれてタブー視されていったようだ。日本のプロレスが扱えるネタの幅はアメリカに比べて狭いと言えそうだ。この事件が起こった当時、棚橋はまだ無名だったが、一般紙に取り上げられたことで、職場では「棚橋という人はそんなに有名なのか」という声が挙がっていた。プロレスラーが女性に刺されるという事件には棚橋が有名であろうが無名であろうがニュースバリューはあったのだろう。

長州が起こしたWJは完全に失敗した団体だった。一年半も持たなかったが、私は二〇〇三年六月だったか神戸ワールド記念ホールで見ている。ガラガラの場内で、本来後方の座席だったが、リングサイドの座席に勝手に移動して見ることができた。天龍源一郎と鈴木健想の対戦が印象に残っている。天龍のチョップに鈴木がまったく無反応で痛みをいっさい表現しないのだ。業界用語でいう「セルをしない」ということである。おそらくギャラの遅配欠配などがあったのだろう。ギャラがまともに払われないのなら、誰でも「仕事」をしないという当然の光景を目撃したのだった。鈴木は二年後のハッスル横浜アリーナ大会では狂言師の和泉元彌と対戦し、「空中元彌チョップ」の前に敗れ、素人相手の「仕事」をきちんとこなしている。翌日の職場で、ある女性教師が「空中元彌チョップ！」と興奮気味に語っていたのを思い出す。

層が薄くなっていく新日本では、二〇〇二年二月に蝶野正洋がリング上で猪木に対して「プロレスをやりたい」と直訴した。総合格闘技との融合を目指す猪木の路線への違和感ならびに危機感の表明であった。〇三年一二月に大阪でキャリア一年数カ月の中邑真輔が天山広吉を逆十字固めでギブアップさせてIWGPヘビー級王者となった。予想外の結果に場内はどよめき、「何でお前がチャンピオンになるんや」と異議を叫ぶファンもいた。

プロ文研で出た意見では、「中邑真輔がIWGP王者になったのは固定された序列・格を打破する動きだろう。K-1やPRIDEに対抗するには新しさをアピールする必要があった」という分析や「あの試合の意外性は試合結果と同時にフィニッシュのあっけなさに対してだ」「中邑の戴冠はじり貧だから何とかせねばならないということだが、現場はたまらないだろう。中邑は「総合」をやるためにプロレスとしての身体を作っていない。「あの身体ではプロレスができない」と現場は不満を持っている」という声もあった。

中邑はチャンピオンとなった同じ月の大晦日にK—1でアレクセイ・イグナショフにTKO負けしたが、裁定に抗議し、主催者預かりとなって、後日、無効試合に変更された。翌年五月にK—1でイグナショフと再戦し、ギロチンスリーパーで勝利した中邑だが、この試合で総合格闘技を卒業し、プロレスに専念することになった。「「総合」にしてもイグナショフの方が運動能力は高い。中邑はあの程度なら「総合」はしないほうがいい」とプロ文研の声は手厳しかった。

## ボブ・サップ対曙

二〇〇四年一月の第一八回は異色の会だった。BSNHKハイビジョンの撮影が入り、撮影側の都合で日程が決まったのは第2章に書いた通りである。話題の中心は二〇〇三年年末格闘技番組に関してであった。この年の大晦日はK―1（TBS系）、PRIDE（フジテレビ系）、猪木ボンバイエ（日本テレビ系）と三番組が乱立した。なかでもK―1の曙対ボブ・サップ戦は、紅白歌合戦を瞬間最高視聴率で超えて、大きな話題となった。

プロ文研では「大晦日は三イベントともビデオ録画し、ドラえもん、紅白歌合戦を視た。正月三が日は誰にも会わず、情報を完全に遮断して三イベントを視た」という人が少なくなかったようだ。しかし、『朝日新聞』の「スポーツに関する世論調査」ではK－1もプロレスもマイナーなのに、なぜ大晦日は三大格闘技なのか。ガチンコを三つもチャンネルを使って流すのは異常ともいえる」という声もあった。この声に対しては、「世間は馬鹿にしつつも面白がっているところがあるのではないか」とか、「年末にほしいのはライブ感だ。紅白歌合戦に出演する芸能人以外は休んでいる。その点、ライブ感にピッタリするのが格闘技だ」という声が返ってきていた。曙対サップについては、「サップ対曙はあまりにも一般的になりすぎて、興味を示すとレベルが低いと思われるような節がある」という指摘があり、私も共感した。元日の街頭で、高齢女性同士が「昨日のボブ・サップは…」と話しているのを耳にしたときはたしかに異様な感じがしたのは正直なところだ。他には、「大晦日の一戦を人々は「曙」ではなく「ボブ・サップ」と表現するのはなぜか。テレビ番組的には「曙」だったが」と主役を気にする声や、「前回のプロ文研ではガチンコではないという前提で曙勝利の予想が多かったが」「『週刊ファイト』も「八百長」と予想していたくらい」「曙は日本を背負っていなかった。やはりアメリカ人。スポーツライクでビジネスライクだった。ただ、見せ方は家族を連れてきて泥臭かった」と力道山時代以来の「日本対外国」にこだわる意見が続出。極めつけは「親戚は曙もサップも外国人だから話ができていると予想していた」で、この伝でいくと日本が絡まない試合はすべて八百長なる奇妙な見方になってしまうだろう。

曙とサップではやはりサップに注目が集まったようで、「ヒップホップを愛好するような層にサップのファッションははまっている」「サップのアピール方法は古風なのではないか。プレスリーのマネだ。古典が強いということか」「女性にはサップとKONISIKIは人気があるが、単純に見た目が可愛いから」とサップの表現方法に意見が出た。

PRIDEに関しては、「三イベントを視たが、PRIDEがいちばん面白かった」「PRIDEは「男祭り」と称していたが、テレビは「祭り」感がないと食いつかない」という声、猪木ボンバイエには、「試合内容よりも猪木の存在が重要。猪木がダーッをやったときがいちばん盛り上がった」という意見があった。

### ハッスルの芸能人路線

リング上ではいちばんおいしいところをさらってしまう猪木は二〇〇四〜〇五年の新日本プロレスを振り回すだけ振り回した。それはリング上のことだけではない。この二年間で代表取締役社長は、藤波辰爾→草間政一→サイモン・ケリー・猪木と二転三転した。もちろん、すべて猪木の意向であり、最後は娘婿を社長に就けたのである。それでも、業績は好転せず、結局、二〇〇五年一一月に堺市に本社を置くゲーム会社ユークスが、猪木の売却した新日本の株式五一・五％を取得し、新日本を子会社化したのだった。

この間、WJがあっけなく消滅して、長州力は新日本の現場監督に復帰し、橋本真也のゼロワンは活動を停止して新体制のＺＥＲＯ‐ＯＮＥとなり、ゼロワンの負債を背負った橋本はフリーで復帰を目指すも二〇〇五年七月に急死した。女子では、全日本女子プロレスが崩壊し、〇五年八月に松永国松元社長は自殺した。

新たに誕生した団体もあった。ハッスルである。元来ＰＲＩＤＥを主催していたＤＳＥ（ドリームステージエンタテインメント）とＺＥＲＯ‐ＯＮＥがタッグを組んで、既成のプロレスとは一線を画した「ファイティング・オペラ」と名付けた新しい興行スタイルを打ち出したもので、その後運営主体は変化している。

一言でいえば、従来のプロレスでは遠慮がちだったエンタテインメント性を前面に打ち出し、キャプテン・ハッスルこと小川直也のハッスル軍と、高田延彦ならぬ高田総統が率いる高田モンスター軍の抗争を中心にストーリーが展開した。既成のレスラーは橋本真也がハッスル・キング、川田利明がモンスターＫ、アジャ・コングがＥｒｉｃａと別キャラを演じたが、多くの芸能人が「参戦」したことが特筆される。前述の和泉元彌以外にレイザーラモンＨＧ、カイヤ、インリン・オブ・ジョイトイ、泰葉らが登場した。インリン様はＭ字固めで小川を、泰葉は回転〝海老名〟固めでアン・ジョー司令長官（安生洋二）を破っている。

芸能人がリング上でプロレスラーと対戦すると、プロレスファンは複雑な感情にとらわれることが多い。芸能人が勝つはずがないという大前提で芸能人に勝たせるという行為はプロレスに対する背信行為ではないのか、いや、盛り上げて立派に負けるのがレスラーの仕事ではないのか、どんな相手ともプロレスを成立させるのがレスラーの仕事ではないのか、など。ハッスルではないが、二〇〇〇年三月に、すでに引退していた猪木がジャニーズの滝沢秀明と対戦し、タッキーが勝利している。会場に黄色い声援が飛び交う中、レフェリー藤原喜明の超高速カウントによるフォール負けというエキュスキューズをつけながら、猪木は敗北という「大人」の仕事を行った。しかし、これに対しても、「タッキーなどつぶせばよかった」などという声も聞こえてくる。プロレスの「権威」に傷がついたと考えるからだろうか。

ハッスルは何度か生観戦したことがある。観客の大半はエンタテインメントとして起こったことはすべて受け入れようという心持でいるが、一度大阪で「真面目」に観戦している若い男性を目撃したことがある。その男性は「まじめにやれ」など盛んに声援を送っていたが、その声援は一般の競技に対するようなモードであることが周囲に伝わり、近くの観客からは異様な目で見られていた。

ハッスルは事実上消滅したが、既成のプロレスとは一線を画する路線を歩んでいるのがＤＤＴプロレスリングで、「文化系プロレス」を標榜している。運営はしばらく有限会社ＤＤＴプロレスリングが担ってきたが、二〇一七年からは株式会社サイバーエージェントの子会社となり、経済雑誌などでは新日本プロレスの次に注目されている団体である。エンタテインメント性を前面に出し、男女のミクストマッチも当たり前、Ｌｉｌｉｃｏなど芸能人も参加している。

数年前のフジテレビのあるドラマで八千草薫が姑、尾野真千子が嫁を演じていた。八千草が尾野に向かって言うセリフに「ねえ、今度ＤＤＴを応援に行きましょうよ。飯伏幸太を応援しましょう」というのがあった。脚本は坂本裕二であったが、八千草の口からＤＤＴと言わせた意図の背後に、放送業界でＤＤＴが秘かに注目されている盛り上がりぶりが察知された。

そのエンタメぶりを楽しもうと大阪府立体育会館第一競技場初進出大会を観に行ったことがある。ところが、座った席が悪かったのか、周辺は竹下幸之助という選手の応援団ばかりで、竹下の親戚縁者の真っ只中に位置してしまった。隣の老人はさらに隣の熟年女性軍団にさかんに話しかけていた。口ぶりから初対面と察せられ、老人は竹下のかなり近い親戚、ひょっとしたら祖父と思わせた。また、前の席の子供を含む一〇人くらいの一団も相当熱心な応援団だった。が、なぜか隣の老人とのコミュニケーションは一切ない。そして、エンタメ色を前面に打ち出した試合では皆一様に下を向いて沈黙し、竹下の試合では一般競技のように声援を送るといった有様で、竹下のファンでもない私はたぶん浮いていたと思う。結局、DDTカラーを満喫することなく終わった大会であった。

## 格闘技ブームの終焉

二〇〇六年から二〇〇七年にかけては、プロレス業界がいちばんどん底にあえいでいた時期だった。新日本は一月の契約更改が大荒れで、一一名もの離脱者を出した。また、六月には最大の貢献者の一人で、社長まで務めた藤波辰爾が辞表を提出した。リング上も混乱していた。IWGPヘビー級王者だったブロック・レスナーが来日せず、七月に棚橋弘至が王座決定戦で王者に就いた。新世代の台頭と言えるが、ファンの支持は集められず、苦しい時期がしばらく続くのである。〇七年には、サイモン・ケリー社長が辞任し、菅林直樹が社長になる。

一方、新日本と関係が切れた猪木はIGFを〇七年六月に旗揚げするも、プロレスを目指すのか、総合格闘技を追求するのか、何とも中途半端で、新日本から横滑りしたかのようなブロック・レスナーとカート・アングルの対戦のような好試合もあったが、猪木自身が満足するような興行にはならなかった。

NOAHでは、〇六年七月に小橋建太（こばしけんた）が腎臓ガンの手術を行い、翌年一二月に復帰を果たした。

ハッスルでは、元巨人軍のウォーレン・クロマティがプロレスラーとしてリングに上がっていた。

しかるに、最大のニュースは、二〇〇六年六月にPRIDEを主催するDSEとフジテレビが契約を解除したことだろう。DSEと反社会的勢力の関係が報道され、フジテレビが契約を解除して、PRIDEは事実上消滅したのである。この一件で観るものとしての「総合格闘技ブーム」は終焉したといえるが、かと言って、プロレスから格闘技に移行したファンが戻ってくるわけでもなく、依然どん底状態が続いていたのである。

私個人は大阪大学大学院の博士課程に在籍していたが、二年連続で日本スポーツ社会学会に参加し、奈良教育大学と金沢大学で発表、また、福山市で行われた西日本スポーツ社会学会でも二年連続発表し、学会活動が最も盛んだった時期であった。そして、ジャーナリストネットというブログに「力道山からプロレスへ」という連載記事を頻繁に更新し、これが二〇〇八年の『ミネルヴァ日本評伝選　力道山』の原点となっていくのである。

ただ、二〇〇七年春ごろから腰に鈍い痛みが走り、近所の整形外科医院で電気治療を試みていたものの好転せず、ある日とうとうベッドから起き上がれなくなってしまった。少し離れたスポーツドクターとして定評がある整形外科医院で診てもらったところ、椎間板ヘルニアとの診断が下った。椎間板へのブロック注射が三週連続繰り返されただろうか。効いているか効いていないか分からない状態で迎えた四回目の注射の日。それまでの三回と違って、病院はごった返しており、いつもの処置室の確保もままならず、医者もあわただしい状態での注射だったが、これが効いた。打たれた瞬間痛いと感じる前に私の身体がぴょーんと跳ね上がったのだ。あんな経験は後にも先にもなかった。この注射が効かなければ、入院も考えられていただけに、ほっとした。仕事上のストレスもあり、二〇〇七年は公私ともに最悪の時期だったといえる。

そんな時期だっただけに、プロ文研の活動は私にとって良い気晴らしともなり、油が乗っていたと思う。メインテーマこそ「プロレスにおける「日米対抗」あるいは「日本人」」「プロレス国際比較序説」「転換期としてのバブル期プロレス」「戦う少女のエロチシズム」「プロレスとメディア」「アントニオ猪木という現象」とばらばらだったが、それぞれの回で活発な議論が戦わされた。

**白熱の議論**

森達也が岩波新書で出した『悪役レスラーは笑う』を取り上げた回では、当然のことながら、この本の出版をめぐっての意見が活発にかわされた（第二五回）。

「サブカルチャーに関してはすべてを知らなければいけない空気があるが、そんなことはなく、この本は誠実な内容だ。岩波文化に属しながら、プロレスファンとしてそこから適度な距離を置いた良い文章だ」「プロレスライターの生態の描写が面白い。プロレス自体もさることながら、プロレスについて語られる話も虚実皮膜性に満ちている」「筆者はことプロレスに関しては純粋な人で、プロレスで本を書けたということを喜んでいる」と評価する意見がある一方、「岩波書店から出たという事実を超えるインパクトがあるか。ナショナリズムをテーマに据えることで岩波の出版許可を取り付け、実際にはプロレスの思い出を語っている」「朝日、岩波的言説の行き詰まりを表している」「岩波の出版意図が分からない。営業重視か、メッセージ性重視か」と疑問を呈する向きもあった。

また、「六〇年代の岩波であれば、どういう本を出すかについては社を挙げて議論しただろうが、今では「行ける」となればGOサインが出るのではないか」という疑問が出されたが、「岩波は出版に至るまで会議が四段階ある。東郷については時代の記号としてGOサインが出た。語りつくされた感のある力道山に比して東郷は日系人、日本人とアメリカ人など多くのことが語れる。日米を知っていた東郷は力道山のB面だ」と詳しい説明が入った。

いつも熱くなりがちなUWFの評価をめぐっては、次のように議論が展開していった（第二七回）。「UWFファンは「猪木ファンからの転向組」とあるが、猪木もかつては前田が持っていたものを有していたのか」。「その通りだ。猪木が日本プロレスを追放され、新日本プロレスを立ち上げた経過は前田の第二次UWFと酷似している。また、猪木も前田も従来のスタイルと差異化を図らなければいけなかった」。「青年が革新的なものに憧れる土壌は常にある」。「『朝日新聞』好みの話である」。「UWFファンは格闘技経験がない人が多かった」。「猪木も前田もファンをだませる人だから時代を担えた。ファンは「今度は前田がやってくれるだろう」と幻想を共有し合えた。正しい格闘技／間違ったショーという視点から離れるべきだ」。

女子プロレスのエロチシズムに関しては（第二八回）、「女子プロが芸能界に入るための一ステップになっている」「ヌード写真集は女子レスラーの比率が高い。レスラーでなければ声がかからなかった人が多いのでは」「アメリカの社会学で、女子ボディビルダーへの聞き取り調査があるが、それによると選手はたくましくなるにつれて意外にもより性的で女らしくなると感じたそうだ。身体表現に慣れたスポーツ選手はセックスとの親和性が高いのではないか」「体育会系的禁欲主義はスポーツとエロスの親和性を抑圧しているか」と転がっていった。そして、話は男子プロレスにもおよび、「ドラゴンゲートの女性ファンはホストクラブ的なものを求めているのではないか」との指摘が飛び出すと、「ドラゲーのコンセプトを新日本が取り入れているところに弱さを感じる。猪木時代の新日本は時代を先取りしていた。猪木が時代を作っていた。プロレス界全体がホストクラブ的に流れているのは残念だ」と誰かが嘆くや、「私はストロングスタイルを新日本ではなく、全日本女子に見出した人間」と女子プロシンパからの突っ込みが入るといった具合だ。

## ハッスルの衰退

二〇〇八年はハッスルの衰退が明らかになった年だった。芸能人路線で最も長続きしていたインリン様がついに引退を表明し、翌年にはギャラの未払いでハッスルを提訴するに至った。退潮は決定的だった。

ハッスルを総括すべく、プロ文研はプロレスの「芸能」的側面に迫っていった（第三一回）。「プロレスは全方位から見られる高度な芸能だ」という声に対し、「コマ劇場は全方位から見られる劇場を目指したが、それだと演出ができないために断念した。全方位から見られるプロレスは芸能のあり方としては難しい」と根本的な議論があった後、ハッスルに話は移り、「インリン様が川田にフォールされたが、投げたムチ（インリン様の「人体」の一部と考えられている）がロープに届き、ノーコンテスト裁定となった。後方にムチを投げてロープに届く確率を考えると、その確率を支えた「練習量」に感心した」と誰かが発言すると、「失敗したときのシナリオも用意されている。ハッスルはイベントの発想で作られている」と解説が入る。続けて、「プロレスにアクシデントは存在しない（死亡事故を除いて）。予定にないから中止とはいえない。つねに「処理」が必要とされる世界だ」とのコメント。

二〇〇八年は全日本の武藤敬司が新日本でＩＷＧＰヘビー級王者になり、グレート・ムタとして全日本の三冠王者に輝いたり、ひとり武藤が活躍した年でもあったが、議論の中でも「武藤の間（ま）が好きなのを再認識した。相手が高田であれ、インリン様であれ、武藤の間の素晴らしさは変わらない」と「芸能」的視点からの賛辞があった。

さらに、女子プロに関しては男子と女子のプロレスの比較論に議論が集中した（第三二回）。「村松友視のような女子プロ嫌いは、女子プロによって「受け身の謎がばれる」と心配している。女子プロを好まない男性ファンにはそういう視点がある」「女性も男性的見方に毒されている部分がある。女性である私も初めて女子プロを見た時に違和感を持った。その一方で、女子は男子プロレスをまねしきれていないという見方もある」「スタートは男子を目指しているかもしれないが、どうしても女子らしさが出てしまう」と男子を基準にした見方が披露された後に、「髪つかみ投げなど女子独自の技がある。まねるといっても完全なマネにはならない」「男子プロレスはアメリカにルーツがあり、女子プロの原点であるガーター獲りはフランス起源だ。松永高司のような女子関係者は、男子プロレスは見ないと語っている」と男女の違いを強調する見解が示された。

## 5　多様な議論の場として

**プロレスが残した風俗**

ところで、二〇〇九年は現代風俗研究会の年間テーマが「プロレスが残した風俗――世間にリングを、マットに社会を」に決まり、プロ文研が一年間例会の運営を任された年であった。

ここでは視点を変えて、二カ月に一回発行される現風研会報からの抜粋をもとに、各回の再現を試みたい。会報の筆者はもちろんプロ文研参加者とは限らず、新鮮な捉え方が含まれている可能性がある。いわば、客観的にプロ文研を見つめる視点が示されているかもしれないからである。なお、講師の肩書は当時のものである。

総会　二〇〇八年一二月六日（京都精華大学）

基調講演　岡村正史「力道山―プロレスと世間がリンクしていた時代―から始めよう！」

「報告では、岡村さんの著作『ミネルヴァ日本評伝選　力道山』での研究成果を元に、プロレスと社会との関係について、力道山を手がかりに明らかにしていきました。岡村さんは、自著について「一般的なプロレスというものを目指して書いた」と述べます。既存の力道山を扱った書籍では、力道山の人間像、内幕、出自などについて書いたものがほとんどで、プロレスをきちんと描いていなかった点を指摘しました。その上で、力道山の時代において、「世間はプロレスそのものに対し本当に魅力を感じていたのか？」という疑問を呈しました。」

「一九八八年には、プロレス中継がゴールデンタイムから転落し、プロレス団体の多団体化とともに表現の多様化が進みます。」

「しかし、プロレスというジャンルそのものが完全に消えたわけではありません。「タッグ」「デスマッチ」といったプロレス用語や、入場曲やコスチュームなどの演出のように、他のジャンルで、プロレスは今もしぶとく生き残り、影響を及ぼし続けています。」

「ある程度プロレスの「仕組み」を理解しているファンたちは、さまざまなシナリオが存在するという前提でプロレスを見ています。」

「優れたメディアリテラシーを有するとも言えますが、基本的にひねくれた人種の集まりです。質疑応答では、このような「プロレス的な物の見方を生かせないか」という意見が出されましたが、それに対し「裏読みばかりで物事を解釈するのは面白くない」という批判もされました。」

（以上、相原すすむ氏）

第一回例会　二〇〇九年一月二四日（徳正寺）

永岡正直氏（タワーレコード　店舗運営本部　SC店舗統括部スーパーバイザー）「プロレスラーの入場曲・異名に観る世間への爪痕」

「永岡さんによれば、初めてプロレスラーの入場に音楽を乗せたのはミル・マスカラスというメキシコ出身の著名なプロレスラーで、この音響演出と、マスクを観客に投げるというパフォーマンスが相まって、一九七六年ごろから人気が爆発。」

「セコンドの井上（章一）さんからは、「村松友視が『私、プロレスの味方です』を発表したのは一九八〇年。プロレスに味方が必要になるような時代に、音楽という味方も必要とされたことになる」というナイスアシストが入って、なるほどと感じ入りました。」

「楽曲つきの入場は、その後プロ野球などのプロスポーツに広がっただけでなく、結婚披露宴の新郎新婦入場にも波及するなど大きな爪痕を残したという永岡さんの指摘は深い洞察。こうした現象は、どうやら日本発のものでもあったらしく、「落語の出囃子など、音楽に乗せて演者が舞台に登場するという演出が日本人の遺伝子に刻み込まれているのでは」などといった意見も参加者から寄せられました。」

「プロレスと比較的近しいであろう大相撲の世界はあくまでも音響演出を排していて禁欲的です。永岡さんの報告やその後の議論を通じて、改めてプロレスの何でもありの器の大きさと懐の深さ、世相風俗との接点の多さを思い知らされた気がします。」

（以上、建野友保氏）

第二回例会　二〇〇九年三月二一日（キャンパスプラザ京都）

小野原教子氏（詩人。兵庫県立大学准教授）「女子プロレスラーのコスチュームを考える」

「小野原教子さんにとって一番思い入れのあるコスプレ・レスラー広田さくらのＤＶＤを見せてもらいました。カリカチュアライズされているので、試合に隠されたメッセージが門外漢でも分かったような気がします。広田自身が手作りした衣装は、すぐに裂け、胸から破れた布を垂らしながら戦う姿は、まさに「ニセ豊田」です。一方、対戦相手のホンモノの豊田真奈美はブレイクを取ってうまく関節技をかけられない広田に指導したり、容赦ないキックを加えたり、まさに王者です。」

「参加者から、ゲームの美少女キャラクターへの熱い想いが語られる中、小野原さんがマラソンランナーのハイレグ採用は視覚的サービスではなく機能面だけの理由だとクールに突き放すところはカッコ良かったです。しかし、ハイレグ競技着はエロ的サービスの側面が大きいと思います。ただし、露出さえ多ければ男は喜ぶという安易さで効果が上がっていないのだとも。」（以上、横内淳氏）

第三回例会　二〇〇九年五月一六日（キャンパスプラザ京都）

建野友保氏（フリーライター、ドッグレッグス・スタッフ）「四角いマットに身体と生き様を描いて〜障害者プロレス、かく生まれけり〜」

「障害者プロレスにおける表現方法について、報告者の建野さんは、「障害者の身体を見せるメディアとしての四角いマット」「障害者の個性や生き様を見せる装置を備えたプロレスと定義しています。「ドッグレッグス」の選手たちは、身体障害、知的障害、精神障害といった障害を抱えており、妻子持ちや「フーゾク」好き、アル中、ロリコンなど、さまざまな個人的事情もあります。」

「「ドッグレッグス」は「プロレス」を名乗っていますが、その試合は、総合格闘技の方式で行われます。」

「プロレスは、鍛え抜かれた身体と技術、そして巧妙に仕組まれたシナリオを前提としています。一方の障害者プロレスは、演出面では選手個人のリアルな現実をそのままぶつけ、身体表現では、障害を持った身体を見せるという点で異質な存在であると感じました。」

「互いの能力を最大限に引き出し合う表現方法がプロレスだとすると、総合格闘技は、その対局に位置するのです。ゆえに、なぜ障害者プロレスでは、総合格闘技のルールで「障害者の身体」を表現できると考えているのか、その点は疑問として残りました。」

（以上、相原すすむ氏）

第四回例会　二〇〇九年七月一八日（徳正寺）

塩見俊一氏（立命館大学大学院社会学研究科応用社会学専攻後期課程。二〇〇三年よりフリーランスレスラー「カブキキッド」としても活動中）「戦後日本における大衆娯楽としてのプロレスの生成と展開――生成と現代的様相における多様性に注目して」

「今回のご報告は、大きく三つの部分から構成されています。一、戦後日本のプロレス生成　二、閉ざされた世界としての「日本」プロレス―アメリカプロレスとの比較から　三、新たなプロレスの動き―「地域発」のプロレス。」

「戦前からの連続と断絶、柔道（武道）の存在、力道山という単色で語られがちな日本のプロレス成立史に多様な回路があったことを、塩見さんのご報告は明らかにしてくれます。」

「レスラーというプロレスの中心的な担い手が、どのように育成されていくのか。日本のプロレスの未来を考えるとき、それが、見えない回路、曖昧なシステムのままで過ぎるのか、プロレスの担い手の再生産・創出の開かれた回路を生み出すことになるのか。ご報告は、…研究者よりも、プロレスの担い手としての立場が大きく作用していたようでした。」

「スピード感あふれる試合運びは、文字通り息もつかせぬ展開です。…しかし、見ていて心配になったことが一つあります。次々と新たな刺激、より多くの興奮を求める観客の期待に応える試合を続けることへの危惧です。」

「ご報告は、プロレス世界での動きでした。しかし、こうした動きは、プロレスだけではありません。…社会のさまざまな相で、こうした動きが見えてきているのではないか。こうした感を深くするるご報告でした。」

（以上、常見耕平氏）

第五回例会　二〇〇九年九月一九日（キャンパスプラザ京都）

梅津顕一郎氏（宮崎公立大学人文学部准教授）「一九八〇年代とプロレス〜プロレス退潮（？）の原点を考える〜」

鼎談〜井上章一、梅津顕一郎、岡村正史「プロレスとは社会にとって何なのか？」

「私は、井上さん、岡村さんと同時代をほぼ同じ年代として経験してきているにもかかわらず、プロレスへの位置の取り方はかなり違っている。（質疑応答の中でも、同時代性と個々の経験性と時代精神性の関連が、ある程度顕わになって面白かった。）」

「梅津さんには、九〇年代後半以降の情報過多の時代の中で、プロレスの衰退は、現代のオタク的サブカルチャー的な文脈に適合できないことによる、というアイデアを出していただいた。この点は、アイデアとして面白いのだが、東（浩紀）の議論自体どれだけまともなのかということに疑問を持つ、私としては、別個の論理も立ち上げて欲しかった。」

「質問したかったけどできなかったこと。鼎談ででていた、階層性とスポーツという文脈で、日本のプロレスがどういうところに位置どるのかが気になった。あまりいい本ではないが最近『ヤンキー進化論』というものが出ている。その中にはプロレスはでてこなかったように思うが、いわゆる日本のヤンキーとプロレスの関係はどうなっているのか。そしてその歴史的流れは、この点を今度は教えてほしい。」

（以上、斎藤光氏）

この一年間の運営の成果は現代風俗研究会年報として翌年出版された『現代風俗　プロレス文化』を

読んでいただくしかない。本章の冒頭で、「その日のテーマと関係なくプロレスのことを語り、顰蹙を買っている」との井上の発言を紹介したが、そのプロレスがテーマとなった一年、一部にはアレルギー反応があったように聞いている。けっしてプロレス特殊論に与するつもりはない。プロレスでなくとも、阪神タイガースでも同じ反応だったかもしれない。ただ、プロレスは「ジャンルの鬼っ子」と言われるように、ジャンルが確定していないジャンルである。未確定性がプロレスの特性ともいえる。つまり、収まりがよくない世界であって、それゆえに議論が熱を帯びてしまうところがあり、とくにファン内部で顕著であって、したがって、外部は引いてしまうところがある。非ファンが容易に排他性を感じてしまう空気がある。現風研のテーマにはどんなに異色のテーマであれ、どこかに普遍性を帯びているという了解が成立しているが、プロレスにはそれが希薄と思われている。プロレスが普遍的なテーマになるためにはどういう議論が必要か、そういうことを模索した一年だった気がする。

『現代風俗　プロレス文化』
（新宿書房）

### 「アメトーク！」への期待と不安

二〇〇九年は暗い話題が多い年だった。日本テレビがＮＯＡＨの地上波での中継を打ち切ったのが三月。そして、六月一三日、社長でエースだった三沢光晴が試合中に事故死するアクシデントが起こってしまった。七月六日、ＮＯＡＨの人事が一新され、田上明が二代目代表取締役社長となり、小橋建太と丸藤正道（まるふじなおみち）が副社長として田上を支えるトロイカ体制が出来上がった。しかし、百田光雄副社長は辞表を提出し、役員間での軋轢を思わせた。

続く二〇一〇年も基調は前年と変わらず、訃報が多い一年だった。柴田勝久（享年六六）、ミスター・ヒト（六七）、ラッシャー木村（六八）、山本小鉄（六八）、愚乱・浪花（三三）、ジョー樋口（八一）、星野勘太郎（六七）と続いたのである。

全日本を退団した小島聡がフリーとして新日本に出戻り参戦し、年間最大のリーグ戦であるG1クライマックスを制し、一〇月にはIWGPヘビー級王者に君臨した。今では「第三世代」の一角にすっかり収まってG1クライマックスへの出場もおぼつかない小島がわずか八年前にこれだけの大活躍を果たしたというのは信じがたいが、当時の新日本はそれほど「ネタ」不足だったのだ。

二〇一一年ももちろん明るい年とは言えなかった。一月四日に棚橋弘至が小島を破ってIWGPヘビー級王座を奪還し、さあこれから新しい装いで進んでいこうという矢先に三月一一日東日本大震災が勃発した。興行界にとっては、けっしてプラスとはいえない状況だったろう。プロレス界では、八月に日本武道館で「ALL TOGETHER」というチャリティ興行を行うことになり、新日本、全日本、NOAHの揃い踏みが実現した。

暗い話題と言えば、全日本の興行中の控室にてスーパー・ヘイト（平井伸和）への暴行事件が起こり、急性硬膜下血腫と診断された。暴行を認めたTARUが無期限出場停止を申し出て、責任をとって、武藤社長は六月七日に辞任した。

プロ文研は現風研例会のために二〇〇九年は集会を一度しか開催しなかったが、二〇一〇年からは通常の年三回に復帰した。この頃、前述のように『ミネルヴァ日本評伝選　力道山』の文章が帝京大学の

AO入試「国語」の問題になり、また、『ミネルヴァ日本評伝選　力道山』について書いたエッセイが多摩大学の一般入試「国語」に採用されたりした。自分の文章が入試問題になるのは不思議なもので、たしか帝京の問題だったか、どれが正答か著者自身が迷ったものである。

二〇一〇年三月、力道山についての博士論文で大阪大学人間科学研究科博士課程を修了し、私は晴れて人間科学博士となった。

この年の一一月には東京都葛飾区立中央図書館で講演会「プロレスと日本人～力道山、馬場、猪木とは何だったのか」を開催した。川村卓の尽力によって実現したものだった。無名に等しい私に、はたして聴衆が何人集まるのか不安だったが、直前に神戸でたまたま読売新聞系の有力者と飲食をともにする機会があり、この話をしたところ、「葛飾区を担当するデスクに連絡しておくよ」ということになった。数日後、『読売新聞』の取材を受けることとなり、講演会の数日前に東京の地域版に記事が掲載された。はたして、当日はまずまずの聴衆に恵まれることになったが、改めて巨大メディアの力を思い知らされることになった。

この時期のプロ文研の議論では、「総合格闘技ブーム」終焉後の状況において、一方的なプロレス終焉論は影を潜めながらも、プロレスはまだ再浮上の機会をつかめていないという論調が目立っていた。しかし、テレビのゴールデンタイムにおいて、プロレスの新しいいじり方が注目されていた。テレビ朝日系のバラエティ番組「アメトーーク！」である。この番組に関しては以下のような意見が出された（第三五回）。

「アメトークに出てくるのはいい状況。大相撲でもデーモン小暮が解説している。プロレスと格闘技は他のジャンル。ショービジネスとしていい位置に来た。変な最強神話から抜け出してきた。アメトークで笑えるところまで来た」。「本来あるべき場所に落ち着いてきた。肩の力が抜けてきた。寄席だって一〇年前はがらがらだったが、ライブに行ったら意外に面白く、現在はブームだ」。「職場の女子に「（「アメトーク」で取り上げられた）エル・サムライ知っているんですよね。すごいですね」と言われた。おたくがバカにされない風潮がある」。

一九八七年の「ギブアップまで待てない」との比較論も当然出た。「あの番組は先駆的だったのか。プロレスを馬鹿にしていると嫌悪されたが、当時はプロレスが衰退しきれていなかった」。当時のファンは出演者の山田邦子や男闘呼組に拒否反応を示したものだが、「（「アメトーク」に出演している）ケンドー・コバヤシには好意的だ。マニアックな客を見るのが楽しいという娯楽」と新しいエンタテインメントを歓迎するムード。むろん、限定的な評価に留める声もあった。「アメトークの芸人は金曜八時を見ていた世代。「ワールドプロレスリング」のプロデューサーとリンクしている。アーカイブものがコンテンツとしてはたして広がるだろうか？　プロレスは強さを追求するより癒しになっている。若者はプロレスを知らない。むしろ、プロレスは興行規模が縮小している。一般人に情報が届いていない」。

## 女子プロレスの身体

第三六回（二〇一〇年七月）では、実際に小さな女子プロレス団体に入って練習に参加するというフィールドワークを実践した京都大学大学院生が発表し、ジェンダー論の観点から女子プロレスが論じられることになり、以下のような議論がかわされた。

「女性は体脂肪率が高く、筋肉の筋が見えにくいものだが、アイドルレスラーは外見こそ華奢だがスクワットをすると隠れていた筋肉の筋が表れていた。そのとき女らしいレスラーに対する認識が変わった。ジェンダートラブルとは男らしさと女らしさが攪乱される状態。男らしい女性レスラーと女らしい女性レスラーのギャップもある。」「痛みの共有による関係性は女子プロに限ったことではないのではないか。」「女子プロに限ったことではないが、プロレスの前提である特有の信頼関係の醸成には不可欠だ。」「他のスポーツはルールが身体を守っているが、プロレスは明示されていないルールが身体を守っている。」

結局は、プロレスの特性の話に行き着くが、研究の目的を問う質疑応答でも同様の議論になった。

「女子プロレスの研究を通して近代スポーツの悪い側面を指摘したいという目標がある。」「そのための材料としてプロレスがあるのか。」「曖昧な領域であるがゆえに研究のために有効だ。」「本当に曖昧か。芸能という視点で捉えるべきではないのか。」「六：四くらいで芸能かもしれない。残りの四はスポーツ的なフォルムを揃えている点。これがあるからこそプロレスになる。」「レスラーは一般人より身体能力が高いはずだが、逆にフォルムが整っているから筋力がなくともプロレスになってしまう。弱小女子団体は社交性の乏しい男を相手にしている。普通の女の子がやられてキックアウトではなくブリッジで返すシーンで沸いている。彼らがプロレスに求めているものがちがうのではないか。」

また、女子と男子の違いに焦点を当てる議論もあった。

「男子プロレスは日常のビジネスワーク。」「プロレスは非日常。とくに女子はジェンダーがからんで非日常性が強まっている。そして食えないのにやっている。そこにピュアなものを見ている。無料のプロレスまである。やりたくてやっている女子がいる。」「『プロレス』は誰が作ったのか。東スポはいまだに女子プロを差別している。力道山以来の差別的扱いが残っている。」「プロレスをあくまで「スポーツ」として報道する保守性。それが女子を排除する。もっともいかにも東スポらしかったのは七〇年代までだろうが。」「力道山による差別があったから、女子は違うものを作らなければならなかった。」「長与千種以降はＵＷＦの影響を受け、ＪＷＰは山本小鉄が指導した。」

第三七回（二〇一〇年一一月）は「プロレスと政治のアナロジー」がテーマとなった。永田町はよくプロレスに喩えられ、新聞の一コマ漫画などではいまだに政治がプロレスの戯画として表現されたりする。そのあたりに焦点をしぼろうという回で、「丸川珠代が蓮舫を追及している様はかつてテレビ朝日で共演していたかと思うと、プロレスチックだった。しかも、蓮舫の国会内での写真撮影などという本質的でないことを議論しているのがプロレスチック」「民放は「女同士の戦い」を演出したがる」「『与野党の攻防は全日本プロレス的だが、民主党は党内が新日本プロレス的』という秘書のたとえをどう解釈するか」「民主党内はグループ抗争に明け暮れているという意味か」「民主党内は子供っぽい対立。与野党の関係は大人ということではないか」といった意見交換があったが、考えてみると、当時は民主党政権時代だったのである。

「八百長」をめぐる熱き議論

とりわけ熱い議論がかわされたのが「八百長」をテーマとした第三九回（二〇一一年七月）だった。

絵に描いた「八百長」演出がみられた「柴田勝頼対安田忠夫（二〇〇三年八月）」、いいストーリーが描けなかった好例である「佐々木健介対藤田和之（二〇〇四年五月）」、ある破綻がテレビ的に処理され、視聴者はその破綻に気付くことはなかった「武藤敬司、蝶野正洋対橋本真也、中西学（一九九七年一二月）」の三試合をビデオでまず鑑賞した。

「柴田対安田」は、G1クライマックスでの一試合で、両者は同一チームに属していたため、柴田に得点を与えるために安田がいきなり寝転んで柴田にフォールしろと要求するところから始まる試合だった。この試合に関しては、「片八百長のフェイクだ。観客の反応は「エーッ」だが、柴田ファンは安田の誘いに乗るな、と「それもよし」に分かれていた」「こういう試合を入れることによって、プロレスの他の試合は八百長ではないことを示している。G1だけは本気と思っている視聴者がいる」「柴田はチーム外とはガチであることを強調している」といった意見が出た。

「佐々木対藤田」は藤田が明らかに無気力で、何の見せ場もないままに佐々木が勝ってしまい、王座を奪取してしまうという「屈辱」を浴びてしまい、試合後佐々木の妻でマネージャーの北斗晶が新日本に対して激怒するというものだった。これに対しては、「健介の演技力のなさを北斗が懸命にカバーしている」「北斗こそ「真に迫った八百長」だ。フリーの夫がコケにされた本当の怒りが表現されていた」「怒っていたこと自体は本気だ」「北斗はセンスが良い」と北斗を評価する声が相次いだ。

「武藤、蝶野　対　橋本、中西」はたいへん盛り上がった試合だったが、ラストで武藤が橋本にムーンソルト・プレスを決める際に、受ける橋本は武藤が掛けやすいように身体をずらせたことが誰の目にもはっきりとわかってしまったために、会場では「あーあ」とため息がもれ、盛り下がってしまった試合だった。テレビではその部分の映像、音声は巧みにカットされていた。「テレビ朝日のカメラワークは昔から（都合が悪いときは）観客を映す」という指摘が出た。

これら三試合のビデオ映像に加えて、当時は大相撲の八百長問題が取りざたされていた時期だったが、『朝日新聞』のオピニオン欄で「八百長と日本社会」と題して二人のインタビューが掲載されていたので、これを討議資料とした。インタビューに答えたのは国語学者の金田一秀穂とノンフィクションライターの柳澤健である。

金田一は、「八百長」という言葉には愛があるとして、けっして悪い言葉ではない。この言葉の背後には「善悪をはっきりさせない、日本人の心性」が見て取れるという。「日本の社会を動かす原理は、人と人の情」だという。「今回の大相撲の問題で断定的に不正だと言わずに「八百長」という軽みを伴った言葉を使う」と情の文化を金田一は強調するのである。

これに対して柳澤は、八百長の一つの動機について、「番付を落としたくない保身があった」と言われるが、保身は誰しもあることだと弁護する。大相撲の八百長は内輪の話であって、暴力団との繋がりを指摘されている野球賭博の方が重大である。また、大相撲がプロレスのようになったと嘆いている人がいるだろうが、プロレスは「結末の決まったショー」であって八百長はない。大相撲がプロレスと同じならば、「観客にハッピーエンドを提供しているはず」と展開している。

研究会では、金田一の発言について議論が集中した。

「八百長は負のイメージ。」「相撲愛好家が好意的に書いている。」「金田一は、相撲はスポーツじゃないと言っている。八百長の問題も日本相撲協会が文部科学省の管轄だから問題となっている。民間興行団体だったら問題ない。スポーツと興行に優劣がつけられている背景がある。」「スポーツ化した結果、外国人力士が上位を占める結果となっている。」「日本人が持ってきた人情と敗戦後のアメリカニズムの相克がある。体制側にとって、「国技」は怪しくてはいけない。」「八百長はケガを回避するという面がある。」「競輪には七〇年代まで八百長がけっこうあった。八百長は三種類に分けられる。演出としての八百長、互助会的八百長、ギャンブルからみの八百長だ。互助会的八百長はその結果幕下の有望な若手が上がれなくなるのだから、悪い八百長だ。八百長問題について千代の富士はどんな気持ちでいるのか。」

一方、プロレスの「八百長」に関しては、「別冊宝島の対談で、岡村が「プロレスに八百長という言葉は不適切だ」と言ったのに対して、井上が「八百長であることは悪くない。八百長という言葉を敵視しなくともよい」とやりとりした」との紹介を受けて、「「論理的には八百長ではありえない」は世間ではヘリクツにしか聞こえない」「プロレスはドラマといっしょと言うと納得してくれる」「プロレスのルールにはルールを守らなくともよい、と書いている」「プロレスのルールはいい加減だが、掟には厳しい世界だ」と転がっていき、「芸能界とよく似ている。反原発の山本太郎は事務所をクビになった」とプロレス界と芸能界の共通性を指摘する意見が出た。

「八百長」というのはたいへんナーバスな言葉である。金田一が言うように、言語学的には愛情のある言葉かもしれないが、現実には「不正」と同義で使われることだろう。ことに、スポーツを標榜するジャンルでは断罪を伴う強い言葉だと思う。現実生活のさまざまな場面では、たとえば結婚披露宴のスピーチのような「八百長」的なことは多々ある。かと言って、スポーツ的なものに「八百長」が容認されている現実はない。柳澤が言うように、プロレスは「結末の決まったショー」であって八百長はない。それは間違いない。しかし、プロレスが「結末の決まったショー」という認識がどれくらい浸透しているのだろうか。極端に言えば、立花隆のようにプロレスを嫌悪する人か、プロレスに詳しい人に限られはしないだろうか。その中間はプロレスに漠然としたイメージを抱いているか無関心かだろうが、そういう層が大半を占め、プロレスを「八百長」視するかもしれない潜在的な層を形成しているのではないだろうか。

私は『ミネルヴァ日本評伝選　力道山』のサブタイトルを決める際に、いっとき「真に迫った八百長」を考えたことがあった。あのシリーズのサブタイトルは、評伝の対象となる人物の言葉でなければならないという決め事があり、日本で試合を披露する前のある対談で力道山は第2章に書いたように「真に迫った八百長」と発言していたのである。力道山のプロレス観にこれほど適した言葉はないと考えたが、逡巡して、結局別の表現「人生は体当たり、ぶつかるだけだ」になった。このサブタイトルは力道山の人生観をよく表してはいたけれど、いささか通俗的な印象を与えたかもしれない。日本の知識層には、スポーツヒーローの評伝というだけで、通俗的な本というイメージを抱いてしまう層がけっこう多いような気がしている。その予断に与してしまったのかもしれない。それはともかく、プロレスラーに関する本で、「八百長」という言葉が表紙に踊ることは、インパクトがあるにせよ、余計な拒絶反応を惹起しないかと考えてしまったのである。

## 新日本プロレス、ようやく上向く

総合格闘技のブームの煽りを受けてプロレス人気が低迷し、あのブームが去った後も浮上していなかったプロレス界にようやく転機が訪れたのは二〇一二年である。

一月三一日、ブシロードがユークスから新日本プロレスの株式を一〇〇％取得し、子会社化した。ブシロード社長の木谷高明が新日本の会長に就任、新体制が発足した。一月四日に棚橋への挑戦を表明してブーイングを浴びたオカダ・カズチカが二月一二日に棚橋を破り、IWGPヘビー級王座を獲得。六月に棚橋が奪還するが、八月のG1ではオカダが優勝。オカダの台頭に棚橋がどう対抗するかという構図が出来上がっていった。もう一人の雄、中邑真輔は七月にIWGPインターコンチネンタル王者となり、ナンバー2としての独自路線を歩み始める。こうして、棚橋、中邑、オカダのトップ三体制が固まり、興行成績は上昇していったのである。一方、NOAHでは年末に小橋が引退を表明、秋山準、潮崎豪ら五名が退団を表明した。

二〇一三年も新日本は好調を継続し、四月にはオカダがIWGPに返り咲き、前年から参戦した桜庭、柴田が新しい刺激を注入した。全日本は二月にスピードパートナーズ社の白石伸生がオーナーに就任するが、SNSでの発言で混乱を招き、五月には武藤が会長を辞任するという事態を招いた。武藤は七月にWRESTLE－1設立を発表し、九月に旗揚げした。

徐々に新日本プロレスの一人勝ちが明確になっていく状況に、プロ文研の参加者はどう反応したのか。

ある回で最近の新日本の映像を見たオールドファンは「最近の試合といってもいつか見た光景に映る」と感想を述べたが、これに対して「今の新日本はそんなマニアは相手にしていない。そういうマニアはＤＶＤを見るか、専門誌「Ｇスピリッツ」を読んでおけばよいという感じだ。マニアの牙城といわれた後楽園ホールですら観客層が変化している。今の客に受けるようなプロレスを提供している。プロ文研は会場に足を運ばない人が多いのではないだろうか」という反応が出た。今や九〇年代のプロレスでも古いという感覚が支配的になってきている。さらに、今のファンの傾向として「今のファンは好みの団体しか見ず、他団体と比較する視点がない。ドラゴンゲートに大物レスラーがゲスト参加してもチケット売上にあまり影響はない」ことが指摘された。

ある大学関係者は「大学で「日本政治史」の授業を担当している。政治はプロレスに似ていると話すが、受講者はプロレスを見たことがない者がほとんどである。「基礎ゼミ」の自由発表で、プロレスについて発表した者がいたが、彼も学生プロレスしか見たことがなかった。二〇代がプロレスに出会う場所がない。それでは会場に来ている二〇代の連中はどこから来ているのか」と問いかけた。「会場の若者はイベントゴーアー。プロレスでなくともよい。何か面白いものをさがしている。その触覚は鋭い」という回答や「女性と子供が増えた。「アメトーク！」やレスラーのバラエティへの露出が増えている影響だろう」という答えが返ってきた。

ただメディア状況はさほど好転しているわけではない。地上波は新日本プロレスを中継する「ワールドプロレスリング」のみで、相変わらず深夜番組である。そのことの影響をある者は「ストーリーが浸透するのに時間はかかっている。地方では一年がかりだ」と説明していた。ストーリーとは無関係な現象もある。「オカダのドロップキックにはどよめきが起こる。つまり、芸術点的などよめきだ。観客は会場の一体感を感じている」と。

## 右肩上がりの時代

二〇一三年一一月の第四六回以降、プロ文研は会場をル・クラブジャズから出町柳のほんやら洞に移した。

ほんやら洞は伝説の喫茶店で、岡林信康らミュージシャン、文化人、市民の募金と労務提供によって七二年に開店した。すでに下火になりつつあった学生運動や関西フォークに関わる学生、若者にとっての名所的存在となり、中川五郎や浅川マキらのライブも行われた。まさにサブカルチャーのメッカであり、ある意味プロ文研向きの会場だった。その後、写真家の甲斐扶佐義の経営するところとなったが、二〇一五年一月一六日、同店より出火、建物を全焼した。火災の原因は不明である。備品のほか、写真作品のネガ、プリント、著書等が焼失し、同月二一日をもって閉店ということになった。

ほんやら洞でプロ文研は四回の例会を開催したが、後継の会場としては、甲斐が木屋町で経営している八文字屋というバーで開催するということになった。

ほんやら洞以降のプロ文研は、従来取り上げられなかった新しいテーマ、アイデアが目立つ。法律的な側面でプロレスを見たらどういうことが言えるか。世界のプロレス一五〇年の歴史をおさらいする。プロレスのギミックにはどのようなものがあるのか。映画とプロレスの関わりはどうなのか。プロレスに関する新しい研究動向はどのようなものか。プロ文研自体を振り返って、どのような議論があったのか。

どんなテーマであれ、最近のプロレス界の動向についての意見も少なくない。つまり、過去のプロレスを取り上げていても、過去だけに拘泥するのではなく、現状に戻ってくるのである。あるいは、過去と現在を比較するのである。二〇一四年以降、新日本はますます好調で、レスラーのメディア露出も当たり前のことになってきている。新日本あるいはＤＤＴが経済雑誌や経済番組で取り上げられることも珍しくない。プロ文研でひところ言われていたプロレス衰亡論はさすがに陰を潜めた。

私は二〇一四年三月に高校教諭を定年退職し、九月から神戸学院大学の非常勤講師を半期のみ務めた。「歴史文化特別講義」という枠で、テーマは「力道山」である。テキストに『ミネルヴァ日本評伝選 力道山』を用いて、力道山の生涯を縦糸に、近現代の朝鮮半島の歴史、テレビ論、ロラン・バルト、大相撲、レスリング史、六〇年安保、東京スポーツ、トニー谷、ショック死騒動、自民党党人派、大衆文化などを横糸として概説したものである。今日の大学の授業は昔と違って、一五回きっちり授業を行うことが義務づけられており、祝日でも授業があるのはざらである。私が学生時代に受けた講義には休講が頻繁にあって、けっこういい加減なものも中にはあったが、いざ教える立場になると、そんなルーズさは許されない。一〇〇名を超える学生も能動的とは言えないにしても、おおむね真面目で、出席率も悪くなかった。講義の準備にはけっこう時間を費やしたし、毎回小レポートの提出を求めたので、週一コマの講義とは言え、まる三日くらいはそれでつぶれたのである。

講義の冒頭にアンケートを実施し、「プロレスと聞いて何を連想するか知っていることを書いてください」と問うた。八五名の回答を得た。おおまかな分類ではあるが、「レスラー等」が八五、「肯定的イメージ」が四五、「暴力」が四一、「技等」が二六、「ショー的イメージ」が二六、「プロレス団体」が一七、「昭和イメージ」が一二となった。五名以上の回答があったのはアトランダムに、「アントニオ猪木」二四、「タイガーマスク」一二、「格闘技」一一、「長州力」「痛そう」以上八、「力道山」「ごつい肉体」「筋肉マン」以上六、「ジャイアント馬場」五となった。とりたてて特徴のある回答ではないが、二〇一二年以降の上昇ムードはまだ反映されておらず、相変わらずの傾向である。また、「昭和イメージ」が若干あったのが唯一の特徴と言えなくもない。学生のほとんど全員が平成生まれだから当然ではあるが、「昔流行っていた」「オジサンが見る」「昭和のイメージ」という回答は若者にとって等身大のプロレス・イメージなのだろう。講義では、ビデオ映像も多く流したが、意外にも学生の爆笑を誘ったのがトニー谷の昭和二〇年代の映像で、デタラメな外国語を操る怪しげな外国人の姿に時代性を超越して普遍的な笑いが存在したのだろう。新鮮な発見であった。

近年、オカダ・カズチカ、棚橋弘至、真壁刀義のドラマ、バラエティ番組への露出は少なくなく、今同じアンケートを行えば、回答の傾向は変わってくることが予想される。また、中邑真輔、ＡＳＵＫＡなどがＷＷＥで活躍している様子は「新時代」を予感させるが、有望な若手がメジャーを志向するプロ野球界の現状を想起させることもあって、将来的には日本のプロレスの空洞化を現出させる傾向かもしれない。ファンは自分の好きな「プロレス」だけを追い求め、今のプロレスを見る者、過去のプロレスだけにこだわる者の二極分化すら起こっている。「東京商工リサーチ」によれば、新日本の二〇一八年七月期の業績は、過去最高の一九九八年を上回る増収が見込まれている。また、公式動画配信サービスの「新日本プロレスワールド」の会員数は、二〇一八年一月時点で約一〇万人であり、このうち四割がアメリカ人を中心とする外国人である。また、観客の四割は女性で、家族づれも目立つ。今後は、一部上場を果たせるかが課題となるだろう。

プロレス文化研究会創設二〇年にして、初めての右肩上がりの時代を経験しているのだ。井上章一はかつて「ジャンルの衰退が活字の隆盛を招いた」とプロレス界を評したが、久しぶりに向上する時代を経験しつつあるマット界を、プロレスと社会の関係をプロ文研は今後どのように斬っていくのだろうか。

# 主要参考文献

秋山訓子『女子プロレスラー　小畑千代』岩波書店、二〇一七年。

ロラン・バルト、篠沢秀夫訳『神話作用』現代思潮社、一九六七年。

ロラン・バルト、佐藤信夫訳『彼自身によるロラン・バルト』みすず書房、一九七九年。

ロラン・バルト、宗左近訳『表徴の帝国』ちくま学芸文庫、一九九六年。

ロラン・バルト、下澤和義訳『現代社会の神話』みすず書房、二〇〇五年。

ベースボール・マガジン社編『日本プロレス全史』ベースボール・マガジン社、一九九五年、二〇一四年。

ジョナサン・カラー、富山太佳夫訳『ロラン・バルト』青弓社、一九九一年。

深見喜久男『スポニチ三国志　スポーツ記者が泣いた日』毎日新聞社、一九九一年。

Gスピリッツ編『実録・国際プロレス』辰巳出版、二〇一七年。

原康史『激録　力道山』全五巻、東京スポーツ新聞社、一九九四〜九六年。

井上俊・菊幸一編著『よくわかるスポーツ文化論』ミネルヴァ書房、二〇一二年。

猪瀬直樹『欲望のメディア』小学館、一九九〇年。

石川弘義他編『大衆文化事典』弘文堂、一九九一年。

石川美子『ロラン・バルト』中央公論社、二〇一五年。

板坂剛『アントニオ猪木・最後の真実』鹿砦社、一九八五年。

板坂剛『アントニオ猪木・闘魂滅び詩』鹿砦社、一九八六年。

現代風俗研究会編『異文化老人の探検　現代風俗'88〜'89』リブロポート、一九八八年。

現代風俗研究会編『現代風俗　プロレス文化——歴史・表現・エロス・地域・周縁』新宿書房、二〇一〇年。

亀和田武『人ったらし』文春新書、二〇〇七年。

鹿野政直・鶴見俊輔・中山茂編『民間学事典・人名編』三省堂、一九九七年。

鹿野政直・鶴見俊輔・中山茂編『民間学事典・事項編』三省堂、一九九七年。

亀井好恵『女子プロレス民俗誌』雄山閣出版、二〇〇〇年。

キム・テグォン『北朝鮮版力道山物語』柏書房、二〇〇三年。

木村政彦『わが柔道』ベースボール・マガジン社、一九九一年。

小島貞二『力道山以前の力道山たち』三一書房、一九八三年。

小林正幸『力道山をめぐる体験』風塵社、二〇一一年。

桑原稲敏『戦後史の生き証人たち』伝統と現代社、一九八二年。

毎日新聞百年史刊行委員会編『毎日新聞百年史　一八七二―一九七二』毎日新聞社、一九七二年。

増田俊也『木村政彦はなぜ力道山を殺さなかったか』新潮社、二〇一一年。

百田光雄『父・力道山』小学館、二〇〇三年。

森達也『悪役レスラーは笑う』岩波新書、二〇〇五年。

村松友視『私、プロレスの味方です』情報センター出版局、一九八〇年。

村松友視『当然、プロレスの味方です』情報センター出版局、一九八〇年。

村松友視『ファイター』情報センター出版局、一九八二年。

村松友視『力道山がいた』朝日新聞社、二〇〇〇年。

仲兼久忠昭『力道山　否！』自費出版、二〇一七年。

日本放送協会編『放送五〇年史』日本放送出版協会、一九七七年。

ＮＨＫ放送世論調査所編『テレビ視聴の三〇年』日本放送出版協会、一九八三年。

日本テレビ放送網編『大衆とともに二五年』日本テレビ放送網、一九七八年。

岡村正史『知的プロレス論のすすめ』エスエル出版会、一九八九年。

岡村正史『世紀末にラリアット』エスエル出版会、一九九四年。

岡村正史『ミネルヴァ日本評伝選　力道山――人生は体当たり、ぶつかるだけだ』ミネルヴァ書房、二〇〇八年。

岡村正史「カンカン小屋のキャッチ」『別冊宝島一二〇　プロレスに捧げるバラード』ＪＩＣＣ、一九九〇年。

岡村正史編著『日本プロレス学宣言』現代書館、一九九一年。

岡村正史編著『力道山と日本人』青弓社、二〇〇二年。

岡村正史・川村卓『超時代的プロレス闘論』三一書房、一九九八年。

朴一『〈在日〉という生き方』講談社、一九九九年。

ぴあ総研編『エンタテインメント白書』ぴあ総合研究所、二〇〇四～〇八年。

ぴあ総研編『ぴあライブ・エンタテインメント白書』ぴあ総合研究所、二〇〇九年。

ぴあ総研編「二〇一〇　ライブ・エンタテインメント調査レポート」ぴあ総合研究所、二〇一〇年。

力道山光浩『力道山自伝　空手チョップ世界を行く』ほるぷ、一九八一年。

李鎬仁『力道山伝説』朝鮮青年社、一九九六年。

李淳馹（リスンイル）『もう一人の力道山』小学館、一九九六年。

斎藤文彦『プロレス入門』ビジネス社、二〇一六年。

斎藤文彦『昭和プロレス正史　上巻』イースト・プレス、二〇一六年。

斎藤文彦『昭和プロレス正史　下巻』イースト・プレス、二〇一七年。

斎藤博美「全国世論調査詳報」『朝日総研リポート』第一六五号、朝日新聞社総合研究本部、二〇〇三年。

青弓社編集部編『こんなスポーツ中継は、いらない！』青弓社、二〇〇〇年。

柴田恵陽『女子プロレス　終わらない夢　全日本女子プロレス元会長　松永高司』扶桑社、二〇〇八年。

志賀信夫『昭和テレビ放送史・上』早川書房、一九九〇年。

ジョルジュ・シムノン、矢野浩三郎訳『メグレと賭博師の死』河出書房新社、一九八四年。

スポーツニッポン新聞大阪本社編『スポーツニッポン新聞五〇年史・I』スポーツニッポン新聞社、一九九九年。

スポーツニッポン新聞社五〇年史刊行委員会『スポーツニッポン新聞五〇年史』スポーツニッポン新聞東京本社、一九九九年。

鈴木琢磨『金正日と高英姫』イースト・プレス、二〇〇五年。

田中敬子『夫・力道山の慟哭』双葉社、二〇〇三年。

田鶴浜弘編『日本プロレス三〇年史』日本テレビ放送網、一九八五年。

ルー・テーズ、流智美訳『鉄人ルー・テーズ自伝』ベースボール・マガジン社、一九九五年。

リー・トンプソン「プロレスのフレーム分析」(栗原彬他『身体の政治技術』新評論、一九八六。補筆して岡村正史編著『日本プロレス学宣言』所収、現代書館、一九九一年)。

リー・トンプソン「ポストモダンのスポーツ」井上俊・亀山佳明編『スポーツ文化を学ぶ人のために』世界思想社、所収、一九九九年。

坪内祐三『四百字十一枚』みすず書房、二〇〇七年。

牛島秀彦『力道山物語　深層海流の男』徳間文庫、一九八三年。

柳澤健『一九八五年のクラッシュギャルズ』文藝春秋、二〇一一年。

柳澤健『一九八四年のUWF』文藝春秋、二〇一七年。

吉村義雄『君は力道山を見たか』飛鳥新社、一九八八年。

全国朝日放送株式会社総務局社史編纂部編『テレビ朝日社史――ファミリー視聴の二五年』一九八四年。

『プロレス世紀末通信』創刊号~第八号、キャッチ堂、一九八六~九〇年。

『文藝春秋』一九九一年五月号。

*À Nous* 二〇〇八年九月一五日（パリ発行のフリーペーパー）。

Roland Barthes, *Mythologies*, Seuil, 1957.

Christian-Louis Eclimon "*Catch L'Age d'Or 1920-1975*" Huginn & Muninn, 2016.

Georges Simenon, Maigret et l'affaire Nahour, Librairie Générale Française, 2015.

Lou Theze "*Hooker : An Authentic Wrestler's Adventures Inside The Bizarre World of Professional Wrestling*"（自費出版）1995.

Lee Thompson, "Professional Wrestling in Japan — Media and Message" *International Review for the Sociology of Sport*（1986）: 65-82.

※新聞、雑誌については多数につき、一部を除いて省略した。

# あとがき

二〇二〇年には東京オリンピックが開催され、その前年にはラグビー・ワールドカップが日本で行われる。ラグビーとプロレスの不思議な因縁話は本書を読まれた方にはもうお分かりだろう。プロレスの書籍は一応スポーツの書棚に置かれるだろうから、こうもスポーツイベントが目白押しだと、いやが応にもスポーツについての社会の関心が高まり、プロレスもそのおこぼれに預かるかもしれない。もちろん、そんなさもしい心持だけで本書の出版が実現したわけでない。

『ミネルヴァ日本評伝選　力道山――人生は体当たり、ぶつかるだけだ』を著して以来、一〇年ぶりの単著である。私はプロレスラーに取材して、控室にも出入りしてというようなプロレスライターではない。むしろ、一人のウォッチャーとして、プロレスと適度な距離感を置いて観察、分析、研究してきた者にすぎない。その根底には、プロレスにどんなに接近しても本当のところは分からないのではないかという諦念あるいは疑念があるからにほかならない。プロレスとは徹頭徹尾「見る」ものであって、深く関わるものではないという「倫理観」すらある。

そして、見ることを徹底させた先にどんな地平が開けるのか。本書はそういう試みであるかもしれない。

第1章では、ロラン・バルトの「プロレスする世界」の分析から始まって、日本ではほとんど紹介されたことのないフランスのプロレスの荒野に踏み入った。

第2章では、前著では評伝というスタイルの制約からクリアに見えにくかった力道山をめぐる一般紙、雑誌メディアの関心のあり方に焦点を当てた。

第3章では、日本のプロレス史のトピックを取り上げて、トピックの中に垣間見えるプロレスと社会との接点、時代性が見えてくるようにした。

第4章では、二〇年間取り組んできたプロレス文化研究会の取り組みを中心に、研究会の参加者がプロレスについて何を語り、何を考え、何を感じてきたのか、を活写することにした。

「プロレス本」の大半がレスラーの証言、自伝などに彩られている。ファン、特にオールドファン、マニアのニーズはそのあたりにあるのだろう。本書は従来の「プロレス本」とはまったく一線を画した類書のない「プロレス本」である。広くプロレスに関心のある読者の知的刺激になれば幸いである。

本書執筆にあたって、著者のプロレスについての話につき合ってくださる井上章一氏をはじめとするプロレス文化研究会の皆様、会場を提供してくださる八文字屋の甲斐扶佐義氏、また、プロ文研の活動を側面から支えてくださる現代風俗研究会の皆様、貴重な写真の掲載を快諾していただいた仲兼久忠昭氏、この本を世に出すことに尽力いただき、アドバイスをいただいたミネルヴァ書房編集部の田引勝二氏、そして、物心両面からつねにサポートしてくれる妻に感謝申し上げたい。

二〇一八年一〇月

岡村正史

# プロレス文化研究会のあゆみ

（肩書は当時）

| 回 | 日 | メインテーマ | 発表者・演題 |
|---|---|---|---|
| 第一回 | 一九九八年七月二〇日 | 超時代的にプロレスを語る為に | 井上章一（国際日本文化研究センター助教授）「世話人挨拶」<br>岡村正史（エッセイスト）「超時代的にプロレスを語る為に」 |
| 第二回 | 一九九八年一一月一五日 | プロレスを観る人とは、一体どんな人なのか、また、その心理状態とはいかなるものか | 亀井好恵（武蔵野美術大学講師）「一九八〇年代の女性ファンについて」<br>岡村正史「プロレスファンという困った奴ら」 |
| 第三回 | 一九九九年三月二七日 | あの日に帰りたい…タイガーマスクとその時代 | 西村明（酒游舘）「梶原一騎の先駆性と功罪―メディアミックスと情報操作」 |
| 第四回 | 一九九九年七月二四日 | 一六文キックの彼方へ…ジャイアント馬場の方程式 | 川村卓（ライター）「『人格者』としてのジャイアント馬場とその〝晩年様式〟」 |

| 第五回 | 一九九九年一一月一三日 | ラリアット的快楽…さらば迷える九〇年代よ | 古川岳志（大阪大学大学院人間科学研究科）「九〇年代のプロレスを社会学する」 |
|---|---|---|---|
| 第六回 | 二〇〇〇年二月一一日 | 二一世紀は依然として「何でもあり」か？ | 井上章一「桜庭和志こそミレニアムの救世主である」 |
| 第七回 | 二〇〇〇年七月二二日 | 男が女をみつめるリング | 対談・亀井好恵、羽渓了（神戸女子大学講師） |
| 第八回 | 二〇〇〇年一一月一八日 | プロレスファンはなぜモテないのか？ | 中村隆文（神戸女子大学教授）「女子大学生のプロレス意識調査結果報告」（ビデオ／今井修平［神戸女子大学教授］・中村ゼミ討論会） |
| 第九回 | 二〇〇一年三月一〇日 | プロレスとテレビの幸福な関係 | 岡村正史「古舘伊知郎の研究」 |
| 第一〇回 | 二〇〇一年七月一四日 | ビジュアル・パフォーマンスの宴 | 小野原教子（神戸商科大学講師）「女子プロレス・コスチュームの研究」<br>永岡正直（タワーレコード大津店店長）「入場曲および入場シーンの研究」 |
| 第一一回 | 二〇〇一年一一月三日 | プロレスラー「力道山」を語ろう！ | 座談会／川村卓、井上章一、岡村正史 |

|  |  |  |  |
|---|---|---|---|
| 第一二回 | 二〇〇二年二月一〇日 | プロレスラー「力道山」を語ろう！Ⅱ | 座談会／川村卓、井上章一、岡村正史 |
| 第一三回 | 二〇〇二年七月六日 | 「レフェリー」という存在の重さについて考えてみよう！ | コメンテーター／亀井好恵、古川岳志（神戸国際大学講師）、岡村正史（大阪大学大学院人間科学研究科） |
| 第一四回 | 二〇〇二年一一月二日 | 力道山と日本人 | パネルディスカッション／井上章一（国際日本文化研究センター教授）、川村卓、リー・トンプソン（早稲田大学教授）、小野原教子、古川岳志、亀井好恵、岡村正史<br>ニューウエーブ登場！／塩見俊一（立命館大学大学院社会学研究科）「ギミックの社会学　学生プロレスの視点から」 |
| 第一五回 | 二〇〇三年二月一日 | 馬場・猪木と高度成長ニッポン | 第一二回橋本峰雄賞受賞記念講演／岡村正史「猪木追放と連合赤軍事件」<br>ニューウェーブ登場！／菅直樹（京都精華大学人文学部）「日本の大衆文化における日本人の精神構造と二元論の可能性―プロレス界、馬場と猪木の場合―」 |
| 第一六回 | 二〇〇三年七月五日 | 馬場・猪木を支えた男たち | コメンテーター／岸本哲（デザイナー、カフェ「さらさ」経営）、岡村正史 |

| | | | |
|---|---|---|---|
| 第一七回 | 二〇〇三年一一月一五日 | 馬場・猪木とヒール（悪玉）たち | プロレス学への招待／岡村正史「草創期プロレスに関する考察」<br>コメンテーター／井上章一、岡村正史 |
| 第一八回 | 二〇〇四年一月二五日 | プロレス五〇年…力道山からボブ・サップまで | 第一部「昭和のヒーロー力道山」<br>研究発表　岡村正史「力道山と活字メディア」<br>ミニパネルディスカッション／井上章一、古川岳志、小野原教子、岡村正史<br>第二部「今、プロレスの曲がり角か!?…年末年始五大イベント総括」<br>朝日新聞「スポーツに関する世論調査」詳細データ報告 |
| 第一九回 | 二〇〇四年三月六日 | 「脱プロレス」現象の源流…「ＵＷＦ系」とは何であったのか？ | ビデオ解説／岡村正史 |
| 第二〇回 | 二〇〇四年七月四日 | 「プロレス批評」の誕生…村松友視の世界を読み解く | レクチャー／井上章一「プロレス批評の系譜」 |
| 第二一回 | 二〇〇四年一一月六日 | エンタテインメント産業の中のプロレス | 資料／ぴあ総研『エンタテインメント白書』解説・岡村正史 |

| | | | |
|---|---|---|---|
| 第二二回 | 二〇〇五年二月一二日 | 読むプロレス、追いかけるプロレス、語るプロレス | パネルディスカッション／「プロレスファン文化を考える」岩佐敦子、山野井健五、樋口裕二（以上、成城大学大学院）コーディネーター　亀井好恵（武蔵野美術大学講師） |
| | | | プロレス学への招待／岡村正史「古舘伊知郎の実況に関する考察」 |
| 第二三回 | 二〇〇五年七月二三日 | 肉体のドラマとしてのプロレス | 建野友保（フリーライター、障害者プロレス「ドッグレス」スタッフ）「障害者プロレスのプロレス性」 |
| 第二四回 | 二〇〇五年一一月五日 | 大相撲が挑んだプロレス | 梅津顕一郎（呉大学社会情報学部助教授）「輪島大士と北尾光司〜二人の横綱レスラーをめぐる未完の物語〜」 |
| | | | ミニ合評会　小田亮、亀井好恵編『プロレスファンという装置』を読んで |
| 第二五回 | 二〇〇六年二月一一日 | プロレスにおける「日米対抗」あるいは「日本人」 | 課題図書・森達也『悪役レスラーは笑う』を読んで |
| 第二六回 | 二〇〇六年七月一日 | プロレス国際比較序説―アメリカ、メキシコ、そして、日本 | 岩佐敦子（成城大学大学院文学研究科日本常民文化専攻博士課程後期）「戦略としてのあいまいさ」 |

|  |  |  |  |
|---|---|---|---|
| 第二七回 | 二〇〇六年一一月一一日 | 転換点としてのバブル期プロレス | 岡村正史（大阪大学大学院人間科学研究科博士課程後期）「第二次ＵＷＦ／前田日明に関する一般雑誌研究」 |
| 第二八回 | 二〇〇七年二月一〇日 | 闘う少女のエロチシズム | 総合討議／井上章一、亀井好恵「スポプロからエロプロへ」 |
| 第二九回 | 二〇〇七年七月七日 | プロレスとメディア | 岡村正史「力道山と三大紙、テレビ」<br>梅津顕一郎「八〇年代以降の展開 ―語るプロレスを中心に―」 |
| 第三〇回 | 二〇〇七年一〇月二七日 | 「アントニオ猪木」という現象 | 「アントニオ猪木についてのアンケート」結果にもとづいてのフリー・ディスカッション |
| 第三一回 | 二〇〇八年三月二二日 | 芸能としてのプロレス | 相原進（立命館大学大学院社会学研究科博士後期課程）「芸能としてのプロレス―『ＫＩＮＧ ｏｆ Ｓｐｏｒｔｓ』と『ハッスル』」 |
| 第三二回 | 二〇〇八年六月二八日 | 芸能としてのプロレスⅡ | 亀井好恵「『闘う』女の芸能とその観客反応」 |
| 第三三回 | 二〇〇八年一一月一日 | 力道山　対　プロレス | 岡村正史（『ミネルヴァ日本評伝選　力道山』筆者）「力道山とその時代」 |

|  |  |  |  |
|---|---|---|---|
| 第三四回 | 二〇〇九年二月七日 | 力道山前夜を闘った柔道家たち | 塩見俊一「柔道とプロレス～日本におけるプロレス誕生の萌芽としての「プロ柔道」を中心に」 |
| 第三五回 | 二〇一〇年二月六日 | 二〇一〇年代のプロレス―過去から未来へ | 二〇〇九年度現代風俗研究会年間テーマ「プロレスが残した風俗」報告<br>岡村正史「プロレスは終わったジャンルなのか?」 |
| 第三六回 | 二〇一〇年七月一〇日 | 「プロレス学」最前線 | 修士論文構想発表／萩原卓也（京都大学大学院人間・環境学研究科共生文明学専攻文化人類学分野修士課程）「ジェンダー観の変容とその波及の可能性―女子プロレスラーの実践から」<br>学位取得記念発表Ⅰ／亀井好恵（文学博士。成城大学民俗学研究所研究員）「越境する芸能―『闘う』女の芸能にまつわる民俗学的研究―」<br>学位取得記念発表Ⅱ／岡村正史（人間科学博士）「力道山のライフ・ヒストリーにおけるプロレス受容に関する考察」 |
| 第三七回 | 二〇一〇年一一月二〇日 | プロレスと政治の幸福?な関係 | 森田吉彦（帝京大学専任講師）「プロレスと日本政治のアナロジー」 |

| 第三八回 | 二〇一一年二月五日 | プロレスと読書の悦楽 | 『現代風俗・プロレス文化』執筆者リレートーク／岡村正史、塩見俊一、梅津顕一郎、小野原教子、井上章一、永岡正直、相原進<br>「プロレスを知る・楽しむ・考える本」について語ろう！ |
|---|---|---|---|
| 第三九回 | 二〇一一年七月二日 | 「八百長」とは何か―興行としてのプロレス | 問題提起／岡村正史「プロレスに「八百長」は存在しうるのか」 |
| 第四〇回 | 二〇一一年一一月二六日 | 一九五四年の力道山―プロレス研究からの提言 | 小林正幸（法政大学講師）「力道山から『プロレスとは何か』について考察する」<br>ミニ対談／「プロレス研究者として」小林正幸、岡村正史 |
| 第四一回 | 二〇一二年二月一八日 | 彼女はなぜ女子プロレスを見捨てなかったのか―ファンのライフ・ヒストリー研究 | 伊藤雅奈子（フリーライター）「クラッシュ・ギャルズからの半生」<br>ミニ対談／「エスエル出版会の頃」伊藤雅奈子、岡村正史 |
| 第四二回 | 二〇一二年七月七日 | プロレスは一般社会とどう関わっているのか | 問題提起／岡村正史「プロレスの現在位置」 |
| 第四三回 | 二〇一二年一〇月六日 | レッスル〝カルチャー〟マニア | 川野佐江子（大阪樟蔭女子大学学芸学部講師　博士〈比較文明学〉）「プロレスラーの身体はだれのものか」 |

| 第四四回 | 二〇一三年二月一六日 | プロレスの現在、過去、未来 | 塩見俊一（立命館大学講師）「日本におけるプロレス成立の過程および現代的状況について」 |
|---|---|---|---|
| 第四五回 | 二〇一三年七月一四日 | 対立するプロレスは今 | 梅津顕一郎（宮崎公立大学准教授）「プロレスの一九八六年〜「対立軸」をめぐるファンタジーとリアルの交錯した時代〜」 |
| 第四六回 | 二〇一三年一一月二日 | 力道山はなぜ木村政彦に勝ったのか | 岡村正史「「格闘技ブーム」終焉後に力道山対木村政彦戦を考える」、コメンテーター／仲兼久忠昭（プロレス史研究家） |
| 第四七回 | 二〇一四年二月一日 | リーガル〝レッスル〟ハイ | 角田龍平（弁護士）「司法とプロレス」 |
| 第四八回 | 二〇一四年六月二八日 | 二〇一四年　ファンの精神史 | 対談／井上章一、岡村正史「熱狂から遠く離れて」 |
| 第四九回 | 二〇一四年一一月一日 | プロレス的に語る——あるいは、九〇年代以降について | 「「プロレス的」とは何か」パネラー・岡村正史（神戸学院大学人文学部非常勤講師）、西川雅也（プロレス・ウォッチャー） |
| 第五〇回 | 二〇一五年二月二一日 | 世界プロレス一五〇年史 | 小林正幸（社会学者）「今一度、プロレス史概説を試みる」（前半） |

|  |  |  |  |
|---|---|---|---|
| 第五一回 | 二〇一五年七月四日 | 世界プロレス一五〇年史Ⅱ | 小林正幸（社会学者）「今一度、プロレス史概説を試みる」（後半） |
| 第五二回 | 二〇一五年一〇月二四日 | 戦後史とプロレス | 岡村正史「戦後七〇年における力道山／プロレス」 |
| 第五三回 | 二〇一六年二月六日 | 昭和ファンタジー伝説 | ミック博士（昭和プロレス研究室）「ギミック古今東西」 |
| 第五四回 | 二〇一六年六月二五日 | 映画はプロレスを求めた | 存英雄（昭和プロレス研究室）「フランケンシュタインの怪物をめぐる【映画史とプロレス史】の交差点」 |
| 第五五回 | 二〇一六年一〇月二二日 | プロ文研の論点 | 対談／井上章一、岡村正史「第一～第一〇回（一九九八・七～二〇〇一・七）の論点をめぐって―リング・メディア・ファン」 |
| 第五六回 | 二〇一七年三月四日 | プロ文研の論点Ⅱ | 対談／井上章一、岡村正史「第一一～第一七回（二〇〇一・一一～二〇〇三・一二）の論点をめぐって―力道山・馬場・猪木の時代」 |
| 第五七回 | 二〇一七年七月八日 | レスラー対観客 | 塩見俊一（社会学博士、カブキキッド）「プロレス文化の現代的状況―研究の傾向と「担い手」に着目して―」 |

| | | | |
|---|---|---|---|
| 第五八回 | 二〇一七年一一月四日 | プロ文研の論点Ⅲ | 岡村正史「第一八〜第二四回（二〇〇四・一〜二〇〇五・一二）の論点をめぐって—批評・衰退・多様化・マーケット」 |
| 第五九回 | 二〇一八年三月一七日 | イッテンヨンの物語 | 小林正幸（社会学者）「プロレス情報の変化とファンの受容について」 |
| 第六〇回 | 二〇一八年七月七日 | 《プロレス文化研究会二〇周年記念》「プロレス」という文化とは何か | 対談／井上章一、岡村正史「プロレス文化研究会の二〇年」 |

（注）会場は、第一回は京大会館、第二回、第四回〜第六回、第八回〜第四五回はル・クラブジャズ、第三回は京都ロイヤルホテル／ル・クラブジャズ、第七回は京都ロイヤルホテル、第四六回〜第四九回はほんやら洞、第五〇回〜第六〇回は八文字屋。

# 日本プロレス史年表

| 西暦 | 関係事項 | 一般事項 |
| --- | --- | --- |
| 一九五一 | 9・16ボビー・ブランズらアメリカ人プロレスラー一行がチャリティ・プロレス興行開催のため来日。三〇日より興行開始。10・28力道山がメモリアルホール（両国旧国技館）の興行でブランズとエキジビション・マッチを行いプロレス・デビュー。 | 5・21初の国際ボクシング試合が行われる。9・8サンフランシスコ平和条約調印。 |
| 一九五二 | 2・17力道山がハワイ・ホノルルのシビック・オーデトリアムで海外初試合。 | 5・1血のメーデー事件。皇居前広場でデモ隊と警官隊が衝突。 |
| 一九五三 | 7・18山口利夫が大阪府立体育会館で日本人初のプロレス興行開催。7・30力道山道場で日本プロレスリング協会発表式を開催。12・6力道山がハワイでＮＷＡ世界王者ルー・テーズと初めて対戦し敗れる。 | 2・1ＮＨＫ、東京地区で本放送を開始。8・28日本テレビ、本放送を開始。 |
| 一九五四 | 2・6山口利夫が大阪府立体育会館でプロレス興行開催。ＮＨＫ大阪が試験放送枠で実況中継（地域限定）。2・19東京・蔵前国技館で日本プロレスリング協会が三日間連続興行。力道山、木村政彦組がシャープ兄弟と対戦。ＮＨＫは初日と三日目、日 | 2・1マリリン・モンロー来日。3・14第五福竜丸、ビキニでのアメリカによる水爆実験で被曝。6・3改正警察法をめぐって与野党が乱闘国会。9・ |

| | | |
|---|---|---|
| | 本テレビは三日間とも実況中継。三大紙がいずれも運動面で報道。11月アメリカからミルドレッド・バーグら女子プロレスラーが来日し、日本でも多くの女子プロレス団体が誕生。12・21日本プロレスリング・コミッション設立。12・22蔵前国技館で力道山が木村政彦を破り、日本ヘビー級王者となる。 | 26青函連絡船洞爺丸転覆。死者・行方不明は一一五五人。 |
| 一九五五 | 小中学校を中心に「プロレス遊び」が社会問題となる。3・27元横綱東富士が力道山とともにハワイへ出発。 | 4・1ラジオ東京テレビ（現ＴＢＳ）開局。11・15自由民主党結成。 |
| 一九五七 | 10・2ＮＷＡ世界王者ルー・テーズが初来日。翌日、大野伴睦自民党副総裁が二代目コミッショナーに就任。 | 10・4ソ連が初の人工衛星打上げに成功。 |
| 一九五八 | 8・29日本テレビのプロレス中継が「ディズニーランド」とのカップリングで、隔週で金曜八時のレギュラー放送となる。 | 2・16長嶋茂雄、巨人軍に入団。12・1一万円札が発行される。 |
| 一九五九 | 5・21「第一回ワールドリーグ戦」が東京体育館で開幕。プロレス人気が盛り返す。 | 4・10皇太子結婚。パレードをテレビ各社が中継。 |
| 一九六〇 | 9・30四月に入門した馬場正平と猪木完至が台東体育館でデビュー。 | 6・15安保闘争で東大生死亡。 |
| 一九六二 | 4・27全国の高齢者がプロレス中継を見ての「ショック死」が社会問題となる。 | 3・1テレビ受信契約数が一〇〇〇万を突破する。 |
| 一九六三 | 12・8力道山がナイトクラブで暴力団員に腹部をナイフで刺される。12・15力道山が赤坂の山王病院で死去。 | 11・22日米間テレビ宇宙中継実験に成功（ケネディ米大統領暗殺ニュース）。 |
| 一九六四 | 12・4豊登が東京体育館でザ・デストロイヤーを破り、ＷＷＡ世界王者となる。 | 10・10東京オリンピック開催。 |

| | | |
|---|---|---|
| 一九六五 | 11・24ジャイアント馬場が大阪府立体育会館でインターナショナル王者となり、エースになる。 | 6・22日韓基本条約調印。 |
| 一九六六 | 6・3日本プロレスを除名された豊登が海外修行中のアントニオ猪木と東京プロレスを設立。 | 6・29ビートルズ来日。 |
| 一九六七 | 1・5ヒロ・マツダ中心の国際プロレスが大阪府立体育会館で旗揚げ。東プロの猪木も参加。4・7猪木が日本プロレスに復帰。 | ＧＳ（グループ・サウンズ）ブーム頂点に。 |
| 一九六八 | 1・3マツダと絶縁した国際プロレスはＴＢＳ主導で日大講堂にて興行。グレート草津を新エースにするＴＢＳの構想はテーズへの惨敗で失敗に終わる。4・3ビル・ロビンソンが国プロに初来日し、やがて外国人エースとなる。 | 6・26小笠原諸島が正式に復帰。10・17川端康成にノーベル文学賞。 |
| 一九六九 | 5・12ＮＥＴが七月から日本プロレスを中継すると発表。ただし、馬場は登場せず、猪木中心。番組名は「ワールドプロレスリング」。5・16第一一回ワールドリーグ戦で猪木が初優勝。馬場優勝の前評判を覆す。 | 1・18全共闘系学生によって封鎖されていた東大安田講堂が落城。7・20アポロ11号、月面に着陸。 |
| 一九七一 | 12・13日本プロレスが「会社乗っ取りを画策」したとして猪木を除名。 | 6・17沖縄返還協定調印。 |
| 一九七二 | 3・6猪木が大田区体育館で新日本プロレスを旗揚げ。テレビ放送はなし。10・22馬場が日大講堂で全日本プロレスを旗揚げ。日本テレビがレギュラー放送。 | 2・28あさま山荘事件が終わる。9・25田中角栄首相訪中。 |
| 一九七三 | 4・6ＮＥＴ「ワールドプロレスリング」が新日本プロレスを | 10・16オイル・ショック |

| | | |
|---|---|---|
| | 中継開始。4・14日本プロレスが崩壊。 | |
| 一九七四 | 3・19猪木が蔵前国技館で国際プロレスを離脱したストロング小林を相手にNWF世界ヘビー級王座を防衛。以後、NWAへの加盟はしばらくできず、独自路線を追求。12・2馬場が鹿児島県体育館でジャック・ブリスコを破り、日本人として初のNWA世界ヘビー級王者となる。以後、全日本はNWA至上路線を推進。 | 2〜3月インフレにより狂乱物価。春闘で交通がマヒ。8・8ニクソン米大統領、ウォーターゲート事件で辞任。10・14長嶋茂雄引退。 |
| 一九七六 | 6・26猪木は日本武道館でモハメッド・アリとの「格闘技世界一決定戦」を開催。 | 2・4ロッキード事件が発覚。8月には田中角栄前首相が逮捕される。 |
| 一九七七 | この年、全日本女子プロレスでビューティ・ペア（ジャッキー佐藤、マキ上田）の「かけめぐる青春」がヒットし、ブームに。 | ピンクレディー、大ブームに。 |
| 一九七八 | 1・23新日本の藤波辰巳がニューヨークでベルトを奪取し、三月に凱旋。「ドラゴンブーム」を起こして、ジュニアヘビー級を認知させる。 | 8・12日中平和友好条約調印。 |
| 一九七九 | 8・26東京スポーツ新聞社主催の「プロレス夢のオールスター戦」が日本武道館で開催され、馬場、猪木のタッグが八年ぶりに実現。アブドゥーラ・ザ・ブッチャー、タイガー・ジェット・シンと対戦。 | 6・28東京サミット開催。10・26朴正熙韓国大統領暗殺。 |
| 一九八一 | 4・23新日本でタイガーマスク（佐山聡）がデビュー、（新日本）プロレスブームが起こる。8・9国際プロレスが北海道の興行で一四年の歴史に幕を下ろす。 | 黒柳徹子『窓ぎわのトットちゃん』空前のミリオンセラーに。5・10フランス大統領にミッテラン。 |

| | | |
|---|---|---|
| 一九八二 | 10・8後楽園ホールで、新日本の長州力がパートナーの藤波に「オレはオマエの噛ませ犬じゃない」と下克上の宣戦布告。以後、藤波対長州が興行の一つの柱に。 | 2・8ホテルニュージャパン火災。2・9日航機、逆噴射で羽田沖墜落。 |
| 一九八三 | 6・2蔵前国技館のIWGP決勝リーグ戦で、猪木がハルク・ホーガンに失神KO負け。翌朝の一般紙にも取り上げられる。7・28ベースボール・マガジン社が『週刊プロレス』を創刊。プロレス雑誌の週刊誌化。8・11タイガーマスクが引退を表明。新日本を離脱。 | 1・9中川一郎科学技術庁長官が自殺。7・15死刑が確定していた免田栄被告に再審無罪判決。熊本地検は控訴断念。無罪確定。 |
| 一九八四 | 4・11新日本を離脱した前田日明らが（旧）UWFを旗揚げ。後に、佐山聡が参加。9・21長州、アニマル浜口らが新日本を離脱し、後にジャパン・プロレスを起こす。この年、全日本女子プロレスのクラッシュ・ギャルズ（長与千種、ライオネス飛鳥）がブレーク。12・12長州らが全日本初登場。 | 1・26「週刊文春」が〝ロス疑惑〟を報道。2・12植村直己、マッキンリー冬季単独登頂に成功も、その後消息を絶つ。3〜12月グリコ・森永事件。 |
| 一九八五 | 2・1長州・谷津嘉章がジャンボ鶴田・天龍源一郎と対戦。勢いづいた全日本は一〇月にはゴールデンタイムに復帰。11・25UWFが倒産。新日本と業務提携。 | 6・18豊田商事の永野会長が刺殺される。8・12日航ジャンボ機が群馬県御巣鷹山に墜落。五二〇人死亡。 |
| 一九八六 | 8・17ジャパン女子が後楽園ホールで旗揚げ。10・9元UWFの前田が新日本の異種格闘技戦でブレーク。11・1元横綱・輪島大士が全日本でデビュー。 | 9・6社会党委員長選挙で、土井たか子が初の女性党首に。12・9ビートたけしとたけし軍団が講談社『フライデー』編集部に殴り込み。 |
| 一九八七 | 4・6全日本出場をボイコットした長州らが新日本に出戻り。 | 4・1日本国有鉄道が消滅。JR各社 |

| | | |
|---|---|---|
| | 11・19前田が後楽園ホールのタッグマッチで長州の顔面を襲撃して負傷させ、猪木が無期限出場停止処分を下す。 | に分割民営化。日本専売公社も消滅。7・17石原裕次郎が死去（五二歳）。 |
| 一九八八 | 3・21テレビ朝日の「ワールドプロレスリング」がゴールデンタイムでの放送を終了。4・10日本テレビの「全日本プロレス中継」がゴールデンタイムでの放送を終了。5・12新日本を離れた前田らが後楽園ホールで新生ＵＷＦを旗揚げ。社会現象となる。7・17ブルーザー・ブロディがプエルトリコで刺殺される。 | 3・21東京ドームが完成。こけら落としは、マイク・タイソンの世界ヘビー級選手権。村上春樹『ノルウェイの森』が空前のヒット。村上龍とダブル村上旋風。9・19昭和天皇が大量に吐血し、全国に「自粛」のムードが広がる。 |
| 一九八九 | 4・24新日本が東京ドームで初興行。ドームプロレス時代が始まる。 | 6・24美空ひばりが死去（五二歳）。シングル「川の流れのように」は平成元年一月発売。 |
| 一九九〇 | 10・18全日本を離脱した天龍が横浜アリーナでＳＷＳを旗揚げ。 | 5・15オークションでゴッホの絵画を史上最高額で大昭和製紙名誉会長が落札。 |
| 一九九一 | 1・7前田がＵＷＦ解散宣言。リングス、ＵＷＦインターナショナル、藤原組の三派に分裂。 | 5月東京・芝浦に「ジュリアナ東京」がオープン（九四年八月に閉店）。 |
| 一九九二 | 6・19ＳＷＳが最終興行を開催し、消滅。天龍は七月にＷＡＲを起こし、新日本との対抗戦に進出。 | 9・17カンボジアＰＫＯに陸上自衛隊が派遣される。 |
| 一九九三 | 3・16岩手県でみちのくプロレスが旗揚げ。日本初の本格的ローカル団体。4・2全日本女子ら四団体が横浜アリーナで「夢 | 5・15Ｊリーグ（日本プロサッカーリーグ）がリーグ戦を開始。8・9細川 |

| 年 | プロレス | 社会 |
|---|---|---|
| | のオールスター戦」を開催し、「対抗戦ブーム」が起こる。 | 護熙を首相とする非自民連立内閣が発足。 |
| 一九九四 | この年、大仁田厚が八九年に興したＦＭＷをはじめ、インディー系団体が増加し、躍進。 | 6・30村山富市を首相とする自民・社会・さきがけの連立内閣が発足。 |
| 一九九五 | 4・28新日本が北朝鮮で興行を開催。10・9新日本が東京ドームでＵＷＦインターナショナルとの対抗戦を開催。 | 1・17阪神淡路大震災発生。3・20オウム真理教による地下鉄サリン事件が起こる。 |
| 一九九六 | 12・27ＵＷＦインターナショナルが解散。 | 3・14薬害エイズ訴訟で、ミドリ十字社長らが謝罪。 |
| 一九九七 | 2・2新日本で蝶野正洋を中心にアメリカと同時進行の「ｎＷｏブーム」が起こる。8・16ＪＷＰのプラム麻里子が試合後死去。日本初のリング禍による死亡事故。10・11第一回ＰＲＩＤＥで元ＵＷＦインターの高田延彦がグレイシー柔術のヒクソン・グレイシーに完敗。 | 6・28神戸市須磨区の小学生殺人事件で、少年Ａを逮捕。11・24山一證券が自主廃業を発表。たまごっちがブーム、品不足状態に。 |
| 一九九八 | 4・4猪木が東京ドームでドン・フライを相手に引退試合。 | 7・25和歌山毒入りカレー事件。 |
| 一九九九 | 1・31東京医科大学病院に入院していた馬場が肝不全のために死去。享年六一歳。2・21リングスの前田がアレキサンダー・カレリンと対戦。現役生活を終える。 | この年、宇多田ヒカルがメガヒットを記録。携帯電話・ＰＨＳの加入台数がＮＴＴの固定電話の加入者を上回る。 |
| 二〇〇〇 | 6・13三沢光晴らが全日本を退団。分裂状況になる。8・5三沢ら元全日本勢がＮＯＡＨをディファ有明で旗揚げ。 | 11・17自民党・加藤紘一の反乱失敗。 |
| 二〇〇一 | 3・2新日本を離脱した橋本真也がＺＥＲＯ-ＯＮＥを旗揚げ。 | 4・1情報公開法施行。6・8大阪教 |

| 年 | プロレス | 社会 |
|---|---|---|
| | この年前後から、PRIDE、K－1など周辺ジャンルが人気を博し、プロレスは退潮傾向に。 | 育大学付属池田小学校に包丁を持った男が乱入。児童を殺傷。 |
| 二〇〇二 | 1・18武藤敬司が新日本退団を表明。その後の大量離脱の端緒となる。 | 9・17ピョンヤンで日朝首脳会談。 |
| 二〇〇三 | 3・1前年に新日本を退団した長州が横浜アリーナでWJを旗揚げ。12・31K－1のサップ対曙、瞬間最高視聴率四三％ | 4・1日本郵政公社がスタート。7・24国民年金の未納率三七％。過去最高に。 |
| 二〇〇四 | 1・4ハッスルが旗揚げ。さいたまスーパーアリーナ。 | 韓国ドラマ「冬のソナタ」が女性を中心にヒットし、「韓流ブーム」が起こる。 |
| 二〇〇五 | 7・11ゼロワンを離脱した橋本真也が急死。享年四〇歳。この年、インリン様、レイザーラモンHG、和泉元彌がハッスルに続々登場。 | 4・25JR宝塚線が尼崎駅のカーブ付近で脱線。一〇七人が死亡。 |
| 二〇〇七 | 12・2NOAHの小橋建太が腎臓ガンを克服してカムバック。 | 10・1郵便事業民営化始まる。 |
| 二〇〇八 | この年、全日本の社長・武藤敬司が全日本、新日本をまたにかけて活躍。 | 6・8秋葉原無差別殺傷事件。 |
| 二〇〇九 | 6・13NOAHの社長・三沢光晴がリング上のアクシデントで死去。享年四六歳。この年、新日本では世代交代が進み、棚橋弘至、中邑真輔、真壁刀義らが台頭。この年、DRAGON GATE、DDTと非メジャー系団体が両国国技館に初進出。 | 8・3裁判員制度で最初の公判が行われる。9・6鳩山由紀夫を首相とする民主党中心の非自民政権が誕生。 |

| 年 | プロレス | 社会 |
|---|---|---|
| 二〇一一 | 8・27日本武道館で「東日本大震災復興支援チャリティプロレス・ALL TOGETHER」を開催。新日本、全日本、NOAHなどから八二選手が出場。 | 3・11東北地方太平洋沖地震（東日本大震災）が発生。地震と津波により福島第一原子力発電所事故が発生。 |
| 二〇一二 | 1・31株式会社ブシロードが新日本を子会社化。2・12新日本でオカダ・カズチカが棚橋を破って、IWGPヘビー級王者となり、長い低迷から抜け出す端緒となる。 | 10・8山中伸弥がIPS細胞でノーベル生理学・医学賞を受賞。12・26安倍晋三を首相とする自公連立政権が発足。 |
| 二〇一三 | この年、新日本はブシロード体制で再び隆盛を迎える一方、全日本は武藤が離脱してWRESTLE-1を旗揚げして分裂状況になる。 | 3・20黒田東彦が日銀総裁に就任。大胆な金融緩和を開始。 |
| 二〇一四 | 新日本がますます強大化し、一強多弱の業界に。 | 3月STAP細胞のねつ造問題が発覚。 |
| 二〇一五 | 華名がWWEに入り、ASUKAと名乗る。女子プロレスラーの本格的アメリカ進出。 | 5・17大阪都構想の是非を問う住民投票が大阪市で否決。橋下徹市長は政治家引退を表明。 |
| 二〇一六 | 中邑が新日本を退団し、WWEに進出。 | 5・27オバマ米大統領が広島を訪問。 |
| 二〇一七 | 長州、天龍、蝶野を含め、テレビのバラエティ番組への（元）プロレスラーの出演が常態化。 | 1・20トランプが米大統領に就任。10・22衆議院選挙で自民圧勝、立憲民主党が健闘、希望の党は失速。 |

《著者紹介》

岡村正史（おかむら・まさし）〈本名：岡田　正（おかだ・ただし）〉

1954年　三重県一志郡（現・津市）生まれ。
1976年　同志社大学文学部卒業。
1980年　同志社大学大学院文学研究科修了。修士（文学）。
2010年　大阪大学大学院人間科学研究科博士後期課程修了。博士（人間科学）。
現　在　プロレス文化研究会代表。
著　書　『知的プロレス論のすすめ』エスエル出版会，1989年。
『日本プロレス学宣言』編著，現代書館，1991年。
『世紀末にラリアット』エスエル出版会，1994年。
『力道山と日本人』編著，青弓社，2002年〈橋本峰雄賞受賞〉。
『力道山――人生は体当たり，ぶつかるだけだ』ミネルヴァ書房，2008年〈兵庫県高等学校教育研究会社会（地理歴史・公民）部会研友会賞受賞〉。
『現代風俗　プロレス文化――歴史・表現・エロス・地域・周縁』編著（実質），新宿書房，2010年。

「プロレス」という文化
――興行・メディア・社会現象――

2018年12月30日　初版第1刷発行　〈検印省略〉

定価はカバーに
表示しています

著　者　岡　村　正　史
発行者　杉　田　啓　三
印刷者　江　戸　孝　典

発行所　株式会社　ミネルヴァ書房
607-8494　京都市山科区日ノ岡堤谷町1
電話（075）581-5191（代表）
振替口座　01020-0-8076番



共同印刷工業・新生製本

ISBN978-4-623-08439-5
Printed in Japan

# 人名索引

## あ 行

## か　行

## さ　行

## た　行

## な　行



## は　行

## ま　行

## や　行



## ら　行



## わ　行

資料

## 兵庫県阪神シニアカレッジ講義「力道山と日本人」アンケート

2002年10月24日，2003年５月15日実施

兵庫県立○○高等学校教諭　岡田　正

（岡村正史）

・このアンケートは私の研究のための貴重な資料とさせていただきますので，よろしくお願いいたします。

・□にチェックしてください。

・なお，文中の「プロレス」は「キックボクシング」や「K1」とは違うものとして，ご回答いただければ幸いです。両者の区別がつかない場合でも気になさらずにご回答ください。

1）　あなたの性別をお選びください。

□男　　113（61.7）

□女　　47（25.7）

無回答　　23（12.6）

2）　あなたの生まれた年をお選びください。

□大正元年（1912）～５年（1916）

□大正６年（1917）～10年（1921）　　4（2.2）

□大正11年（1922）～15年（1926）　　13（7.1）

□昭和元年（1926）～５年（1930）　　20（10.9）

□昭和６年（1931）～10年（1935）　　78（42.6）

□昭和11年（1936）～15年（1940）　　66（36.1）

□昭和16年（1941）　　1（0.5）

無回答　　1（0.5）

3）　力道山は昭和29（1954）年２月のシャープ兄弟を呼んでの興行で日本にプロレス・ブームを起こし，昭和38年（1963）年に死去するまで活躍しまし

た。あなたは力道山の生前プロレスをよく見ましたか。

□1．よく見ていた　74（40.7）

□2．ときどき見ていた　76（41.8）

□3．あまり見たことがない　23（12.6）

□4．まったく見たことがない　9（4.9）

4）　3）で1，2，3と回答した方にお聞きします。どういう手段でプロレスを見ましたか。（複数回答可）

□1．プロレス会場に出かけて観戦した　3

□2．街頭テレビで見た　59

□3．映画館（ニュース映画）で見た　32

□4．自宅のテレビで見た　118

□5．近所のテレビで見た　44

5）　あなたのご家庭で初めてテレビを購入したのは何年頃ですか。

昭和（　　　　）年

6）　力道山の死後，プロレスをよく見ていますか。（キックボクシングやK1は省きます）

□1．今でもよく見ている　2（1.1）

□2・ある時期まではよく見ていた　23（12.7）

□3．今でもときどき見ている　10（5.5）

□4．ある時期までときどき見ていた　51（28.2）

□5．あまり見たことがない　64（35.4）

□6．まったく見たことがない　31（17.1）

7）　6）の質問で2，4と回答した方に質問します，それは具体的にはいつの時期までですか。不明の場合は「その他」を選んで，レスラー名など具体的にお書きください。

□1．昭和39～40年（1964～65，豊登全盛期）　6（7.7）

□2．昭和41～47年（1966～72，馬場全盛期／国際プロレス〔ビル・ロビンソン〕）　22（28.2）

□3．昭和48～50年（1973～75，猪木台頭〔対タイガー・ジェット・シン〕

／鶴田デビュー）　17（21.8）

□4．昭和51～55年（1976～80，猪木対アリ戦などの異種格闘技戦ブーム／藤波台頭）　17（21.8）

□5．昭和56～58年（1981～83，タイガーマスク・ブーム／長州台頭）7（9.0）

□6．昭和59～63年（1984～88，テレビのゴールデンタイム枠放送最末期／輪島入門）　4（5.1）

□7．その他　5（6.4）

8）あなたはプロレスが好きですか。（キックボクシングやK1は省きます）

□1．好き　7（3.8）

□2．どちらかといえば好き　34（18.6）

□3．どちらともいえない　75（41.0）

□4．どちらかといえば嫌い　46（25.1）

□5．嫌い　21（11.5）

9）8）の理由を簡単にお書きください。

10）プロレスは「スポーツ」だと思いますか。（キックボクシングやK1は省きます）

□1．思う　24（13.4）

□2．どちらともいえない　72（40.2）

□3．思わない　83（46.4）

11）プロレスは「ショー」だと思いますか。（キックボクシングやK1は省きます）

□1．思う　140（80.0）

□2．どちらともいえない　29（16.6）

□3．思わない　6（3.4）

12）力道山は好きでしたか。

□1．好きだった　57（31.7）

□2．どちらかといえば好きだった　58（32.2）
□3．どちらともいえない　57（31.7）
□4．どちらかといえば嫌いだった　6（3.3）
□5．嫌いだった　2（1.1）

13）12）の理由をお書きください。

14）力道山でいちばん印象に残っていることは何ですか。何でもけっこうですので，お書きください。

15）大相撲時代の力道山（昭和15～25年。最高位，関脇）を覚えていますか。
□1．覚えている　47（26.0）
□2．覚えていない　134（74.0）

16）力道山が朝鮮半島出身であることは今日では新聞，書籍，テレビ等で広く知られています。最近では，神戸新聞に連載記事で取り上げられていました。ところが，力道山の生前，この事実は一般には秘密にされていました。ところで，あなたは力道山の生前にこの事実を知っていましたか。
□1．はっきり知っていた　16（8.7）
□2．うすうす知っていたような気がする　68（37.2）
□3．知らなかった　89（48.6）
□4．覚えていない　10（5.5）

17）力道山は美空ひばり，長島茂雄，石原裕次郎と並んで「戦後４大有名人」と言われています。あなたはこの４人のなかで誰がいちばん好きですか。もっとも好きな人物に「１」と記入し，以下好きな順に「４」まで番号をご記入ください。
力道山（　　）　美空ひばり（　　）　長島茂雄（　　）　石原裕次郎（　　）

資料　兵庫県阪神シニアカレッジ講義「力道山と日本人」アンケート

ご協力ありがとうございました。

●講義でも申しましたように，研究の一環で力道山に関する聞き取り調査を計画しています。
趣旨を理解されてこのことに協力してもよい（このアンケートに答えるだけでは語り尽くせない，等）という方のみ，次にご記入をお願いいたします。
後日，連絡を差し上げます。

住所＿＿＿＿＿＿＿＿＿＿＿＿＿＿＿＿＿＿＿＿＿＿＿＿

氏名＿＿＿＿＿＿＿＿＿＿＿＿　電話番号（　　　　）　　—　　　　

（注）回答の実数と（　）に割合を記した。記していない回答については本文45～51頁を参照のこと。